智慧商业系列规划丛书

New Retail Operation Management

新零售运营管理

慕课版

李忠美 / 编著

人民邮电出版社
北京

图书在版编目（CIP）数据

新零售运营管理 : 慕课版 / 李忠美编著. -- 北京 : 人民邮电出版社, 2020.6（2023.6重印）
（智慧商业系列规划丛书）
ISBN 978-7-115-53481-1

Ⅰ. ①新… Ⅱ. ①李… Ⅲ. ①零售业—商业管理 Ⅳ. ①F713.32

中国版本图书馆CIP数据核字(2020)第076692号

内容提要

在大数据、物联网、人工智能等新兴技术的驱动，以及消费升级的推动下，零售业发生了翻天覆地的变化，传统的零售模式逐渐无法适应当前的商业环境和消费习惯，向新零售转型升级成为传统企业和电子商务企业的必然选择。

本书从阐述新零售的内涵和特征出发，从理念革新、渠道构建、商品管理与创新、商品营销、数据化运营、消费体验建设、客户关系管理等多个角度，采用理论与案例相结合的形式，深度剖析了新零售转型的核心思路和方法，帮助读者深入了解新零售背后的商业规律，实现向新零售模式的成功转型，并解决新零售决策和运营中遇到的各种问题。

本书适合实体店主、网店店主、零售企业高管、零售培训师及对新零售感兴趣的读者阅读，也可作为本科院校、职业院校新零售相关课程的教材。

◆ 编　　著　李忠美
责任编辑　古显义
责任印制　王　郁　马振武
◆ 人民邮电出版社出版发行　　北京市丰台区成寿寺路 11 号
邮编　100164　　电子邮件　315@ptpress.com.cn
网址　https://www.ptpress.com.cn
大厂回族自治县聚鑫印刷有限责任公司印刷
◆ 开本：787×1092　1/16
印张：14　　　　2020 年 6 月第 1 版
字数：331 千字　　　　2023 年 6 月河北第 8 次印刷

定价：46.00 元

读者服务热线：(010)81055256　印装质量热线：(010)81055316
反盗版热线：(010)81055315
广告经营许可证：京东市监广登字 20170147 号

前　言

随着新一轮消费升级的到来，我国进入消费者主权时代，消费环境已经从“卖方市场”转向“买方市场”，消费者对商品与消费适配度提出了更高的要求。对于传统零售商来说，无论是线下渠道还是线上渠道，都面临着巨大的挑战，急需寻找新的发展突破口。

在线下，传统零售商在遭受电子商务强烈冲击的同时，还面临着房租上涨、人力成本上涨，顾客却不断减少的困境，这令很多传统零售商焦虑不已，迫切地想要打破这种困境。在线上，电子商务虽然曾经风光无限，获得了快速发展，然而其发展也遭遇瓶颈。随着网络流量红利的消失，电商的流量成本不断上升，同时消费者在购物过程中越来越注重体验，而电商零售在场景体验上存在着明显的不足，无法更好地满足消费者对场景体验的需求，这些都迫使线上零售商不得不寻求转型升级的出路。

随着云计算、大数据、物联网、人工智能等新兴技术的不断涌现和落地应用，在云、网、端构建“互联网＋”下的新社会基础设施，为零售企业的经营、管理与营销创造了新渠道和新方式，一个以技术为驱动力的新零售模式正在产生。

党的二十大报告指出：“加快发展数字经济，促进数字经济和实体经济深度融合，打造具有国际竞争力的数字产业集群。”在新零售时代，线上渠道与线下渠道可以实现深度融合，利用智能技术实现“人”“货”“场”的重构。新零售不是简单的商业变革，而是思维方式、运营模式、操作方法、技术工具等深度结合后产生的巨变。

新零售强调以“人”为中心，经营者的思考方式需要从产品思维转向用户思维。在新零售环境下，人的个性化、多元化的需求将得到极大的重视，个性化定制服务、体验式消费将成为消费常态。新零售以数据为驱动力，商品及服务创新、成本控制、营销推广、管理决策等各个环节都以数据为指导。新零售是全渠道零售，在坚持以消费者为中心的前提下，依托信息技术为消费者提供无缝化、一致性、无边界的全渠道购物体验和服务。

以“人”为中心、以数据为驱动力、构建全渠道模式，既是新零售的内涵，也是传统零售企业实现向新零售转型升级必须坚持的核心思路。零售企业要想把握发展的机遇，在零售市场上获得领先的竞争优势，就要深刻理解新零售，在思维方式及行为模式上全方位拥抱新零售。

为了帮助读者深入了解新零售背后的商业规律，实现向新零售模式的成功转型，并解决新零售决策和运营中遇到的各种问题，我们精心策划并编写了本书。

本书提供丰富的立体化教学资源，包括 PPT、教学大纲、教案、习题答案、试卷等，选书老师可以登录人邮教育社区（www.ryjiaoyu.com）下载获取。

本书由人邮学院平台为学习者提供优质的慕课课程，课程结构严谨，学习者可以根据自身的学习程度自主安排学习进度。

现将本书与人邮学院的配套使用方法介绍如下。

1．读者购买本书后，刮开粘贴在书的封底上的刮刮卡，获取激活码（见图 1）。

2．登录人邮学院网站（www.rymooc.com），使用手机号码完成网站注册（见图 2）。

图 1　激活码

图 2　人邮学院首页

3．注册完成后，返回网站首页，单击页面右上角的“学习卡”选项（见图 3）进入“学习卡”页面（见图 4），即可获得慕课课程的学习权限。

图 3　单击“学习卡”选项

图 4　在“学习卡”页面输入激活码

4．获取权限后，读者可随时随地使用计算机、平板电脑及手机进行学习，还能根据自身情况自主安排学习进度。

5．书中配套的教学资源，读者也可在该课程的首页找到相应的下载链接。关于人邮学院平台使用上的任何疑问，可登录人邮学院咨询在线客服，或致电：010-81055236。

书中如有疏漏与不足之处，敬请广大读者批评指正。

编　者

2023 年 6 月

目　录

第 1 章　新零售——已经到来的未来零售形态

1.1　“人”“货”“场”，零售活动的三要素　1

1.2　新零售，颠覆传统的零售新模式　2

1.2.1　新零售，线上、线下以及现代物流的深度融合　2

1.2.2　新零售的方法论：新零售=商品×人^2　3

1.2.3　“人”“货”“场”“圈”，四个角度解读新零售的特征　5

1.2.4　六个“互通”，做好新零售的核心环节　6

1.3　驱动新零售发展的四大因素　9

1.3.1　技术升级，加速传统零售数字化升级　9

1.3.2　消费升级推动新零售发展　13

1.3.3　传统零售存在缺陷，流量融合促使零售转型　14

1.3.4　利好政策相继出台，为新零售发展提供政策支持　14

1.4　新零售与传统零售、电子商务的对比　15

1.4.1　新零售与传统零售的对比　15

1.4.2　新零售与电子商务的对比　16

1.5　经济新动能，新零售形态的发展状态　17

1.5.1　零售新变革，新零售发展导入期的三大亮点　17

1.5.2　风口之下，新零售时代带来的改变　18

1.5.3　零售新模式，三大巨头的新零售商业布局　20

第 2 章　理念革新——用新思维引领零售新模式

2.1　思维变革，构建“以消费者为中心”的价值观　26

2.1.1　坚持为消费者创造价值的“人本原则”理念　26

2.1.2　以消费者为中心，从“商品思维”转向“消费者思维”　27

2.1.3　从“为品牌做代言”转向“为消费者做代言”　30

2.2　重构经营模式，实现传统零售向新零售的战略转型　32

2.2.1　树立“自营”思维，摒弃“二房东”思想　33

2.2.2　差异化策略，创造个性化经营模式　34

2.2.3　构建新型合作关系，从零和关系变为合作共赢　36

2.2.4　新零售模式下三种典型商业逻辑　37

2.3　转变管理模式，打造新型管理体系　40

2.3.1　扁平化管理，增强门店经营自主权　40

2.3.2　建立快速反应机制，提升及时反应能力　41

第 3 章　零售 O2O——线上线下深度融合，构建商业闭环

3.1　多元化发展，零售 O2O 的四种应用模式　43

3.2　新零售环境下，零售 O2O 的发展趋势　44

3.3　构建 O2O 闭环生态体系，建立线上与线下的对接和循环　45

3.3.1 构建O2O闭环生态体系的关键因素 45
3.3.2 构成O2O闭环生态体系的主要内容 47
3.3.3 自建App，O2O闭环生态体系落地的有效模式 50

3.4 线上线下"三部曲"，打造"接地气"超市O2O 51

3.4.1 线下策略：兴趣商品+消费者价值+有趣体验 51
3.4.2 线上策略：超市App+个性推荐+实体门店 52

3.5 社区团购，打造O2O模式的社区便利店 54

3.5.1 社区团购，以社交为依托的O2O新模式 54
3.5.2 社区团购的运营模式 56
3.5.3 做好社区团购的四个关键点 58

第4章 渠道构建——全渠道战略多维布局

4.1 无缝全渠道体验，零售企业转型升级的核心要素 61

4.1.1 全渠道零售，多种渠道的无缝式整合消费体验 61
4.1.2 新零售环境下的各类渠道及其特点 65
4.1.3 新零售时代，传统企业的全渠道战略转型 68
4.1.4 物流改革，向全渠道模式升级的必然选择 72

4.2 以消费者为核心，构建物流新格局 74

4.2.1 新零售对物流提出新需求 74
4.2.2 以消费者为中心，打造个性化、定制化物流服务 75
4.2.3 培养逆向物流业务和售后服务能力 76
4.2.4 降低物流成本，提高物流性价比 77
4.2.5 抢占"最后一公里"，打造更高效的物流配送 77

4.3 以数据为驱动，构建数字化供应链网络 81

4.3.1 数字化供应链，提升企业商业价值的利器 82
4.3.2 整合供应链，提高供应链的透明度和服务水平 82
4.3.3 第三方贸易平台，协调供应链的有力助手 83

第5章 商品管理与创新——"新"商品决定商业模式生命力

5.1 商品定位，明确经营方向的关键 85

5.1.1 做好商品定位的两大原则 85
5.1.2 做好商品定位 86

5.2 品类管理的基本流程 87

5.2.1 品类定义：根据商品结构划分品类 88
5.2.2 确定品类角色：明确品类在零售中扮演的角色 88
5.2.3 品类评估：了解品类/支类的表现 90
5.2.4 制订品类评分表：建立改进目标和量化进度标准 92
5.2.5 品类策略：制订品类运营规划 93
5.2.6 品类战术：对品类商品进行优化管理 94
5.2.7 品类计划实施：将方案付诸实践 96
5.2.8 品类回顾：对品类管理进行评估与修正 97

5.3 商品创新，持续赋予商品全新的吸引力 97

5.3.1 五种创新思维，突破商品创新瓶颈 97
5.3.2 用"熟悉的新奇感"完成商品创新 98

5.4 以消费者需求为中心，打造创新性商品 99
5.4.1 追求极致，为消费者提供超出预期的商品 99
5.4.2 对商品进行微创新 100
5.4.3 培养数据分析思维，开展数据分析 101
5.5 品牌定位，制订商品品牌战略 102
5.5.1 新零售时代如何做好品牌定位 102
5.5.2 开展品牌定位的有效策略 104

第 6 章 深度营销——新零售时代的品牌运营

6.1 导购新定义，让导购变成品牌的自媒体 107
6.1.1 将导购从人工成本变成品牌营销资源 107
6.1.2 智能导购，数据赋能智慧品牌营销终端 108
6.2 跨界营销，“1+1＞2”的双赢营销手段 110
6.2.1 用户是核心，搞懂“界”是关键 110
6.2.2 跨好“界”的有效准则 111
6.2.3 跨界，打好联合营销之战 113
6.2.4 打造专属跨界联名产品 116
6.2.5 产品触达与信息触达，衡量跨界营销是否触达受众的关键 116
6.3 内容营销，用有料的资讯促成交易 117
6.3.1 用解决方案培养用户信任度 118
6.3.2 用商品价值刺激用户感性消费 119
6.3.3 打造品牌自媒体，直接接触用户 120
6.4 多渠道营销，打造线上+线下的营销格局 121
6.4.1 线下传统媒介营销，传统流量新玩法 121
6.4.2 社群营销，构建“店+群”的营销体系 126
6.4.3 构建以消费者为中心的全渠道精准营销 130

第 7 章 数据化运营——创建零售与数据结合的新形式

7.1 大数据，新零售模式发展的坚实助力 134
7.2 数字化转型，向新零售转型的必由之路 135
7.2.1 企业实现数字化转型升级的基本要求 135
7.2.2 创建、利用、整合三步走，构建企业数据化运营模式 137
7.2.3 做好四项工作，有效实现数据赋能 138
7.2.4 零售企业数字化转型“五步曲” 140
7.3 消费者画像，用大数据绘制消费者虚拟代表 143
7.3.1 消费者画像的类型 143
7.3.2 构建消费者画像的基本步骤 144
7.4 智慧门店，用数据化运营模式提升门店运营效率 147
7.4.1 智慧门店，提升运营效率的强心剂 147
7.4.2 搭建有效的智慧门店系统 148
7.5 运营数据分析，用大数据驱动精细化运营 150
7.5.1 零售业“人”“货”“场”三个维度的数据分析指标体系 150
7.5.2 用科学的思维方式指导数据分析 155
7.5.3 熟悉经典分析法，不怕分析没思路 156
7.5.4 数据分析工具让数据分析事半功倍 157

第 8 章 体验建设——消费者体验是新零售的 CEO 工程

8.1 零售终端，突破消费者体验的最佳渠道 159

8.2 实体门店功能转变，从陈列商品到营造氛围 161

8.3 快闪店，制造一场撩人心弦的“游击战” 162

8.3.1 明确目的，快闪店的常见类型 162

8.3.2 科学选址，黄金地段造就“地利”“人和” 167

8.3.3 造势、发酵与引导，快闪店的“三步走”策略 169

8.3.4 开好快闪店的五个关键点 170

8.4 打造互动式体验消费场景，为消费者提供新奇又贴心的服务 173

8.5 VR/AR+零售，融合虚拟与现实，打造沉浸式购物体验 176

8.5.1 VR/AR，零售业变革与升级的有效助力 177

8.5.2 新机遇，零售企业如何布局 VR/AR 生态圈 179

8.5.3 新挑战，VR 线上零售店铺落地的三个关键点 184

第 9 章 重构会员体系——数字化时代的智慧管理方案

9.1 会员体系，指导客户运营的有效工具 187

9.1.1 会员体系的多角度划分 187

9.1.2 会员等级体系，会员身份的进一步细分 189

9.1.3 会员权益体系，激励会员升级的动力 191

9.1.4 会员积分制，会员体系的最佳搭档 192

9.1.5 会员权益个性化，实现差异化服务的关键举措 196

9.2 付费会员模式，筛选高价值客户的有效工具 198

9.2.1 Costco 和亚马逊付费会员服务的灯塔效应 199

9.2.2 成功打造付费会员模式的三个原则 201

9.2.3 实施付费会员模式的三大策略 202

9.3 会员互通，线上线下会员相融合 205

9.4 用 SCRM 模式构建品牌私域流量 206

9.4.1 SCRM，强调社交化的智慧管理 207

9.4.2 以数据化衡量客户价值，实现精准营销 208

9.4.3 利用 SCRM 模式进行智慧管理 210

9.5 客户资产管理，从营销商品到管理客户的根本性转变 212

9.5.1 价值、品牌与关系，客户资产管理的三要素 212

9.5.2 ATAC 模型，新零售下的客户资产管理模式 213

第 1 章 新零售——已经到来的未来零售形态

通过阅读本章内容，你将学到：

- 新零售的内涵、特征、运营方法论
- 做好新零售的核心环节
- 新零售与传统零售的区别
- 驱动新零售发展的因素
- 典型的新零售商业模式

由于受到电商行业的冲击，线下传统零售商家纷纷触网自救，努力走向线上；而线上电商在遭遇互联网流量红利消失和增长极限的天花板后，也开始走向线下。2016 年 10 月，马云提出“新零售”这一概念，“新零售”俨然成为托起数十万亿新消费商机和重燃大众创业激情的热词。

1.1 “人”“货”“场”，零售活动的三要素

零售是指向最终消费者（包括个人或社会集团）出售生活消费品及相关服务，以供其最终消费之用的全部活动。

从这一含义可以看出，零售活动具有以下几个特征。

（1）零售活动中的商品用于消费

在零售活动中，商品及相关服务是让消费者作为最终消费之用的，例如，零售商将汽车座椅出售给消费者，消费者将其安装于自己的车上，这种交易活动便是零售。若购买者是某个车商，车商将汽车座椅装配到汽车上，再将汽车出售给消费者，则不属于零售。

（2）服务也是零售活动中的商品

零售活动中出售的商品不仅指实物的商品，还包括服务。在零售活动中，各种服务也常会伴随着商品被出售，如送货、家电维修、家电安装等。在这些情况下，消费者在购买商品的同时也买到了某些服务，如家政等服务行业，消费者直接购买的就是各类服务。

（3）零售活动的场景多变

零售活动不一定非要在零售店铺中进行，也可以利用诸如上门推销、邮购、自动售货机、网络销售等便于消费者操作的设施和方式开展。无论商品以何种方式出售或者在何地出售，都不会改变零售的实质。

（4）零售活动的目标客户多样化

零售的目标客户不限于个体消费者，也可能是非生产性购买的社会集团。例如，某公司购买办公用品，以供员工使用；某学校订购图书，以供学生阅读。因此，零售活动的提供者在寻求目标客户时，不能忽视团体对象。

在整个商品供应链中，零售是最后一个环节，它的左端是为商品提供增值的各方参与者，右端是消费者。换句话说，零售是通过某种交易行为和结构将消费者和商品连接起来，或者是将商品卖给消费者，或者是让消费者找到商品。由此可见，零售活动中必须包含三个要素，如图 1-1 所示。

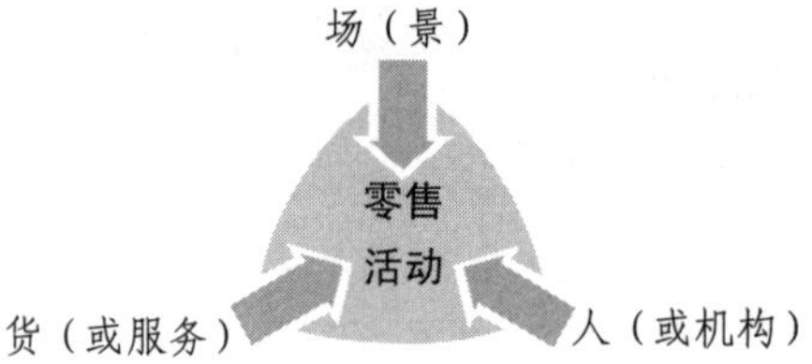

图 1-1　构成零售活动的三个要素

不管技术与商业模式历经多少次变革，零售活动都离不开“人”“货”“场”这三个基本要素，“人”“货”“场”是零售业永恒的概念。

1.2　新零售，颠覆传统的零售新模式

在 2016 年 10 月的阿里云栖大会上，马云第一次提出了“新零售”。他指出：“纯电商时代很快会结束，未来的十年、二十年没有电子商务这一说，只有新零售这一说，也就是说，线上线下和物流必须结合在一起，才能诞生真正的新零售。线下的企业必须走到线上去，线上的企业必须走到线下来，线上线下与现代物流合在一起，才能真正创造出新的零售来。”尽管目前业内对新零售的概念尚未形成统一的认识，但它无疑诠释并代表着一种新趋势，那就是从价格消费时代向价值消费时代的升级。

1.2.1　新零售，线上、线下以及现代物流的深度融合

关于新零售的内涵，业内各界形成了不同的见解，表 1-1 所示为对新零售的主流解读。

表 1-1　业内各界对新零售的解读

见解发表方	具体解读
小米	新零售是通过线上线下互动融合的运营方式，将电商的经验和优势发挥到实体零售中，改善购物体验，提升流通效率，由此实现消费升级的创新零售模式

续表

见解发表方	具体解读
腾讯	智慧零售的出发点是赋能，充分发挥大数据、云、人工智能等技术，让线下门店借助这些技术全面实现数据化和智能化，即利用数字技术打通“人”“货”“场”，让传统零售抓住数字化机遇
阿里研究院	以消费者体验为中心的数据驱动的泛零售形态，它具有三大特征： 以心为本：掌握数据就是掌握消费者的需求； 零售二重性：二维思考下的理想零售； 零售模式大爆发：孵化多元零售新形态与新模式
中华人民共和国商务部	新零售的“新”表现在由技术变革和需求变革的共同驱动下，对零售业全要素、多维度、系统化的改革，并对交易活动中的商业关系、利益关系、组织方式进行升级

学术界的一些学者也针对新零售提出了自己的见解。徐印州教授认为："新零售是基于新一代信息技术的应用，以最大限度地满足消费者体验需求为中心，实现全社会零售商业运转效率最大化的一种零售形态。”赵树梅教授、徐晓红博士认为："新零售就是应用互联网的先进思维和技术，对传统零售方式加以改良和创新，以最新的理念和思维作为指导，将货物和服务出售给最终消费者的所有活动。”蒋侃教授则认为："新零售，即企业以互联网为依托，通过运用大数据、人工智能等先进技术手段，对商品的生产、流通与销售过程进行升级改造，进而重塑业态结构与生态圈，并将线上服务、线下体验以及现代物流进行深度融合的零售新模式。”

从以上观点可以看出，“新零售”的核心在于提升消费者体验，推动线上、线下及物流等多方跨界融合。结合以上观点，可以这样认为，新零售就是以消费者为中心，通过运用大数据、人工智能等技术对商品的生产、流通和销售过程进行升级改造，发挥线上与线下零售的双重优势，将线上、线下及现代物流进行深度融合的零售新模式。

1.2.2 新零售的方法论：新零售=商品×人^2

新零售强调以消费者体验为中心，“人”是其经营模式的核心。前阿里巴巴总裁卫哲曾经说过："互联网时代的经济公式为 $E=MC^2$，即经济=商品×人^2。其中的 C（人）的二次方是让商业的‘原子弹’爆炸的关键。如果我们只会经营商品，而不会经营人，企业的发展就很可能被卡在这里。”

借用卫哲的观点，可以将新零售的方法论定义为“新零售=商品×人^2”，即新零售是用商品来经营人，通过人来建立连接，经营人是新零售模式的核心。

这里的“人”包含两层含义，一是指企业的内部员工，二是指企业的客户，包括上、下游的各类商业伙伴。

案例链接

汇美集团，从单一电商向线上线下融合发展的转化

汇美集团（全称“广州市汇美时尚集团股份有限公司”）创立于 1998 年，前身是一家以外贸代工业务为主的服装企业，经过数十年的发展，现已成功转型为国内时尚品牌集团。公司采取多品牌、多品类、多渠道的业务发展战略，目前已上线茵曼、初语、生活在左等多个品牌，致力于打造线上线下流量互通、运营资源共享、多重品牌风格互补、时尚创意人才聚集的“时尚生态圈”。

（1）茵曼+千城万店：让粉丝变老板

茵曼（INMAN）创立于 2008 年，凭借以“棉麻艺术家”为定位的原创设计享誉互联网，是成长很快、极具代表性的女装品牌。

2015 年，汇美集团提出“茵曼+千城万店”计划并积极实施，茵曼也由此成为第一个从线上走向线下的女装品牌。“茵曼+千城万店”计划是通过粉丝创业，重构传统商业零售模式，并结合店铺、电商、社群等方式，打造线上线下融合的粉丝社群商业圈。

具体来说，就是“千城万店”项目的加盟商候选人就在茵曼品牌的粉丝中，线下门店都是由茵曼的当地粉丝开设经营的，他们很喜欢茵曼的品牌和棉麻服饰，对茵曼有一定的了解。基于粉丝身份的背书，茵曼线下的门店店主能够更好地理解品牌和商品，茵曼也能实现有效、持续的粉丝运营。

同时，线下门店采取收益分成的模式。只要消费者在体验店初次扫码购买商品，茵曼的后台系统就会将其绑定为该店铺的粉丝，未来该“粉丝”无论是到任何一家体验店购物，还是在线上购物，其产生的销量都会被计入初次“引流”的绑定店铺，茵曼会按一定比例为该店铺进行分成，作为服务费来鼓励加盟商进行粉丝运营。这样做有效地提高了店主对品牌的忠诚度，同时对品牌高度认可的店主还可以参与到公司的决策中，为商品改进提出建设性意见，这样做还可以促使店主利用自身所掌握的社交资源强化企业的营销推广，帮助公司吸引更多的消费者。

作为茵曼社群运营的据点，线下体验店主要用于加强品牌与粉丝的联系。茵曼线下体验店的空间场景的设置也极具特色。除了统一的品牌形象调性外，茵曼把社群理念落地到全国各地的体验店中，如品牌体验、一店一社群等，各店主可以自主发挥创意，举办各种社群活动。图 1-2 所示为茵曼的线下体验店。

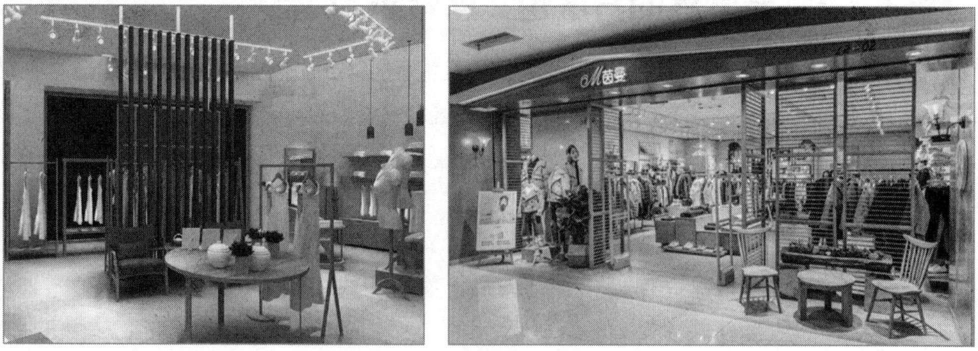

图 1-2　茵曼的线下体验店

“千城万店”计划实现了零库存，线上线下同价、同款、同步上新。茵曼的这种运营模式真正将粉丝视为“自己人”，直击粉丝的痛点，从源头重新构筑、强化其品牌在消费者心中的需求黏性。同时，茵曼通过社群营销的方式倡导“慢生活”文化，将品牌调性与生活理念自然地融入消费场景，进而逐步将商品品类由单一的服装拓展至鞋包饰品、家具等符合品牌调性氛围的时尚生活用品。

（2）多品牌合伙人机制，搭建品牌生态圈

2011 年之前，汇美集团只有茵曼一个品牌，但在接下来的几年中，汇美集团通过资本运作等方式开创了初语、生活在左等新品牌，形成了一个风格差异互补的品牌生态圈。例如，茵曼是棉麻生活品牌，其商品均选用优质、健康、自然、舒适的棉和麻作为面料，坚持“以舒服为本，为舒心而生”的设计哲学；初语是潮牌，坚持“艺术潮”的品牌理念，主张“世界是我想象”，倡导追求真实的自己，让服装成为内心独一无二的表达；生活在左则主张“不可复制的手工”，强调感受手工与真实创造不可复制的真诚与喜悦。此外，还有面向 20～30 岁的年轻群体的秋壳，主打瑜伽服的 samyama（国内知名的瑜伽服品牌）等品牌。可以说，汇美集团旗下的品牌已经覆盖了追求不同时尚特色的消费人群。

汇美集团品牌群的成长机制也独具特色，即汇美集团为各个品牌提供人才、供应链等优质资源，帮助每一个品牌生根发芽，然后这些品牌再反哺整个汇美集团的供应链和生态圈，并形成良性循环，最终形成一个品牌群。在这种模式下，汇美集团的品牌合伙人发展到了十几位，他们既是创业家，也是企业家，既是汇美集团品牌资产的受益者和共享者，也是各自品牌的灵魂人物与决策者。

凭借新零售运营思维，汇美集团已经成为一家根植于互联网，聚集了原创品牌、时尚品牌、高端品牌等多品牌、多品类，线上线下全渠道一体化的时尚集团。

1.2.3 “人”“货”“场”“圈”，四个角度解读新零售的特征

新零售的本质是零售，依然充当着商业中介，促进交易的“双向契合”，其根本目的是提高交易的效率，最大限度地满足消费者的需求，为消费者提供更优质的商品和服务。具体来说，新零售具有以下特征。

1. “人”：以消费者为中心

在传统零售经营模式中，零售企业以企业效率为中心，更加关注商品。而新零售模式则强调以消费者为核心，企业的经营活动围绕消费者展开，且具有可识别、可到达、可交互的特性。只要企业多渠道、多触点与消费者形成持续性的互动，就能很好地把握核心消费人群的消费习惯、生活方式及潜在的消费需求，进而更好地为消费者服务。

2. “货”：商品与服务融合

新零售模式注重提供专业化的商品和服务，且单品可见、库存可见。随着消费升级，消费者个性化、专业化的诉求将促使更多的垂直领域进行细分。在新零售环境下，企业将商品和服务进行高度融合是实现消费者价值最大化的最佳选择。

3. “场”：线上线下无缝融合

新零售模式将打造线上线下深度融合的购物场景，通过运用物联网、大数据等技术实现 PC 端、移动端、实体门店的深度互动，为消费者提供多渠道消费体验，最终形成消费者与渠道或品牌，以及消费者与消费者之间的互动，通过差异化经营为消费者打造极致的消费体验。

4. “圈”：构建商业共享经济

新零售强调优化供应链，协同创造价值，形成“商业共享经济”的形态。在新零售模式下，零售商之间通过相互合作实现优势互补和资源共享，从而打造和谐、共赢的商业生态。

1.2.4 六个“互通”，做好新零售的核心环节

新零售并不是线上线下的简单融合，而是全渠道的共融互通，通过全渠道下商品、会员、营销等各个环节的共融互通，为消费者提供跨渠道、无缝式的消费体验。新零售的全渠道共融互通包括以下六个方面。

1. 商品互通

在零售领域中，商品发挥着重要的作用，无论是传统零售模式，还是新零售模式，都需要具备强大的商品销售能力。新零售模式想要顺利运营，需要强化线上线下商品的价格互通、库存互通与营销互通（见图 1-3），这样才能使线上线下的商品销售并驾齐驱。

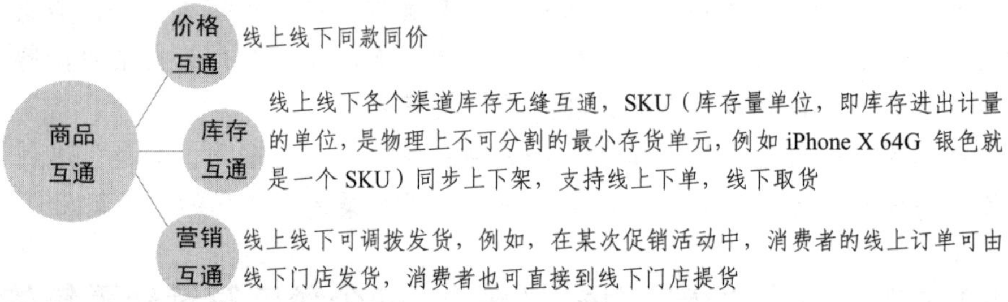

图 1-3 商品互通的主要内容

商品互通意味着线上商品销售和线下商品销售的高度融通，能够全方位提高商品的流通效率和服务体验。新零售企业需要格外注重培养自身线上线下商品同步销售的能力。

2. 会员互通

新零售强调“以消费者为中心”，挖掘消费者价值是新零售企业运营的重点任务之一。在移动互联网时代，消费者的消费行为发生了很多改变。对于自己喜爱的品牌，消费者总会转化成其忠诚用户，并乐于在社交媒体上与自己的朋友分享该品牌的商品和服务，对品牌进行口碑宣传。品牌商和零售企业对忠诚用户给予了高度重视，并且都在努力发展更多的忠诚用户。在新零售环境下，品牌商和企业对会员运营有了更深入的理解，意识到需要对会员价值进行更深度的挖掘。

会员互通，就是要将会员交易的各项数据打通，使会员的各项服务实现有效对接，连接会员交易的各种信息，推动线上线下会员信息的互通共用。具体来说，会员互通的主要内容如图 1-4 所示。

3. 服务互通

随着人们消费需求的转变，多数品牌商和零售企业的运营思维已经从单纯地销售商品转变为“商品 + 服务”，在为消费者提供商品的同时也注重为消费者提供优质的服务体验。

服务互通强调线上线下服务内容、服务资讯的互联互通，并以此推动服务价值的相互融通。服务互通的主要内容如表 1-2 所示。

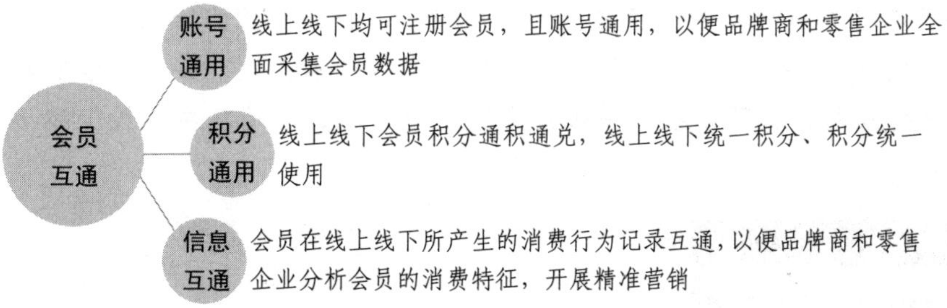

图 1-4　会员互通的主要内容

表 1-2　服务互通的主要内容

服务互通	具体内容
售前服务	① 线下门店导购与线上导购融合； ② 消费者在线下门店可以通过相关工具或设备（如 App、智能显示屏等）享受线上的查询搜索类服务、预约类服务等； ③ 消费者在线下体验过商品后可以在线上进行购买
售中服务	消费者在线上线下享受的服务内容、服务价值一致
售后服务	消费者在线上线下皆可办理退换货

案例链接

阿里零售通，打造智能分销网络

阿里零售通是阿里巴巴针对线下零售小店推出的一个为城市社区零售店提供订货、物流、营销、增值服务等各类服务的互联网一站式进货平台（见图 1-5），在利用互联网实现对线下零售业升级的同时，也为有志于线上线下零售业的创业群体提供创业平台。零售通可以为线下零售商店提出运营方案，而且通过与优秀的本地供应商合作，为零售店提供品质好货，升级社区零售店的便民功能。

零售通与品牌商、经销商是合作共赢的关系，它依托阿里巴巴平台的优势，能够为品牌商提供大数据支持，为其销售决策、营销活动提供依据，让品牌直达门店，直达消费者。对于经销商来说，零售通能够为其提供更多的商业基础能力，助力其业务升级。与零售通合作的经销商可以按原价、原品类向线下门店出货，可以选择使用阿里巴巴的菜鸟物流对货品进行配送，也可以按照自己的原有方式进行配送。

2017 年，零售通立足于新零售战略，为广大零售小店定制了“天猫小店”品牌合作计划，这一计划可以为便利店经营者提供渠道解决方案。图 1-6 所示为“天猫小店”实体门店样式。只要小店加盟入驻，成为“天猫小店”的一员，就可以得到阿里巴巴零售通的扶持。

品牌授权：授权小店使用“天猫小店”品牌，提升消费者对小店的信任感。

线上线下流量打通：优先接入“手机淘宝”和“饿了么”，帮助门店从线上引流。同时，在活动和资源上为门店提供支持，帮助门店提升业绩。

优化商品结构：提供天猫货架入驻，为小店精选天猫线上、天猫国际的热销商品，满足消费者的多样化需求。同时，打通线上线下渠道，零售通为小店设置店号，并在

“手机淘宝”以小店店号为小店设置入口。小店从零售通采购的所有商品既可以配送到线下门店，也可以在“手机淘宝”上的小店中进行展示。也就是说，消费者既可以到线下门店进行采购，也可以在“手机淘宝”上下订单，小店店主在线上线下均可与消费者建立联系。

图 1-5　阿里零售通 App 首页

图 1-6　“天猫小店”实体门店样式

门店建设支持：帮助线下门店接入自动贩卖机、智能门店管理系统等，帮助店主打造智慧化门店。

运营培训：为店主提供专业的经营指导，定期组织线下沙龙，开展培训讲座，帮助店主提升运营能力。

4. 数据互通

在品牌商和零售企业的运营过程中，必定会产生大量的交易数据、互动数据等，这些数据对品牌商和零售企业开展客户关系管理、社群管理、社交媒体营销等是至关重要的。所以，品牌商和零售企业需要实现线上线下数据互联互通，包括线上线下会员数据互通、线上线下交易数据互通、线上线下活动数据互通等，这样才能全渠道、全方位地收集交易数据、互动数据等，进而对这些数据进行深度分析与研究，挖掘数据中的关键信息。

实现数据互通需要多方因素共同推进，如图 1-7 所示。海量的数据汇总与分析是新零售模式发展的巨大推动力之一，需要品牌商和零售企业予以重点关注。

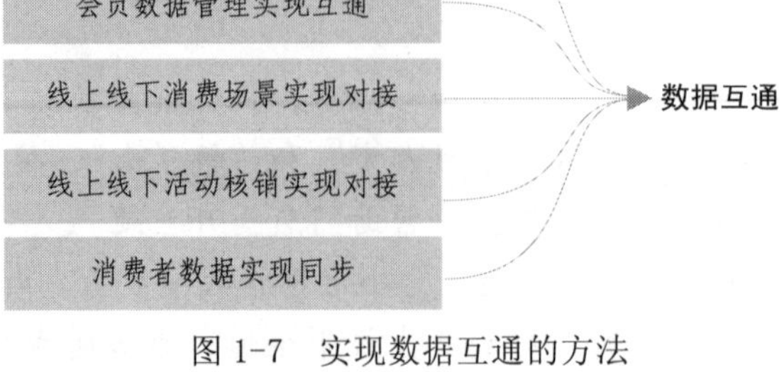

图 1-7　实现数据互通的方法

5. 分销互通

在传统零售模式下，消费者是商品或服务的购买者和使用者。而在新零售模式下，消费者不仅是商品或服务的购买者和使用者，更是商品或服务的分享者、分销者，他们乐于使用社交工具将商品或服务分享给自己的朋友，创造口碑效应。

分销互通就是让消费者承担一定的分销职能，借助其口碑宣传能力扩大品牌或商品的影响力，进而提升商品的销量。要想让消费者乐于分享商品、传播商品，品牌商和零售企业可以从两个角度入手：一是为消费者提供符合其需求的商品和服务，让消费者对商品和服务产生愉悦感；二是设置奖励机制，让消费者在分享和传播商品时可以获得一定的积分或佣金奖励。

分销互通强调意见领袖的影响力，强大的意见领袖能够有效地帮助品牌商和企业提高销售额，提升消费者的价值。因此，组建强大的分销团队，扩大意见领袖的影响力是品牌商和零售企业顺利实现新零售转型的重要因素之一。

6. 区域互通

随着零售业务规模的不断扩大，品牌商和零售企业在不同地方设置的实体终端会越来越多，企业总部需要为实体终端提供的服务也会越来越多。同一个区域内的各个实体终端会形成一个小团体，它们在运作中的会员服务、数据服务、终端体验等都要在“区域”这一层面进行协调对接。因此，在新零售模式下，区域化深耕的价值变得更加重要，对实体终端进行区域化管理、区域化服务协调、区域化线上线下对接、区域化分销裂变等正是区域化深耕的核心价值所在。

区域互通要以区域化深耕为基点，精耕区域，让分散的实体终端形成区域化影响力，以发挥各个区域挖掘消费者价值、服务互通、终端互连的价值，提升各个实体终端的价值。

区域互通的价值在于强化区域间的互联互通，让各个实体终端形成自己的社群影响力，让各区域终端能够相互配合，创造更多的场景价值。

1.3 驱动新零售发展的四大因素

新零售的产生有其特定的背景基础，整体上来说，正在快速升级、日益成熟的外部客观环境和中国传统零售业发展中存在的现实不足让中国有机会率先实现“新零售”的诞生与成长。

1.3.1 技术升级，加速传统零售数字化升级

技术依然是新零售发展的第一驱动力。5G、人工智能、云计算、物联网、移动互联网、大数据、虚拟现实技术（Virtual Reality，VR）和增强现实技术（Augmented Reality，AR）等新一代信息技术的日益成熟，为新零售的诞生和发展创造了必要的条件。新兴技术的应用门槛大幅降低，部分企业率先应用最新科技，推动传统零售数字化转型升级，实现运营效率和消费者体验的双提升。

1. 移动支付：打通线上线下支付生态系统

移动支付是用户使用其移动终端对消费商品和服务进行账务支付的一种服务方式，也

是新零售的重要一环。移动支付将终端设备、互联网、应用提供商及金融机构相融合，为用户提供货币支付、缴费等金融业务。

移动支付凭借其小额高频、便捷、操作简单和无须携带现金或银行卡的特点，其支付规模在第三方支付中的比例逐渐上升。

移动支付操作简单，消费者不用携带现金或银行卡，只要掏出手机进行操作就可以完成支付，这无疑使支付行为更容易发生。与现金支付相比，移动支付无须找零，解决了消费者在一些消费中要换取零钱的痛点，这在无形中促进了消费。同时，依托于各类移动支付工具，目前与人们衣食住行相关的商业场景、公共服务场景都能很容易地完成支付，从而大大提升了整个商业的运行效率。

相关数据显示，2019 年上半年，我国第三方移动支付交易规模约 110.4 万亿元，同比增速为 22.6%。随着消费者移动支付习惯的建立，以及移动支付场景覆盖率的不断提高，我国移动支付市场交易规模已经进入稳步增长阶段。移动支付在零售场景中的应用加速了线下零售的数字化转型，为线下商业注入了活力。

案例链接

星巴克联手阿里巴巴，创造咖啡消费新场景

2018 年 8 月 2 日，星巴克与阿里巴巴在上海宣布达成全面战略合作，涉及阿里巴巴旗下饿了么、盒马鲜生、淘宝、天猫、口碑、支付宝等多个业务线。2018 年 12 月，星巴克与阿里巴巴共同推出星巴克线上新零售智慧门店，打通了星巴克、淘宝、支付宝的会员体系，实现了全域消费场景下会员注册、权益兑换和服务场景的互通互联。2019 年 1 月，星巴克在“盒马鲜生”上线自提柜。

消费者可以通过星巴克 App、天猫、淘宝、饿了么、盒马鲜生、支付宝等任一入口，享受到 24 小时在线、秒级响应的客户服务。消费者在淘宝或支付宝搜索“星巴克”或“用星说”，即可进入星巴克的线上门店界面下单并完成支付，如图 1-8 和图 1-9 所示。消费者在线下门店下单时，可以通过星巴克 App、淘宝 App、支付宝 App 直接扫码完成支付和星享卡积分。

图 1-8　星巴克淘宝官方旗舰店咖啡下单界面

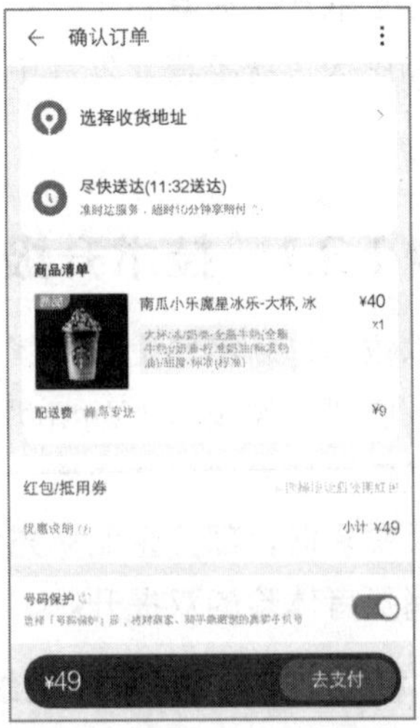

图 1-9　星巴克淘宝官方旗舰店咖啡支付界面

星巴克通过与阿里巴巴开展合作，为消费者提供了集现金、银行卡、支付宝等支付方式于一体的全方位、一体化的支付解决方案，满足了消费者对便捷支付的需求。借助移动支付，星巴克加速了自身的数字化转型。阿里巴巴强大的会员体系的支持，完善了星巴克的消费激励制度，扩大了星巴克的服务半径和服务人群，也帮助其构建了良好的支付生态系统。

2. 大数据、云计算：新零售的智慧大脑

大数据平台是整个新零售生态的大脑，是企业做好经营和服务决策的关键所在。大数据在零售业中的主要应用方向与表现如表 1-3 所示。

表 1-3 大数据在零售业中的应用方向与表现

应用方向	具体表现
数据存储	在企业经营过程中会产生海量的经营数据和消费者消费数据，对于企业来说，这些数据都需要长久储存，才能更好地发挥其价值
消费者需求挖掘	随着智能手机的普及和各大社交平台的迅猛发展，企业获得的消费者行为数据呈爆发式增长。借助大数据与云计算技术，企业可以将消费者日常浏览行为产生的数据和交易行为产生的数据进行整合与分析，从而挖掘消费者新的需求
消费者消费行为分析	通过大数据分析了解消费者的消费行为特征和消费习惯，并寻找影响消费者消费行为和习惯的因素，企业可以根据消费者的消费行为和习惯进行自我优化，实施精准的商品营销策略
消费者细分	通过运用大数据中的海量数据和分析技术，企业可以对消费者进行群体细分，了解不同消费群体的消费习惯和消费需求，从而针对不同的消费群体制订相应的营销计划，更好地开展精准营销
运营分析	根据历史销售数据，运用大数据技术对自身的运营情况进行分析，例如，分析促销活动的效果，分析商品品类、陈列方式、包装是否需要优化等

大数据和云计算密不可分。大数据的特色在于能够对海量数据进行分布式数据挖掘，但必须依托云计算的分布式处理、分布式数据库和云存储、虚拟化技术来进行。云计算技术就是一个“容器”，大数据正是存放在这个“容器”中的“水”，大数据需要依靠云计算技术进行存储和计算。

云计算帮助企业打破各网点之间的数据孤岛，实现线上、线下数据的整合，让企业能够构建统一的数据平台，并为数据平台提供较为廉价的计算能力，为大数据应用提供环境。

案例链接

良品铺子，用大数据打造“走心”零食

作为休闲零食新零售的先行代表，良品铺子以大数据分析为指导，实现了从“货—场—人”到“人—货—场”的转变。

良品铺子上线了“全网顾客心声”系统，借助大数据技术，以“周”为单位研究消费大数据，平均每月抓取 200 万条以上的消费者评论，通过分析这些反馈数据来洞察消费者的行为和偏好，实现对消费者群体的精准分析与挖掘，进而持续改进已有商品，适时研发新品类。

截至 2018 年年初，良品铺子已经开发了 1500 余款零食。这些零食全部都是通过从消费者研究和大数据分析中获取精确的消费者画像，将人群和消费场景进行重新模拟，站在消费者的角度研发出来的，最大限度地满足了消费者的各种需求。

3. 物联网：智能化管理，全面提升零售效率

物联网作为新零售的重要基础，帮助企业实现了人与物、物与物数据的交流和传输。在新零售模式下，物联网是构建产业闭环的关键点。借助物联网技术，企业能够实现商品信息的数据化，从而将线下营销活动转移到线上，建立起涵盖线上与线下所有渠道商品和消费者的数据库，然后利用大数据和人工智能技术对商品和消费者数据进行处理与分析，从而搭建一条完整的包括商品生产、货物存储及运输、商品销售、商品营销等环节在内的产业链体系，实现线上线下的深度融合。

具体来说，物联网技术对零售企业经营所产生的影响如表 1-4 所示。

表 1-4　物联网技术对零售企业经营的影响

应用方向	具体表现
物流运输	运用物联网技术可以实现对运输过程的实时监控，减少运输过程的商品丢失与损失，还可以对车辆进行实时定位，随时随地了解货物的运输进程
商品管理	① 运用二维码、射频识别（Radio Frequency Identification，RFID）、近场通信（Near Field Communication，NFC）等技术对商品进行唯一编码，以便于商品的查找和管理； ② 商品入库时，使用阅读器扫描带有标签的商品，可以采集商品的入库信息，将商品放到准确的位置； ③ 商品出库时，管理员可按照统计的信息准确地找到出库商品，并将商品下架
商品销售	① 对商品进行实时监控，及时提醒工作人员商品的销售情况； ② 帮助运营者及时发现过期商品并对其进行处理，提高商品的安全质量管理； ③ 快速统计滞销商品，有利于管理人员及时做出促销决策
线下经营	借助传感器融合、人脸识别等技术，能够实现智能导购、采集消费者行为数据、跟踪商品状态等应用

总之，通过应用物联网技术，企业可以优化商品生产流程，降低生产和运维成本，提升自身的现代化服务水平。

4. 人工智能：无人零售引领新型消费模式

在新零售模式下，通过运用人工智能技术，零售企业能够进行商品识别、消费者识别及行为分析等操作，进而与消费者形成联动。此外，智能机器人、无人驾驶车等人工智能设备可以有效替代生产、供应、配送环节中的部分人工，从而帮助零售企业节省人工成本，提高运作效率。

目前，人工智能技术落地的应用场景主要有五大类，即智慧无人门店、智能仓储与物流、智能营销与体验、智能客服，以及智能虚拟体验。随着人工智能技术的不断发展和多环节的落地应用，人工智能技术将会为消费者带来更好的消费体验。

案例链接

缤果盒子，以科技赋能新零售

缤果盒子是一家可规模化复制的 24 小时无人值守便利店，每个盒子的面积为 15 平方米左右，以销售薯片、饼干、方便面等速食品和各类日用品为主，如图 1-10 所示。

图 1-10　缤果盒子

为保证安全运营，缤果盒子研发了“小范 FAN AI”人工智能解决方案，运用人工智能、大数据、机器学习等多项技术，使盒子能够进行全智能商品感应识别、智能识别防盗、在线自助结算、远程客服适时协助等操作。在“小范 FAN AI”中，图像识别技术取代了此前广泛使用的 RFID 电子标签，节省了为商品贴标签的人工和成本。

缤果盒子尤其重视在店内防盗环节中的投入，盒子上的门禁系统由重力传感器、红外传感器及 RFID 标签读取器等组成，如果消费者带着未结账的商品，盒子的大门将无法打开。

在缤果盒子中进行消费的流程也非常简单，消费者通过扫码进行身份认证后，即可进入盒子选购商品。挑选完毕后，消费者只需打开微信的“缤果盒子”公众号并点击“我要付款”，扫码并完成支付，就可以带着商品离开。

依托云（云计算、大数据）、网（互联网、物联网）、端（PC 终端、移动终端、智能穿戴、传感器等）构建起的“互联网+”基础设施的支持，消费者在消费过程中可以享受到更优质的体验。移动支付、大数据、物联网在零售领域快速落地，衍生出了智慧商场、无人便利店、自动售货机等新型零售业态。

5G 时代，伴随着对商业应用场景的探索，物联网、云计算、大数据、人工智能几大技术将成为 5G 技术红利释放的高地，新零售领域将更加受益。

1.3.2　消费升级推动新零售发展

人们消费水平的提升，消费主体个性化需求的凸显，消费主权时代的到来，对商品与消费的适配度提出了更高的要求，刺激了新零售的产生和发展。

1. 购买力提升

消费与可支配收入存在着明显的正相关关系，这种正相关关系表现为随着收入的增加，消费会相应地增加；反之，收入减少，消费也会相应地减少。因此，在同等增收水平条件下，边际消费倾向越高，最终消费越高。当经济发展到一定阶段时，人们的收入水平不断提高，大量新型商品和服务的出现会有效刺激人们消费倾向的提升。

近年来，消费逐渐成为拉动经济增长的一个关键因素。在投资、消费、进出口三大拉动经济增长的因素中，消费的贡献率呈逐年走高的趋势。国家统计局数据显示，2018 年我国社会消费零售总额为 38 万亿元，同期增长 9.0%，最终消费支出对国内生产总值（GDP）增长的贡献率达到 76.2%。阿里研究院数据显示，阿里品质消费指数在 5 年内提升了 7.2 个百分点。量的扩张和质的提升之间的差异，表明我国消费结构进入快速升级阶段。

2. 消费主体更加个性化

以“80 后”“90 后”为代表的新生代人群逐渐成为消费主力人群，这一受众群体的受教育水平较高，收入水平较高，接受新事物的能力较强。随着购买力的提升及获取资讯的渠道的丰富，主流消费人群更愿意追求个性化消费、多样化消费。在消费过程中，消费者更加注重品牌、注重品质、注重服务、注重享受、注重精神体验。

具体来说，消费者追求个性化消费和多样化消费的表现如图 1-11 所示。

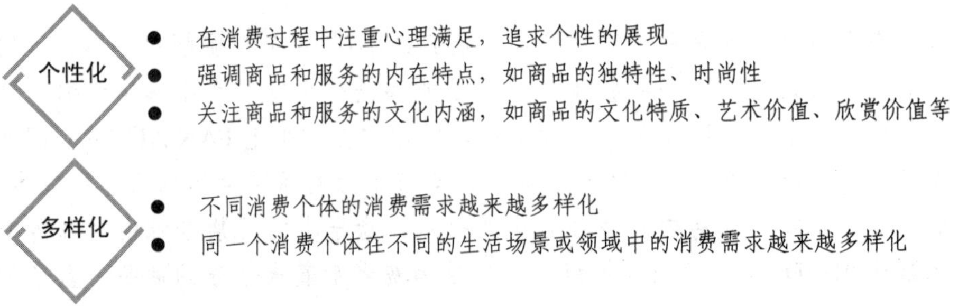

图 1-11　消费者个性化消费和多样化消费的主要表现

1.3.3　传统零售存在缺陷，流量融合促使零售转型

随着人们消费方式和消费习惯的改变，传统零售已经不能更好地满足消费者的需求。此外，实体门店由于长期注重经营流通渠道、终端平台，而不是商品和服务本身，所以不能真正地了解市场需求。到了移动互联网时代，流量成为所有企业与商家生存的关键因素，线下实体门店在遭受电商行业冲击的同时，还面临着行业内商品同质化严重的问题，这将导致线下门店的客流量严重不足。

线上电商早期借助互联网红利获得了飞速的发展，而现在，随着互联网流量红利期的消失，纯电商模式的发展进入了瓶颈期。为了能够获取更多的流量，线上流量与线下体验相融合是必然趋势。

1.3.4　利好政策相继出台，为新零售发展提供政策支持

随着新零售概念的提出，相关支持政策陆续出台。2016 年 11 月，我国正式出台《关于推动实体零售创新转型的意见》，其中提出 5 大类 16 项推动实体零售商转型升级的具体措施，通过促进线上线下融合、创新经营机制与简政放权、促进公平竞争，以及减轻企业税费负担等措施帮助新零售释放发展活力。

在《2018年国务院政府工作报告》中，提及发展消费新业态新模式。自2019年1月1日起，《中华人民共和国电子商务法》正式实施，进一步为新旧动能转化下的消费升级保驾护航。

1.4 新零售与传统零售、电子商务的对比

新零售是一种新的零售模式，它通过运用大数据、云计算、物联网、人工智能等新兴技术来重新构建零售业的生态系统，促进线上和线下实现深度整合。新零售的核心内容是“以人为本”，将消费者放在第一位，体现了全心全意为消费者服务的决心。新零售是与传统零售、电子商务完整不同的一种零售模式。

1.4.1 新零售与传统零售的对比

传统零售是以传统的现金、现货、现场的交易方式把商品和服务卖给最终消费者的零售模式。在这种模式下，消费者必须要到商店、商场等实体门店才能消费并将商品拿回去，除此之外没有其他渠道。

新零售的核心要义在于推动线上与线下的一体化进程，其关键在于使线上的互联网力量和线下的实体门店终端形成真正意义上的合力，从而完成电商平台和实体门店在商业维度上的优化升级，同时促成价格消费向价值消费的全面转型。

具体来说，新零售和传统零售的区别主要表现在以下几个方面。

1. 渠道布局：单一渠道 VS 全渠道

在传统零售模式下，零售企业或者是在线下布局实体门店，或者是在线上开设网上店铺，其运营渠道单一化。

而新零售打破了传统的线上线下的壁垒，实现了线上线下的融合。消费者不仅可以通过互联网在线上完成消费，还可以在线上下单后，到线下门店去体验商品和服务。

同时，新零售强调“云商”概念，不仅能让消费者实现用“脚”出门购物，用“手”通过握住鼠标和触摸手机购物，还能让消费者实现用“嘴”通过语音购物，借助VR/AR技术用“脑”通过意念购物等。新零售模式的渠道布局，从单一渠道到多渠道，再到所有渠道的协同，使消费者购物的渠道不断增加。

2. 场景：单一化 VS 多样化

在传统零售模式下，消费者在线下的消费场景通常是到店、拿货、付款、走人，在网店的消费场景通常是浏览、下单、付款、收包裹。无论是线下门店，还是线上网店，消费场景都是比较单一的。

在新零售模式下，线上与线下实现了深度融合，消费场景无处不在，包括线下门店购物场景、App购物场景、店中店触屏购物场景、VR购物场景、智能货架购物场景、网络直播购物场景等，消费者既可以在线上浏览商品后到线下实体门店购买，也可以在线下实体门店体验商品后通过App购买，还可以在网络直播中直接点击链接来购买商品。

新零售的消费场景因为时间和空间的变化变得更加复杂，线上与线下应该是紧密结合

在一起的，偏重其中任何一方都可能导致战略上的失衡。线上平台搭建，线下沉浸式消费场景是新零售区别于传统零售的一个较大优势。

3. 消费时间、空间：固定 VS 灵活

在传统零售模式下，消费者只能在规定的时间、固定的场所购买商家的在架商品。

而在新零售模式下，消费者可以在任何时间、任何地点，用任何方式购物，还可以选择到店自提、门店配送、快递配送、定期送等多种配送方式。

4. 经营思维：以商品为中心 VS 以消费者为中心

传统零售讲究以商品为中心，零售企业依托真实的线下实体场景向消费者提供商品，最后通过差价获得收益。在新零售模式下，零售企业更加注重消费者。零售企业将由出售有形的商品变为体验、服务和场景的提供，通过搭建个性化场景、提供多样化服务的方式促使消费者做出消费选择。同时，零售企业还会对消费者进行更细化的分类，根据他们的特点和需求提供相应的商品和服务，以满足消费者的个性化需求。

5. 消费者分析：以主观经验为准 VS 以大数据分析为参考

在传统零售模式之下，企业很难收集到消费者的行为数据，也无法准确洞悉消费者的需求，只能依靠自身的经验来推测和判断，然后进行商品的采购、营销推广等一系列活动，所以很难实现企业效益的最大化。

而在新零售模式下，企业可以借助大数据、云计算等技术对消费者的行为进行分析，从中挖掘出消费者最精准的需求，从而开展更加精准、有效的营销活动。此外，企业还可以通过线上线下数据的深度融合，借助大数据分析结果及其他信息构建消费者画像，从而为消费者打造个性化、精准化、智能化三位一体的消费体验。

1.4.2 新零售与电子商务的对比

电子商务的诞生颠覆了传统零售模式，商品价格是电子商务最大的优势，但是电子商务忽视消费者体验的经营理念注定其不能永葆热度。同时，随着电子商务流量成本的不断上升，电子商务的发展进入瓶颈期。

马云所提出的新零售一定是一种区别于电子商务的新事物，如果新零售只是一种“换汤不换药”的新型电子商务模式，最终必将陷入与电子商务相同的困境。因此，新零售应该是一种与电子商务完全不同的零售模式。具体来说，新零售与电子商务的区别主要表现在以下三个方面。

1. 推动力不同

互联网是推动电子商务发展的主要动力。依托互联网，商家将商品在网上展示，吸引消费者浏览购买，并在网上完成交易。电子商务的优点在于它能为商品供求双方提供有效的对接渠道，让商品供求双方以一种非常便利的方式完成交易。互联网为电子商务的发展提供了技术支撑和渠道，但是它并未参与到商品的生产过程中，不能改变商品生产前后存在的痛点和难题。

在新零售模式中，大数据、云计算、物联网、人工智能等新兴技术是零售业发展的主要推动力。与互联网不同的是，这些新兴技术的作用并不是通过优化零售业已经形成的供求两端的对接渠道来实现的，而是通过深度介入商品的设计、生产过程中，从而提升零售业的整体运作效率来实现的。这些新兴技术的应用能真正将零售业的发展带入一个全新的发展阶段。

2. 商品销售模式不同

通常来说，电子商务的商品都是成批生产的，当然商家也可以与制造商进行合作来生产商品，在这种模式下，商品很难满足消费者的个性化需求，商品更新的速度总是落后于市场需求更新的速度。

在新零售模式中，大数据、云计算、人工智能等技术为商品的生产提供了技术支持，商家始终关注市场需求，可以根据不同消费者的需求生产个性化的商品，并且可以根据市场和消费者的需求来调整商品的生产，其整个零售过程是以经营商品为中心的。

在电子商务中，商品的销售模式是商家或制造商生产出商品后，采取各种营销手段向消费者推销，说服消费者购买。在新零售模式中，则是商家或制造商先寻找目标消费人群，并了解目标消费人群的需求，然后根据目标消费人群的需求来生产商品，其整个零售过程从以经营商品为中心转变为以经营消费者为中心。

3. 商品交易的场景不同

电子商务零售主要是通过商家入驻各大电子商务平台，或者是商家自己搭建电子商务网站来形成零售活动中的“场”。电子商务的交易场景主要在线上，商家要做的主要工作是将消费者从线下吸引到线上，在线上完成交易。

在新零售模式中，商家通过线上的电子商务平台、小程序、App 等工具，结合线下的实体门店，实现线上、线下各类交易渠道的集合，形成了覆盖范围更广的“场”。新零售模式下，商品交易的场景不仅体现在线上，同时还体现在线下，新零售更加注重线上和线下的融合，消费者无论是在线上还是在线下，都可以享受到同等的待遇，以此进一步提升零售业的运作效率，更好地服务于消费者。

此外，在新零售模式中，依托各类先进技术的支持，商家可以为消费者创造更加丰富的消费体验场景，让消费者可以在不受时间、地点限制的情况下体验商品。

1.5 经济新动能，新零售形态的发展状态

新零售模式实现了线上与线下的融合，在大数据、云计算、物联网和人工智能等新兴技术的支持下，在消费者个性化消费需求增加的情况下，新零售成为激活零售市场的重要工具。新零售引发了消费方式和供求关系的深度变化，并导致了零售业供应链的深度调整，这场变革不是转瞬即逝的，它将向着更大的空间延伸和扩展。

1.5.1 零售新变革，新零售发展导入期的三大亮点

当前，新零售正处于发展导入期，虽然其发展会面临一些难题，但毋庸置疑，它的前途是光明的。在当前发展阶段，新零售表现出三大亮点，如图 1-12 所示。

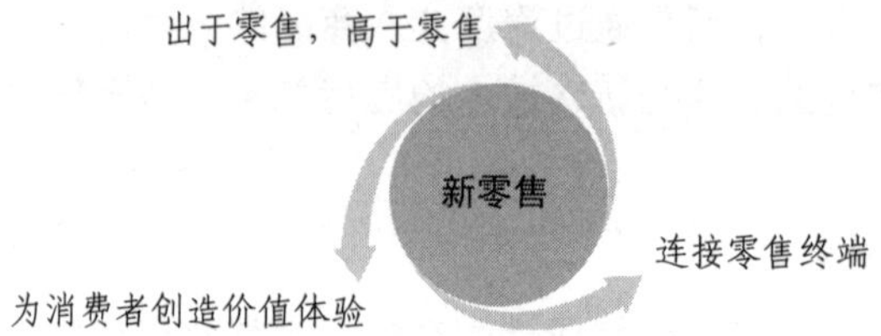

图 1-12　新零售发展导入期的三大亮点

1. 出于零售，高于零售

在传统零售模式下，商品交易是整个商业活动的价值中心，整个行业关注的焦点是如何让商品卖得更多、更快、更好。在新零售模式下，零售企业在销售商品的同时更加关注消费者的消费体验，关注商品和服务为消费者带来的价值，并且注重这种价值的传播力和延展力。

新零售的本质内核并没有改变，它出于零售，高于零售。它在继承传统零售专注商品、关注交易特质的同时，将对消费者体验的关注最大化，将消费者体验作为统领零售交易全过程的关键因素，在线上的商品展示、用户界面（User Interface，UI）设计、售前交流等环节，以及线下的实际体验、现场互动等环节无不体现出对“消费者体验”这一核心的关注。

2. 为消费者创造价值体验

在传统零售模式下，实体门店是其终端的代表形式，品牌商和零售企业的核心商业逻辑就是“卖出商品，促成交易”。很多品牌商构建了自己的专卖店体系和“专卖体验”系统，并建立了自己的“客户体验”管理体系。在新零售模式下，这种“专卖店式体验”是远远无法满足消费者的需求的，品牌商和零售企业需要为消费者创造更多超越其期望值的体验，不仅要让消费者得到其期望的商品，体验到超值的服务，还要让他们获得更多的价值体验。

与传统零售模式相比，新零售模式更多地将 AR/VR、人工智能等技术应用于消费体验中。这些技术不仅能为消费者购物带来更多的乐趣，还能为其创造快速浏览、便捷交易、远程服务等一系列价值体验，这些都体现了新零售的超强魅力。

3. 连接零售终端

新零售的终端涵盖线下的实体终端、线上的 PC 端和移动端等多个渠道，线下与线上的各个终端之间不仅相互连通，而且可以相互作用、彼此加持价值。在新零售模式下构建超越终端的运营体系，关键在于做好三个“强化”，即强化终端之间的互联互通，强化终端内容推送的互相关联，强化终端各场景的相互衔接。

新零售的发展并不会削减传统零售终端的作用和职能，反而会为零售终端赋能。在新零售运营思维和运作模式的支持下，零售终端在做好服务体验、现场交流、活动互动等传统工作的同时，还能够深度传递品牌精神，加强线下与线上的互动衔接，真正实现线上线下的互动与融合。

1.5.2　风口之下，新零售时代带来的改变

在传统零售模式下，受到流量红利消失、消费体验亟待提升、技术落后等因素的影响，

传统零售企业开始不断寻找新的发展思路和方向。新零售触发了全产业链的变革，促进了消费转型升级。在新零售的风口下，零售业将会在以下几个方面发生重大改变。

1. 消费升级改变原有商业模式

新零售以消费者为核心，以数字化为基础，推动了商业要素的重构，加速了零售经营模式和商业模式的创新。

新零售时代最为突出的一个变化就是商业模式从以企业对企业（Business-to-Business，B2B）模式为主转变为以供应链平台对企业（Supply chain plat-form to Business，S2B）模式为主。

在 S2B 模式中，"S" 指一个大供应（链）平台，"B" 指大平台对应的万级、十万级甚至更高万级的企业端（包括各种规模的企业）。"S" 端和 "B" 端之间的关系并不是简单的加盟，而是 "赋能"。简单来说，就是 "B" 端负责商品销售，通过与消费者的互动了解消费者的需求和痛点，然后 "B" 端利用 "S" 端对商品设计、生产和运输的整合能力来完成对消费者的定制化服务，其运作原理如图 1-13 所示。

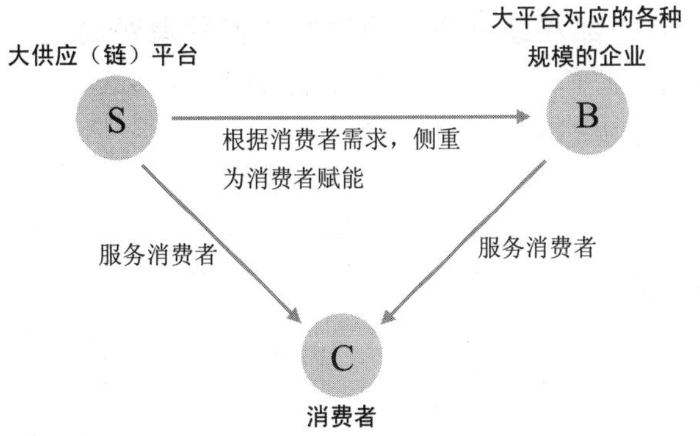

图 1-13　S2B 模式的运作原理

在 S2B 模式中，"S" 端为 "B" 端提供商品的生产、品牌与品质保证，同时通过相关软件和工具为 "B" 端提供服务集成及数据智能化服务等。而 "B" 端在为 "C" 端提供服务时，要保证整个过程的透明，且要向 "S" 端进行实时反馈，"S" 端只有收到 "B" 端的反馈，才能精准地完成 "C" 端的个性化需求。

在新零售时代，流量不再是一种稀缺资源，企业需要通过优化消费者体验来吸引消费者付费。在 S2B 商业模式中，企业端可以深度参与到商品的研发与生产过程中，从而为消费者提供个性化、定制化的商品。企业端将通过亲自参与商品设计与生产来实现从流量盈利向体验盈利的改变。

2. 商业中心从 "平台" 转移到 "人"

互联网时代的商业生态强调以平台为中心，这种发展模式最终导致各种流量平台的产生和发展壮大。不同行业和领域都产生了一个或几个流量巨头，这些流量巨头最终成为其行业或领域的领军者，它们也是资本眼中的 "独角兽" 企业。

在新零售时代，以人为中心的商业模式将会替代以平台为中心的商业模式。在各个行业和领域中，人成为连接相关元素的中心。以人为纽带，在整个商业生态中实现了上下游数据的深度互联；以人为附加体，在不同行业中实现新技术的应用。

在新零售模式下，以人为核心会真正地让人与商品、人与行业产生深度关联，并最终引发诸多改变。

3. 零售业本身深度变革

随着大数据、物联网及人工智能技术的发展和落地，以及由此引发的工业 4.0 时代的来临，零售业中商品的生产方式、供给模式将会发生根本性的改变，由此引发的商业模式的调整和嬗变将会为零售业带来新的利润增长点。

大数据对于商品生产的指导，智能机器人对于生产标准化的优化，新物流对于商品配送效率和准确度的提升，都将给零售业带来翻天覆地的变化，零售业将进入一个全新的发展轨迹中。

1.5.3 零售新模式，三大巨头的新零售商业布局

新零售发展至今，体量已十分庞大，我国零售业迈向新零售时代的步伐开始越来越快，可以说，阿里巴巴、腾讯与京东都马不停蹄地在新零售领域进行布局。

1. 阿里巴巴：内外部双线布局，同时投资多种消费场景

阿里巴巴主要通过内部和外部并行的方式进行布局，并以自己的方式对企业进行改造，最终使旗下企业形成一个生态圈，如图 1-14 所示。

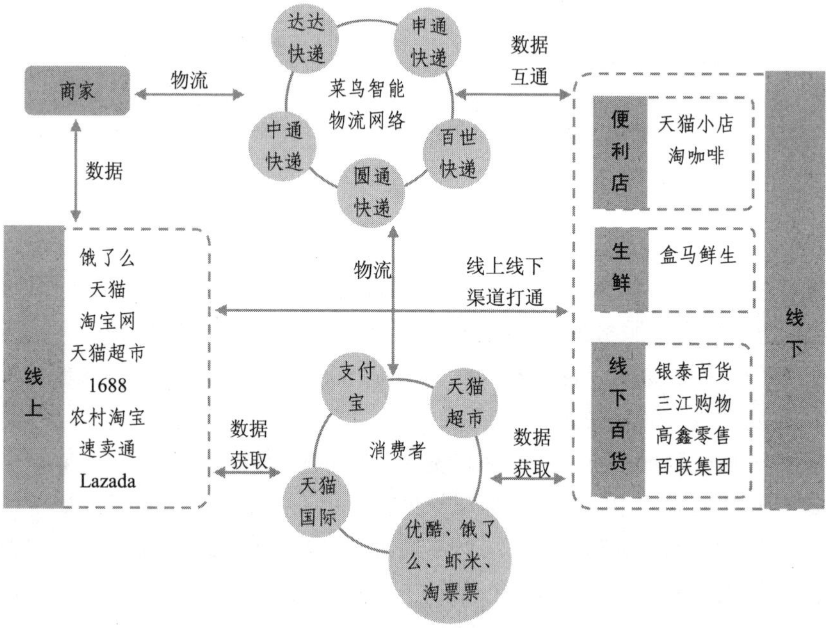

图 1-14 阿里巴巴新零售生态

在新零售布局中，阿里巴巴一直依靠第三方商家，采取轻资产的平台模式，只在数据和营销方面提供支持，具体运营由合作伙伴来进行，并且各个业态的运营都以阿里巴巴为中心来展开。

（1）整合物流行业

阿里巴巴布局新零售的第一站便是联系线上线下的物流行业，先后入股百世快递、圆

通快递、中通快递、达达快递、申通快递，并将它们纳入自己集团旗下的菜鸟智能物流网络中。

（2）整合零售渠道

在线下零售领域,阿里巴巴也通过一系列的股权投资和行业创新建立起了自己的帝国。2015—2017年，阿里巴巴先后收购银泰百货集团，入股三江购物、高鑫零售和百联集团，在传统零售领域布局新零售业务。在与传统零售商强强联合的同时，阿里巴巴也培育了自己的新零售业态——盒马鲜生。在便利店领域，阿里巴巴通过天猫小店战略逐步转化现成门店，并加快无人便利店淘咖啡的探索。

在线上，阿里巴巴拥有淘宝、天猫、1688等国内电商业务，并开发了农村淘宝项目。在跨境电子商务领域，阿里巴巴创建了全球速卖通平台，并参与投资Lazada（东南亚地区较大的在线购物网站）。2018年4月2日，阿里巴巴收购饿了么，进入外卖领域。

（3）打通会员体系

2018年8月8日，阿里巴巴推出了“阿里88VIP”会员卡，该会员卡可以说是一张跨阿里巴巴整个生态的“一卡通”。成为“88VIP”会员后，用户不仅可以享受天猫超市、天猫国际直营的88个品牌的优质商品全年9.5折优惠，还自动升级为优酷、饿了么、虾米、淘票票的年卡会员。“88VIP”几乎涵盖了阿里生态下包括网购、外卖、娱乐等在内的所有业态。“阿里88VIP”会员卡打破了传统会员体系的孤岛，不仅提升了阿里巴巴平台用户的忠诚度，还实现了对阿里巴巴旗下生态的全面导流。

案例链接

盒马鲜生超市+餐饮，打造鲜美生活

盒马鲜生是阿里巴巴对线下超市完全重构的，以数据和技术驱动的新零售业态，旨在为消费者打造社区化的一站式新零售体验中心，用科技和人情味带给人们“鲜美生活”。盒马鲜生的运营模式如图1-15所示。

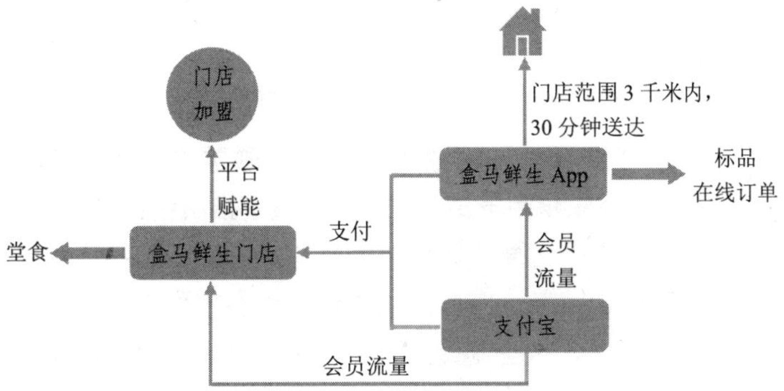

图1-15　盒马鲜生的运营模式

（1）“超市＋餐饮店”的新业态

盒马鲜生采用了“超市＋餐饮店”的运营模式，主要经营蔬菜、肉类、水果和海鲜等商品。消费者在店内选购海鲜等食材之后，可以即买即烹，现场加工，现场食用。这种模式不但深受消费者的欢迎，提升了到店客流的转化率和线下体验，而且通过生鲜品类和餐饮制作的深度结合，解决了生鲜经营中最难的损耗问题。

除了保证食材新鲜之外，盒马鲜生也在倡导以新鲜的方式享受生活。盒马鲜生在线下门店中提供了各式各样的场景，引导消费者拍照与分享，创造新的生活观念和新鲜、有趣的做饭方式，增强消费者的黏性，培养他们的消费习惯。

（2）线上线下双体验

盒马鲜生结合"传统商超＋外卖＋盒马鲜生 App"，开创了互联网驱动、线下体验的复合模式。消费者既可以到实体门店购买商品，也可以在盒马鲜生 App 下单购买，这种模式可以为消费者带来全渠道的购物体验。

从本质上来说，盒马鲜生还是一种线下的零售超市，但线上 App 的加入，让它实现了线上线下的深度融入。线上可以保证商品的即时性，线下可以给消费带来更丰富、多样化的消费体验，以满足消费者的差异化、个性化的消费需求。

（3）强大的供应链

盒马鲜生最大的特点之一就是配送快速：门店附近 3 千米范围内 30 分钟送货上门。盒马鲜生之所以能够达到 30 分钟的配送时间，在于它采用了大数据、智能物联网、自动化等先进技术，实现了人、货、场三者之间的最优化匹配，从供应链、仓储到配送都有自己完整的物流体系。

盒马鲜生将本应该置于后端的物流仓储作业前置到了门店，和门店共享库存和物流基础设施。在店内部署了自动化物流设备，门店的上方铺设了全自动悬挂链物流系统，这样能够在第一时间分拣店中陈列的商品，并将其快速送到后场出货。

门店的后场更是一个交织的传送系统。在盒马鲜生后端，每个商品都有独特的电子标签。消费者在线上下单之后，拣货员根据订单前往仓储区拣货，用掌上电脑（Personal Digital Assistant，PDA）扫码之后放入专用拣货袋，并挂上输送带，然后进行配送。从商品供应到上架、打包、配送都通过智能设备去识别和作业，全数字化的供应、销售、物流过程保证了配送速度与消费体验。

（4）线上线下数据互通

盒马鲜生支持盒马鲜生 App、支付宝和现金付款，不支持其他支付方。到店消费者只要绑定支付宝即可成为会员。支付宝的实名认证信息，让盒马鲜生构建了一个更加立体的消费者数据库，更好地开展客户关系管理和营销。

2. 京东&腾讯：重资产模式＋"去中心化"，联盟布局新零售

在新零售领域，腾讯和京东携手形成战略同盟，联手推出线上线下无界零售解决方案，共同探索新零售。腾讯和京东一方面依赖各自的生态体系进行新零售布局，另一方面采取联合其他业态的形式对线上、线下、服务及物流进行生态布局。

腾讯拥有大量的流量资源，这些流量为企业带来了巨大的用户数量及浏览量，从而为旗下企业赋能。此外，腾讯采用"去中心化"策略收购了一系列零售企业，而京东依托自己的零售基础提出"无界零售"的概念，自建物流体系，打通线上线下渠道和供应链。图 1-16 所示为京东新零售生态圈。

（1）实体门店：渠道下沉，四类店铺各显其能

在实体门店布局上，京东布局了四类门店，即京东专卖店，覆盖全品类商品的体验店"京选空间"，创新型智能生态门店"京东之家"，以及为用户提供配送、维修等服务的"京

东帮”实体门店。

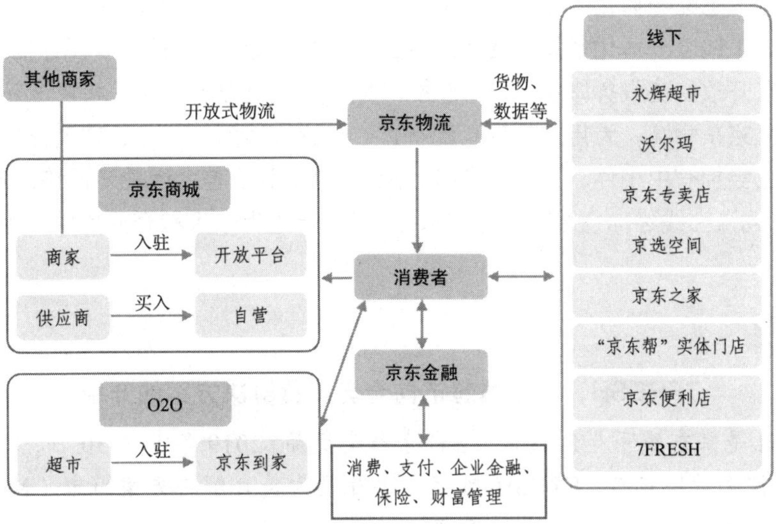

图 1-16　京东新零售生态图

（2）超市领域：联合行业领先企业，形成优势互补

2015 年 8 月，京东入股永辉超市。2016 年 6 月，京东与沃尔玛达成深度战略合作协议。京东、沃尔玛和永辉超市的战略合作，使它们在客群、品类上形成优势互补，同时，京东在品牌、宣传营销上与沃尔玛、永辉超市开展深度合作，强化了从线上到线下（Online To Offline，O2O）模式的业务布局，并借势沃尔玛的海外资源实现全球化战略。

随后，京东联合永辉超市、沃尔玛推出“京东到家”App，开展 O2O 业务，同时将永辉超市作为线下“京选空间”的入口，借助永辉超市的线下资源和客流量，与线上形成双向导流，并通过从沃尔玛收购 1 号店弥补其在华东地区的市场短板。

（3）生鲜/餐饮领域：线上线下连点成面

2015 年，京东成立生鲜事业部，并入股生鲜零售企业天天果园，着力开发生鲜市场。目前，京东在生鲜领域的布局主要以自有平台为主，“京东到家”App 为用户提供 3 千米范围内生鲜、超市商品、鲜花等各类生活商品 2 小时内快速送达服务。京东与永辉超市、天天果园、海内外各优质农产品企业和产地合作，打造农产品供应链体系。此外，腾讯连续投资每日优鲜，通过强大的前置仓战略和精准 SKU 布局线下生鲜市场。

在线下，京东入股社区生鲜超市钱大妈，并在线下开设了实体生鲜体验店 7FRESH。此外，京东和腾讯入股的永辉超市推出了创新业态——超级物种。

（4）便利店：京东新通路赋能线下，打造智能便利店

2015 年 12 月 16 日，京东新通路事业部成立，专为全国中小门店提供优质货源和服务。随后，京东新通路事业部秉承京东的无界零售理念打造了创新型智能门店——京东便利店。京东便利店并非传统意义上的便利店形态，而是京东线下版本的创新型智能门店。京东除了为便利店提供优质货源外，还会输出品牌、模式和管理指导。

京东便利店内安装有集商品管理、顾客管理和营销服务于一体的智能门店管理系统，该系统可以利用大数据优势进行智能补货和智能上货，根据消费者画像给予门店智能补货、智能选品的支持，并与京东便利 GO 小程序打通，实现实体门店和京东便利 GO 数据、会员、

库存一体化管理，店主通过一部手机即可实现管货、管钱、管顾客。

（5）物流：仓配一体化，布局物流网络

在京东线上线下一体化智能零售系统中，物流体系是非常重要的一部分。2016 年 11 月，京东宣布开放物流服务体系，打造仓配一体化供应链服务、快递和物流云。2017 年 4 月，京东成立京东物流，为用户提供仓配一体、快递、冷链、大件、物流云等多种服务。目前，京东已经拥有中小件、大件、冷链、B2B、跨境和众包六大物流网络。2019 年 9 月 16 日，京东物流上线迷你仓服务产品“京小仓”，专注为个人和企业提供中小件专业存储服务。

案例链接

7FRESH，从生鲜超市向全套美食解决方案的升级

7FRESH 是京东线下生鲜超市，主打生鲜类商品。2019 年 5 月 30 日，京东 7FRESH 业务负责人首次对外宣布 7FRESH 超市业态升级为美食解决方案超市（Meal Solution Supermarket，MSSM）。而作为业态升级后的首家超市，京东七鲜美食生鲜超市北京首创奥特莱斯店也开始全面对外营业，这是京东 7FRESH 在北京开设的第 7 家门店。

升级后的门店在选址方面以住宅区为主，落地购物中心，这样做除了能为消费者提供到店即食的餐饮服务体验，门店半径 3 千米范围内还会覆盖近百个住宅社区，消费者用手机下单，商品最快 30 分钟即可配送到家。因为门店地处购物中心的内部，还可以通过购物中心实现引流。

店内整体布局相对紧凑，拥有 5000～8000 个 SKU，生鲜美食占比超过 70%，店内 80%的商品来自协同供应链体系，有效地保障了门店的运营管理效率。图 1-17 所示为蔬菜展示区。门店依靠智能补货系统，基于大数据来对商品的销量以及库存进行预测，在保证充足的供货量的同时减少浪费。

与原有门店相比，首创奥特莱斯店迭代的最大区别在于 7FRESH 从生鲜超市向全套美食解决方案的过渡，重点挖掘消费者对成品和半成品的即食需求。消费者在店内购买生鲜之后，可以直接拿到旁边的生鲜加工间进行加工，享受到最新鲜的食材，同时餐饮消费也可以带动生鲜等食品的销售。

北京首创奥特莱斯店内餐饮区域的面积占比达到 30%（见图 1-18），餐饮区采取与餐饮品牌商联营的合作模式，引入数家餐饮品牌商，合作的商家达到数十个。

图 1-17　蔬菜展示区

图 1-18　餐饮区

除了现有的超市业态七鲜外，7FRESH 还将推出多种针对不同场景、不同客户、不同时段需求的超市创新业态，实现对消费全场景、全渠道、全时段覆盖。

思考与训练

1．简述新零售模式与传统零售模式的区别。

2．简述推动新零售发展的因素。

3．在网上搜索关于永辉超级物种的信息，分析超级物种的运作模式，简述此种运作模式的优劣势。

第 2 章 理念革新——用新思维引领零售新模式

通过阅读本章内容，你将学到：

- 新零售构建“以消费者为中心”的价值观
- 新零售环境下，零售企业重构经营模式的策略
- 新零售环境下，零售企业打造扁平化管理模式的策略
- 新零售环境下，零售企业建立快速反应机制的策略

新零售是一种零售理念、模式、方法的系统化变革。新零售的“新”，既需要零售企业在旧模式的基础上进行改造，也需要颠覆式的原创。无论哪一种“新”，都应该是技术的“新”、管理的“新”、模式的“新”。新零售的生态进化是商业模式的革新，更是思维认知的重构。

2.1 思维变革，构建“以消费者为中心”的价值观

随着时代的发展、社会的变更，以及消费者消费理念和消费需求的变化，零售模式也在发生着变化。在新零售时代，品牌商和零售企业要建立“以消费者为中心”的价值观，尊重消费者的个性化特点，以满足其差异化需求。

2.1.1 坚持为消费者创造价值的“人本原则”理念

市场供求关系影响着零售经营理念的形成，伴随着市场供求关系的不断重构，零售经营理念经历了从“经济原则”到“效率原则”，再到“人本原则”的发展转变过程，如图 2-1 所示。

在商品主权时代，整个市场背景是商品短缺，商品供不应求，消费需求、流通环节都围绕着商品进行。商品是消费市场的中心，商品生产商掌握着话语权。此时，对于零售商来说，取得上游的供货资源是在经营中获得竞争优势的关键，这时，“经济原则”是零售经

营理念的核心内容。

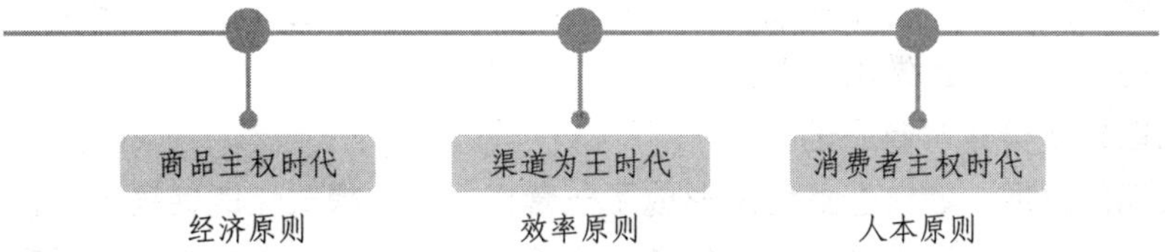

图 2-1　零售经营理念的发展转变过程

随着社会生产力的提高与生产技术的进步，供求关系出现逆转，商品的种类和数量逐渐丰富，品牌对消费者的购买行为产生了很大的影响，零售商可以自由地选择商品与品牌，商品生产商和零售商之间形成了利益博弈关系。商品生产商和零售商要想让自己的商品快速触达消费者并独占市场，就需要在渠道上下功夫。此时，对于零售商来说，强化资本投入，快速扩张，实现规模化经营是获得竞争优势的关键。“效率原则”是这个阶段零售经营理念的核心内容。

伴随着市场供求关系的进一步发展与变化，商品品类变得更加丰富，消费者的选择增多，忠诚度下降，品牌对消费者的影响力大大削弱，消费者逐渐掌握了市场的主导权。此时，开展一切生产活动和商业活动的根本目的是满足消费者的个性化需求。新零售的出发点是更好地满足消费者的需求，新技术的应用以及对零售要素进行调整和变革的根本目的都是更好地了解消费者的消费行为，从而更精准地把握和迎合消费者的购物需求。

在新零售业态下，商业活动各个主体的价值排序被重构，满足消费者需求成为开展一切商业活动的出发点。此时，为消费者不断创造价值的“人本原则”成为新零售经营理念的核心内容。

2.1.2　以消费者为中心，从“商品思维”转向“消费者思维”

如今，外部市场环境、消费者的消费行为及消费习惯在不断变化，零售企业也应转变发展理念，以适应新的发展需求。

1. 零售企业的传统运营思维模式

消费者群体的支持对零售企业的发展起着至关重要的作用。在新零售环境下，虽然很多企业声称要坚持“以消费者为中心”的运营模式，但实际上其经营理念和服务理念与真正的“以消费者为中心”差之甚远。可以说，不少零售企业的运营模式仍然是以自我为中心、以经营商品为中心的传统模式，它们在运营过程中有以下三种表现。

（1）采用标准化、格式化的经营模式

目前，很多零售企业，包括百货商店、大卖场、超市、便利店以及各类专业店等，采用的都是标准化、格式化的经营模式。在经营过程中，它们往往不会考虑自己所在区域的市场环境，以及消费者的消费需求、消费能力等方面存在的差异，所以无法根据具体情况对运营模式做出适当的调整，最终导致同类企业之间同质化现象严重。随着市场竞争激烈程度的加剧，严重同质化的零售企业的发展也将面临更加严峻的挑战。

（2）采用自我模式组织商品

大型连锁零售企业会与一些供应商建立长期的合作关系，由于商品是由这些供应商提供的，加上快消品流通渠道被一些大品牌所把持，因此这些企业在商品选择上缺乏自主性和个性化，最终形成千店同品的局面。面对这种情况，零售企业也没有根据消费者差异化的消费需求在商品供应上做出调整。

（3）采取自我模式对商品进行推广

经过长期的发展，零售企业逐渐形成了一套格式化、模式化的促销方式，它们往往会根据自己长期积累的经验来开展商品促销。不管是大型超市、卖场的特价促销，还是百货商场的节庆促销，其根本目的都是吸引消费者，增加商品销量，但它们不会考虑消费者究竟需要什么样的商品，以及这些促销商品是否能够满足消费者的需求。

2. 以消费者为中心塑造自身价值

在新零售环境下，品牌商和零售企业应该改变传统的思维，将消费者的需求放在核心位置。只有以消费者为中心，从消费者的需求出发，充分展现零售自身对于消费者的价值，品牌商和零售企业才能与消费者建立良好的关系，进而赢得消费者的信赖与支持。在当前市场环境下，零售企业应着重从以下三个方面来塑造自身价值。

（1）挖掘商品价值，提供差异化的商品

消费者之所以会光顾商场、超市、便利店，是为了购买符合自己需求的商品。由此可见，消费者最关注的是商品价值。

在新零售环境下，零售企业应准确把握消费者的消费需求，为消费者提供符合其需求的商品。此外，要努力开发个性化、差异化、具有高附加值的商品，以在商品差异化上获得突破。同时，零售企业还应深入挖掘消费者的潜在需求，通过全新的商品来激发消费者新的消费需求和欲望。

案例链接

滋源，无硅油头皮护理引领者

传统洗发水中大多含有一种名为“聚二甲基硅氧烷”的物质，俗称硅油，其主要作用是使头发顺滑。但是，硅油具有较强的油性，且延展性大、附着力强、不易溶于水，如果长期使用，容易引起头屑、头痒、头发干枯受损等问题。

于是，广州环亚化妆品科技有限公司在进行头皮研究的过程中，提出了“头皮才是秀发的生命之源”的天然头皮护理理念，推出了以“无硅油，健康头皮护理”为诉求的滋源系列产品。

在快消费时代，得消费者得天下。滋源“天然头皮护理”的创新品牌定位，将产品的诉求重点放在“无硅油、无添加”上，滋源系列产品不仅不含硅油，而且不含化工类有害添加成分，真正做到了“六无添加”，即无硅油、无染色剂、无石油类表面活性剂、无矿物油、无动物性原料、无尼泊金酯。

滋源品牌推出了无硅油洗护产品，用更健康、更有效的产品为消费者创造更高的价值感。2015 年，滋源以重金投入广告传播，以“洗了一辈子头发，你洗过头皮吗”为广告语，以“无硅油洗头水”为定位，凭借强大的媒体攻势在洗护类产品市场快速打开一个突破口，不仅使滋源后来居上，还带动了无硅油品类的快速发展，成为护发市场的一匹“黑马”。

（2）创造体验价值，提供细致的体验服务

在新零售环境下，消费者不仅关注商品本身，还重视购物体验。为消费者提供良好的购物体验是企业与消费者建立良好关系的重要保证。在当前零售市场的竞争中，购物体验竞争是非常重要的一个环节，能够为消费者提供极致体验服务的企业更容易获得消费者的青睐，拥有更广阔的发展空间。

案例链接

三只松鼠，用萌趣文化打造细致服务

三只松鼠作为依托互联网发展起来的零售新品牌，将目标消费群体定位在使用网络最多且对休闲食品需求最大的“80 后”“90 后”“00 后”人群。这些消费人群个性张扬，追求时尚，享受生活，有着自己独特的主见和行为准则。三只松鼠从消费者的这些特点出发，围绕他们的购物习惯和消费偏好，在商品研发、商品包装、广告推广及客服等方面都贴上符合其心智的超萌动漫标签，以此打通自己的销售渠道。

在商品严重同质化、同行之间竞争日趋激烈的休闲食品零售行业中，除了通过提供差异化的商品来圈定一部分消费者外，为消费者提供极致的萌趣可爱服务也成为三只松鼠重要的营销策略。

三只松鼠独创了电商客服场景化的“主人文化”服务模式，其客户服务部叫作“全球主人满意中心”，客服人员作为“松鼠星人”专门为作为“主人”的消费者提供服务。

客服人员通过拟人化的沟通方式不时地向消费者“卖萌”，如“主人，您有什么需要？”“主人，买一个吧！”通过一场角色扮演的游戏让消费者觉得更加亲切、更被尊重，也增加了购物的乐趣。

为了更好地满足消费者对沟通风格的不同需求，三只松鼠将售前客服分为清新文艺、重口味等不同的风格类型，消费者可以根据自己的喜好选择客服人员。

图 2-2　三只松鼠赠送的小工具

三只松鼠让消费者对坚果、干果有了新的认知期望，其快递箱被称为“鼠小箱”，消费者的购买过程演变成一个“鼠小箱和客户之间的故事”，或者“鼠小箱的快递之旅”。当消费者下单购买商品时被叫作“领养一只鼠小箱”，发货时消费者会收到一条“卖萌短信”，如“主人，鼠小箱已穿戴整齐，快马加鞭向您狂奔而来哦，耐心等下哟！”包装箱外还写着温馨提示，如“亲爱的快递员哥哥（姐姐），我是鼠小箱，我要去见我的新主人了，请您一定要轻放哦！”“鼠小箱”中还配备了吃坚果需要的各种小工具，如开箱器、开果器、封口夹、果壳袋（见图 2-2），还有松鼠零食清单和退换货小纸条，方便客户查验商品和退换货。

三只松鼠所采取的这些定位于目标消费群体的萌趣文化营销方式，极大地满足了消费者的购物需求，同时也增加了商品的服务价值与体验价值。

（3）塑造情感价值，与消费者进行情感沟通

在当前竞争异常激烈的市场环境下，塑造零售企业自身的情感价值，与消费者进行情感沟通，是增强消费者对企业的信任度，帮助企业与消费者建立长期稳定关系的有效措施。塑造零售企业的情感价值，核心就是要以消费者为中心，准确把握消费者的需求，把握消费者最关心的内容，从消费者的需求出发完善自身服务，与消费者建立深刻的情感联系。

案例链接

海底捞，用情感塑造"五星级"服务

海底捞是情感服务的典型代表，它专注于每个服务细节，让每一位顾客在整个消费过程中都体验到"五星级"的服务。

用餐等位本来是一个既无聊又痛苦的过程，海底捞却将这个过程变成一种愉快的经历：在海底捞，顾客可以在等位时免费享用水果、零食和饮料；如果顾客多人一起来用餐，服务人员会提供跳棋等娱乐工具供其打发时间；顾客还可以在等位时享受免费美甲、擦皮鞋等服务，或者到餐厅的上网区域免费上网。

当顾客坐定点餐时，服务人员会将围裙、热毛巾送到他们面前；为了避免长发女士的头发垂落到食物中，服务人员会为她们提供皮筋和发夹；看到戴眼镜的顾客，服务人员会为他们提供擦镜布，以免他们的镜片因为热气变得模糊；看到顾客将手机放置在餐桌上，服务人员会帮助顾客将手机放进小塑料袋中，以防手机沾染油渍；如果顾客点的菜太多，服务人员会善意地提醒顾客所点的菜已经够吃了；如果一起用餐的顾客人数较少，服务人员会建议他们点半份菜，以免造成浪费；过生日的顾客去就餐，还会得到小礼物……

海底捞"五星级"的体贴服务让每一位顾客都享受到了宾至如归的体验，他们会流连忘返，一次又一次不自觉地走进海底捞餐厅，甚至帮助海底捞进行宣传。

2.1.3 从"为品牌做代言"转向"为消费者做代言"

新零售是消费者掌握主导权的时代，商业的经营逻辑已经从以商品为核心转向以消费者为核心。这导致了一种现象的产生，那就是品牌商和零售企业都在争夺消费者。

对于品牌商来说，它们通过构建用户直连制造商（Customer-to-Manufacturer，C2M）的商业模式来实现个性化生产，从而减少中间流通环节（代理商、分销商、零售商），或者以服务商替代中间流通环节和零售环节，最终实现直接为消费者服务。品牌商的这种做法是一种深度服务消费者的行为。

对于零售企业来说，它们通过打通线上线下销售渠道，为消费者提供个性化、差异化的服务，深耕客户关系，将"消费者私有化"，构建具有高黏性的消费者关系链。零售企业的这种做法也是深度服务消费者的行为。

品牌商和零售企业都在深度服务消费者，此时的它们成为服务商。在这种情况下，品牌商和零售企业都是靠卖服务获得盈利的，从依靠"进销差价"获得利润转变为依靠"服务佣金"获得利润。

当品牌商和零售企业都转变为服务商时，它们将会从"为品牌做代言"走向"为消费

者做代言"。"为品牌做代言"和"为消费者做代言"有着不同的内涵，两者的具体区别如图 2-3 所示。

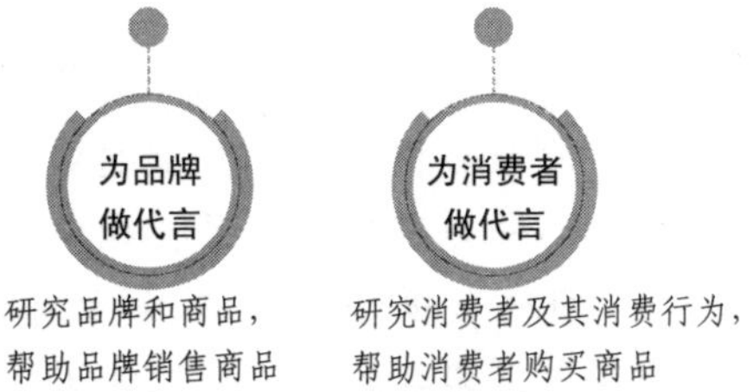

图 2-3 "为品牌做代言"与"为消费者做代言"的对比

在传统交易模式中，代理商、分销商、零售商都在为品牌做代言，它们所开展的经营活动都是在利用资金、渠道、服务帮助品牌销售商品，从而赚取商品差价；而在新零售交易模式中，代理商、分销商、零售商乃至各类平台都将为消费者做代言，它们利用场景、资金（消费金融）、服务帮助消费者购买商品，赚取服务佣金。

真正的"以消费者为中心"，真正的"为消费者做代言"，意味着如果我们的商品无法满足消费者的需求，我们就会向消费者推荐自己竞争对手的商品，而不是攻击竞争对手或者阻挠消费者去购买竞争对手的商品。

从为品牌做代言到为消费者做代言，是零售企业在角色上的转变，也是零售企业在交易模式和盈利模式上的转变。在传统交易模式中，零售企业的经营活动是"规模购买，碎片化销售"，其实质是零售企业在为品牌做"零售"；而在新零售模式下，零售企业的经营活动是"集合碎片化的消费者需求，规模购买"，其实质是零售企业在为消费者"零买"。

在新零售环境下，零售企业从"为品牌做代言"转向"为消费者做代言"，可以从以下几个方面切入。

1. 为消费者提供满足其需求的商品

为消费者做代言最重要的是为消费者提供高质量、高性价比的，能够满足他们需求的商品。消费者的忠诚度是建立在商品（服务也是一种商品）上的，如果我们的商品无法满足消费者的需求，或者商品质量差，那么终将被消费者抛弃。

2. 改变竞争力模式

在过去，品牌力、商品力、渠道力是构成零售企业竞争力的主要因素。在新零售模式下，零售企业的竞争力模型要转变为品牌力、商品力、渠道力、消费者力，零售企业要从消费者端出发，以消费者为中心，为消费者做代言。

3. 将消费者私有化

为消费者做代言，就是借助新技术、服务和场景将消费者私有化。物联网时代，零售企业可以利用大数据技术深度研究消费者，从而更好地了解消费者的消费需求和行为，更好地维护与消费者的关系，提高消费者的黏性和忠诚度。

案例链接

衣邦人以 C2M 模式，颠覆传统服装高级定制模式

近年来，在消费升级的浪潮下，服装定制逐渐成为精英人士品质生活的消费选择。

作为以互联网思维“搅局”服装定制行业的先驱，衣邦人通过打造“互联网＋上门量体＋工业 4.0”的 C2M 商业模式，即消费者直连工厂的商业模式，引领了一场颠覆传统服装定制的革命。

衣邦人是上门服饰定制平台，与传统服装定制中需要客户亲自到实体门店进行量体定制的服务模式不同，衣邦人的服务模式是客户通过线上多渠道进行免费预约，由专业着装顾问免费上门为其量体，并为其提供全品类服饰定制方案与建议。着装顾问上门量体后，在 iPad 端输入客户身材数据形成订单，通过系统将订单直接传输至工厂，工厂制作好衣服后将其快递给客户，其具体服务模式如图 2-4 所示。

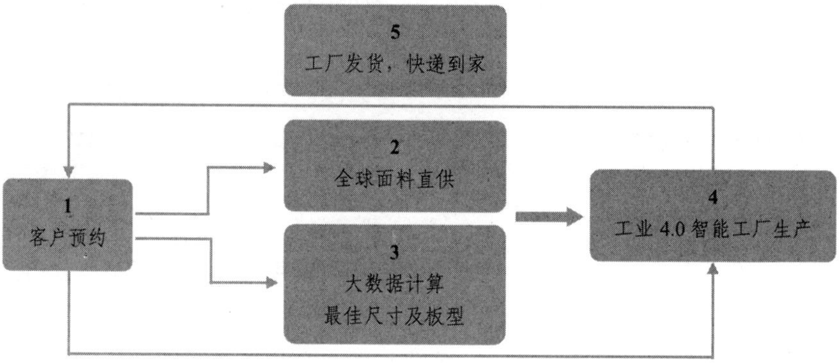

图 2-4　衣邦人 C2M 模式

在衣邦人 C2M 模式中，衣邦人扮演着 C2M 平台的角色，左边是消费者，右边是服装厂商，使消费者与工厂直接对接，去除了传统服装产业链中复杂的中间环节。这种 C2M 模式主要通过深入打造服务链，即覆盖全国多个城市的上门量体服务，使消费者的需求与工厂制造相连接，实现服务与制造结合的“新制造”。

在新零售模式下，数据是必不可少的生产材料。衣邦人建立了大数据系统，并构建了身材尺寸大数据平台，运用人工智能（AI）技术计算出更适合中国用户的服装尺寸及板型；同时，依靠大数据系统能够直接向工厂传送客户订单。

在工业 4.0 时代，供应链端的传统工厂纷纷进行智能化升级，在保留原有的大批量制造能力的同时，还能承接小批量、个性化的订单，进行柔性生产，让零库存成为可能。衣邦人目前已与众多国内智能工厂达成合作，客户订单传输至工厂后，将由专业智能工厂采取单人单版的方式对订单进行个性化设计，10 个工作日左右即可发货。

目前，衣邦人已经实现男女全品类定制，因其客户规模、去中间商化及强大的供应商整合能力，消费者只需花费传统门店 30%～50%的价格即可实现服装定制，使过去属于奢侈品的服装定制走入追求个性及品质的普通消费者的生活中。

2.2　重构经营模式，实现传统零售向新零售的战略转型

市场环境、消费环境和社会环境的巨大变化，激发了零售业经营理念的变革。当今企

业之间的竞争，不仅是商品之间的竞争，更是经营模式之间的竞争。面对新零售创造的新机遇、新挑战，零售企业必须要采取新的经营模式以实现根本性变革，推动企业实现跨越式发展。

2.2.1 树立“自营”思维，摒弃“二房东”思想

在零售新业态不断发展的形势下，很多实体门店已经通过转型升级的方式探索下一步的发展模式。实体门店向新零售模式转变，首先需要在经营思维上进行革新，树立“自营”思维，摒弃“二房东”思想，避免将运营活动简单地停留在致力于销售商品或服务的初级层面。

1. 与供应商构建“利益共同体”，参与到供应商的商品运营中

在传统的经营思维中，实体门店会将供应商放在对立面，为了争取更大的利润，实体门店往往会向供应商提出一些带有“压榨”性质的要求。例如，向供应商收取高额费用，设定不合理的保底销售政策等。随着电子商务行业的发展，许多供应商纷纷转向成本更低的线上电商渠道，致使线下实体门店供应商的类型和数量减少，进而导致线下实体门店的经营更加艰难。

在新零售环境下，为了寻求更好的发展，实体门店的经营者应重新调整与供应商的合作关系，摒弃将供应商“敌对化”的思想。在与供应商合作的过程中，实体门店应坚持“共生、共创、共赢”的原则，树立“自营”思维，将供应商所提供的商品“视如己出”，积极参与到供应商的商品管理、促销管理、库存管理等工作中，与供应商协力为消费者提供优质的商品和服务，以服务增值构建供应链上的“利益共同体”。这样才能在销售额增长的情况下，实现与合作伙伴的利益分成，推进零售生态圈的建立。

案例链接

胖东来“三个至上”经营模式

胖东来商贸集团公司创建于 1995 年 3 月，是河南省极具知名度、美誉度的商业零售企业之一，旗下涵盖专业百货、电器、超市等多种业态。胖东来的经营理念如下。

（一）承担零售企业的责任，为社会提供优质的商品和服务

商品：质量保证、品类全、功能领先。

价格：实惠、合理、无暴利。

环境：安全、温馨、整洁、方便。

服务：清晰的售前、售中、售后服务体系，保障消费者利益、社会利益，让消费者放心、开心。

（二）与生产企业和供应商的合作原则

尊重、合作、服务、共同提升进步。

培养品德高尚、乐观、专业的一流供应商。

共同承担零售企业的责任和使命。

（三）价值的回馈

公平的利益分配体系。

造福社会、造福员工。

健康发展，培养专业、真诚、乐观的人。

积极推动商业品质提升。

胖东来掌门人于东来心目中一直有“三个至上”，即顾客至上、员工至上、合作商至上，这体现了于东来商业理念的核心价值，也是胖东来能够打造出高度的团队凝聚力、市场亲和力的根本原因。

在与供应商的合作过程中，胖东来始终坚持公平、诚信的基本原则，除了涉及消费者利益的质量问题，胖东来从未随便驱逐或惩罚过一个商户。胖东来设置了科学的供应商财务结算体系，从不拖欠供应商的账款，从而建立起坚固、稳定、快速的合作供应链。最重要的是，胖东来能够最大限度地向供应商争取到上游价格体系和促销合作，为消费者争取到一线价格，这也增强了胖东来自身的竞争能力。

2. 摆脱粗放式运营管理方式，实行精细化管理

受“二房东”思维的影响，很多实体门店在经营过程中采取粗放型的管理方式，对待供应商的态度是“管理”，而非“服务”；对待消费者的态度是“放任”，一些店员在为消费者提供服务时会显露出不耐烦的情绪，甚至对一些未表现出购买欲望的消费者采取不予理会的态度。

随着市场经营环境的变化，越来越多的实体门店认识到运营管理方式的重要性，着手从购物环境的打造、品牌经营等方面为消费者提供更加人性化、精细化的服务。

在实施精细化管理的过程中，会产生大量的数据，经营者应运用数据思维对这些数据进行分析与研究。通过参考数据分析结果，实体门店可以更好地为消费者和供应商提供服务，进而深化精细化管理。数据资源、实体门店硬件环境及软件管理的结合，有利于推动实体门店的转型升级。

在新零售环境下，零售企业不仅要在服务上做得更加精细，还要从电子商务中学习成功经验，将互联网技术与线下实体门店运营相结合，以消费者和商品为核心，要让选择商品、支付、物流配送、售后服务、评价与分享等各个环节更加便捷，为消费者创造高质量的购物体验，增强消费者的黏性。

2.2.2 差异化策略，创造个性化经营模式

现在的消费者更愿意追求差异化、个性化的商品和服务，因此面对日益激烈的市场竞争，采取差异化经营策略是零售企业获得长久发展的必然选择。

在传统经营模式下，零售企业很难发展出自己的特色，格式化、标准化的经营方式已经无法更好地吸引消费者，因为消费者除了获得商品外无法享受到其他方面的体验。为此，企业必须要通过个性化的变革，打破消费者对传统零售企业的固有印象，从而刺激其购买欲。

具体来说，零售企业可以从以下三个方面来实施差异化策略，开展个性化经营。

1. 商品个性化：提供差异化商品

采取传统经营模式的零售企业，例如超市和百货商店，其商品品类的设置及经营方式有很多相似之处，这会让消费者产生千篇一律的感觉，逛完一家店后，消费者往往不会再

去逛其他的店。

为了打破千店一面、千店同品的局面，零售企业需要对自身的商品品类进行调整与优化。例如，对于百货商店来说，需要打破以经营珠宝、服装、美妆等品类为主的限制；对于超市来说，需要打破以经营食品、杂货、生鲜等品类为主的限制。在当前市场环境下，商品的品类日趋丰富，这为零售企业突破品类限制提供了有利条件。为了打破消费者对零售企业固有的印象，对品类进行调整和优化是零售企业寻求发展的必经之路。

在经营过程中，零售企业要敢于打破传统模式，在商品品类经营上体现出自身特性，采用差异化的商品组合形成自身特色和商品优势，进而走出同质化竞争的困境，不断增强自身发展的可持续性。

2. 功能个性化：发展多样化功能

在现阶段，多数零售企业仅有向消费者销售商品的单一功能，不能很好地满足消费者越来越多样化的需求，这就导致企业在市场竞争中处于劣势。为了提高自身竞争力，零售企业需要发展自身多样化功能，突出自身个性化特征，为消费者提供多样化、差异化的服务。

3. 规划个性化：体现对消费者的人文关怀

零售企业要敢于打破以往的传统观念，勇于对千篇一律的店面规划进行革新。一些超市、卖场的店面规划、室内设计已经不符合当前消费者的消费观念，管理者应该对此进行革新，在满足消费者需求的基础上，体现对消费者的尊重、关怀与信任，展现企业的人文精神，彰显对消费者的人文关怀。

案例链接

尚品宅配，用“超集店”打造慢生活圈

新零售风口下，家居企业也在不断探索。作为重体验、低频次消费的传统行业，如何通过新零售实现消费体验与流量红利的无缝链接，尚品宅配“超集店”给出了一个令人满意的答案。

尚品宅配推出了倡导“慢生活体验”的“超集店”，简称C店。超集店，顾名思义，就是面积超级大。此外，它还体现了“Collection”（集合）模式。

（1）多业态集合

消费升级下的新零售强调情景体验、情景销售，尚品宅配的C店就是让消费者在吃喝玩乐中轻松地购买家具，尚品宅配也会将时尚元素植入家居中，用整体解决方案实现消费者对于家的美好追求。

尚品宅配C店利用多重业态集合经营的模式，将店内区域划分成慢生活体验区、亲子玩乐区、家居体验区（见图2-5）等多个区域，并且同步引进咖啡、花艺（见图2-6）、手作、无人零售、电器服务等特色品牌和服务，为消费者打造全新的体验式消费空间。消费者来到尚品宅配C店，不仅能够定制自己喜欢的家具，还能体验多种场景，享受一站式服务，感受主张个性生活的品牌文化。

图 2-5　C 店家居体验区

图 2-6　C 店花艺区

（2）多品牌集合

尚品宅配 C 店同步引进了 12HOURS COFFEE（国内一个非常有名的咖啡店）、泰笛、友宝、永乐生活电器等多个品牌，为消费者呈现出吃、喝、玩、乐一体化的多元空间。

消费者来到 12HOURS COFFEE，不仅是为了喝一杯咖啡，更是用一段静谧的时光来远离都市的喧嚣与浮躁；或是去泰笛学习插花，感受艺术为生活带来的小美好；即使是和孩子出行，也可以不去喧闹的游乐场，而是来这里陪孩子做亲子互动。"超集店"不仅把逛店变成了一种享受，还能让消费者遇上更美好的生活。

（3）C 店个性化

尚品宅配的 C 店模式也不是简单的复制模式，北京、上海、广州三地的 C 店都依托互联网进行迭代，与当地消费者的消费方式和需求深度结合，走个性化、创新型发展之路。例如，北京 C 店中有建材品类的集合，上海 C 店就没有；在北京 C 店的打造中，尚品宅配在扩充经营品类上下足了功夫，除了经营自家的全屋定制产品外，还引入了木门、吊顶浴霸、散热器、壁纸、照明、窗帘等十几个品类。此外，广州 C 店也不会跟北京 C 店一模一样。

尚品宅配多业态"超集"模式不是品牌与品牌之间的简单叠加，而是包揽消费者"一日生活圈"中的各个方面，传达"慢下来"和"自由自在"的都市生活主张。尚品宅配"超集店"通过在店内设置花艺、轻食、咖啡、无人零售、图书和亲子互动等多种业态，将高频次的业态与具有低频属性的家居进行融合，利用高流量业态吸引更多的消费者到店体验，让消费者在逛家居店时还能学习花艺和家居设计，在"超集店"的体验式场景中顺其自然地产生消费行为。

2.2.3　构建新型合作关系，从零和关系变为合作共赢

实现经营模式的创新，归根结底是要实现供应链上各个主体之间关系的创新。

在传统的经营模式下，百货商场或购物中心希望尽量将风险转嫁给商品供应商；而商品供应商则希望将风险转嫁给分销商或代理商，它们会要求分销商或代理商押款订货、自负盈亏。在这种经营模式下，商品供应商与分销商或代理商之间存在着利益冲突，经常会出现分销商或代理商拒绝押款订货的现象。

在新零售环境下，要实现经营模式的创新，就需要缓和商品供应商与零售企业之间的关系，将他们之间的零和关系转变为战略合作关系，以实现共赢。

案例链接

名创优品，以“投资型加盟”政策与加盟商构建利益共同体

名创优品是源于日本的一个快时尚设计师品牌，倡导“时尚休闲生活优品消费”。自 2013 年问世后，名创优品一路高歌，彰显出强劲的发展势头。截至 2018 年年底，名创优品的门店数量突破 3500 家，进驻 79 个国家和地区。它之所以能取得如此耀眼的成绩，得益于其高性价比、高质量的商品与对供应链极致掌控的经营模式。

为了帮助加盟商解决经营问题，名创优品采取了“投资型加盟”政策，即对加盟店实施“品牌使用费＋货品保证金制度＋次日分账”的加盟政策。加盟名创优品，加盟商除了需要支付“名创优品”品牌使用费、店铺租金、店铺装修费用、首笔货款等费用，以及办理相关执照外，剩余的人员招聘、店铺运营、商品供应等均由名创优品完成。加盟商不仅无须支付货款，还能收取前一天销售额的 38%作为收益，且款项日结，加盟商每天都可以清清楚楚地看到自己店铺的盈利情况。

零售业是“人”“货”“场”的优化组合，从这个角度来理解名创优品的加盟模式，其实质就是名创优品总部借助加盟商的“场”，用自己的“人”来卖自己的“货”，并将卖货产生的销售额按照一定的比例支付给加盟商。在这种合作模式下，加盟商无须承担库存压力，不用担心经营店铺所产生的成本问题和经营风险，只需做好和总部的协调工作即可。正是这种共享式加盟，让名创优品得以在国内和海外迅速扩张。

2.2.4 新零售模式下三种典型商业逻辑

当前新零售模式已经渗透到日化业、餐饮业等多个领域，虽然新零售项目的发展模式各有特色，但单从商业逻辑方面来看，在众多新零售项目中总能找到一些典型的、具有代表性的案例。

1. 网易严选：ODM 模式打造精品

凭借网易的品牌背书，网易严选在创建后的短时间内迅速积累了一批忠实消费者。与淘宝网相比，网易严选的商品数量并不多，这是因为它采取的是原始设计制造商（Original Design Manufacturer，ODM）模式。

具体来说，ODM 模式是指由采购方委托制造方进行商品生产，而商品最终贴上采购方的商标且由采购方负责销售的一种模式。在这种模式中，制造方可以为采购方提供从商品研发、设计制造到后期维护的全部服务，采购方只需向制造方提出商品的功能、性能等要求，甚至只需提出商品构思，制造方即可将商品从设想变成现实。简单来说，就是网易严选团队对商品的功能、设计等提出需求，由制造商或供应商来设计与生产商品，然后网易严选采购商品并在平台上进行销售。

通过采取 ODM 模式，网易严选找到了一些为知名品牌提供服务的制造商（见图 2-7），获得与这些知名品牌设计和质量相同的商品，但这些商品的价格会便宜很多。商品采购人员深入各个原材料的核心产区，从原料选择到商品设计、打样都与制造商保持密切的沟通，以从根本上保证商品的质量。

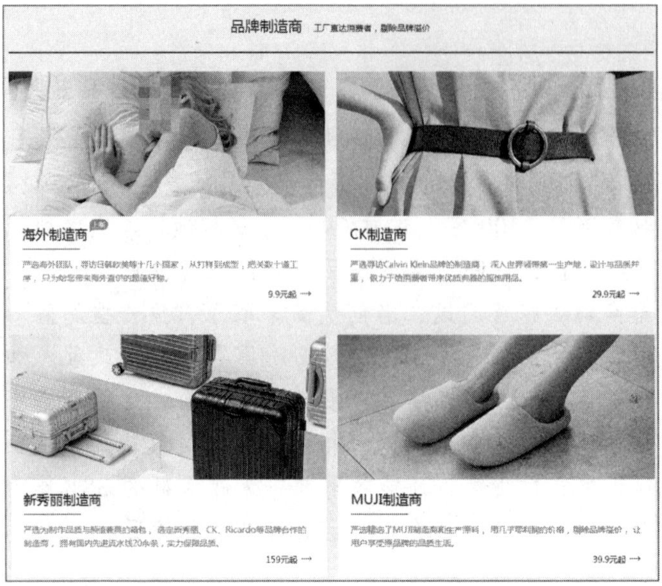

图 2-7 网易严选品牌制造商

网易严选以“好的生活，没那么贵”为理念，通过 ODM 模式去掉高昂的品牌溢价，挤掉广告公关成本，剔除中间环节，摒弃传统销售模式，使高品质的商品和服务的价格回归理性，从而为消费者提供物超所值的品质生活商品。

对于追求品牌的消费者来说，他们能够用更平民的价格享受知名品牌的商品；而对于追求物美价廉商品的消费者来说，面对同等价格的商品，他们会更加愿意购买有知名品牌背书的商品。网易严选正是通过这种“高性价比”的选品思维来打造精品，从而提升消费者对品牌的忠诚度。

2. 必要商城：C2M 模式

C2M 模式的核心内涵是“预约购买，按需生产，定制化生产”。与企业对消费者(Business to Consumer，B2C) 模式、消费者对消费者 (Customer to Customer，C2C) 模式相比，C2M 模式的优势在于它改变了“人”与“货”的连接方式。传统的商品销售模式是商品驱动市场，生产驱动消费者，而在 C2M 模式下，其商品销售逻辑是工厂与消费者进行直接对接，摒弃流通加价环节，实现最大限度的去中间化，让消费者以较低的价格购买到高品质、可定制的商品，实现了消费者需求驱动商品生产制造。

以必要商城的 C2M 模式为例，它借助互联网数据驱动生产制造，通过前端收集消费者商品订单，在后端将这些信息进行整合后分配给供应商，再由供应商设定生产工序进行生产，最终为消费者提供定制化商品。必要商城 C2M 模式的巧妙之处在于，使用与品牌商相同的制造商生产相同的商品，直接向消费者进行销售，但该商品并不使用品牌商的品牌，在低价的同时为消费者提供与品牌商品同品质的商品。

必要商城的 C2M 模式以消费者需求为开端，用互联网数据驱动商品的生产制造，使消费者直接与生产制造商进行对接，这样就省掉了所有的流通环节与库存环节。消费者下单才进行生产，不仅有利于实现零库存，也能最大限度地降低商品成本，如图 2-8 所示。

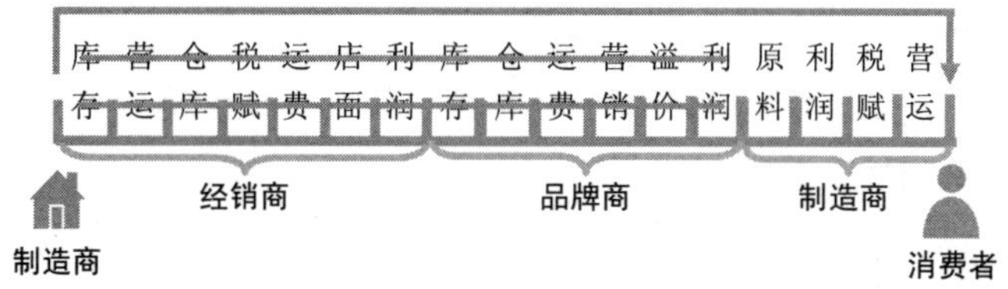

图 2-8　必要商城 C2M 模式

在构建商业逻辑时，必要商城确定了一个原则，即在保证商品价格低廉的同时必须保证商品拥有与品牌商商品相同的质量，于是必要商城从三个方面制订了严格的品控标准。

（1）严格甄选商品制造商

必要商城只与为知名品牌加工制造商品的代工厂进行合作，以确保自身商品原料和生产工艺的品质。例如，必要商城内的休闲鞋来自于阿迪达斯的制造商，牛仔裤来自于 Calvin Klein（美国知名时装品牌）的制造商，Polo 衫来自于阿玛尼的制造商，眼镜来自于依视路的制造商等。图 2-9 所示为必要商城的部分商品。

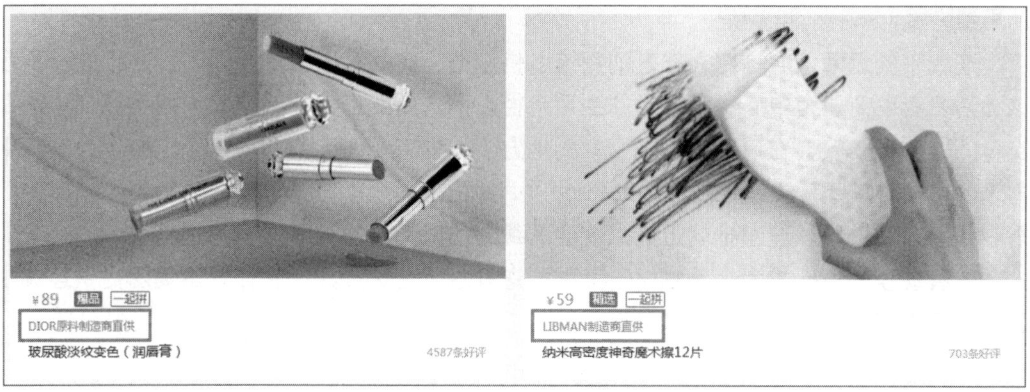

图 2-9　必要商城商品

（2）严格的商品上下架管理机制

必要商城内的商品在上架之前，必须通过消费者盲测、商品委员会决策这两关，在这两关获得的"同意"票数在 80%以上方可上架。如果商品在上架后一个月内因质量问题导致差评率超过 1%、退货率超过 5%，该商品就会被下架。严格的上下架管理体系可以有效地降低必要商城内商品的不满意率，即使出现消费者对某件商品不满意的情况，也能在最短的时间内得以解决。

（3）严格的质量反馈机制

消费者可以对必要商城内的商品进行评价，商城会对商品所获得的评价进行分析和总结，从中发现问题并及时解决。如果商品存在质量问题，商城会做出及时下架响应；如果商品的设计和风格存在问题，商城会将商品获得的评价信息反馈给制造商，制造商从中提取意见和建议，对商品做出改善和升级，直至商品符合消费者的需求为止。

3. 连咖啡：将"人找咖啡"重构为"咖啡找人"

在饮品类的新零售项目中，连咖啡是一个非常典型案例。星巴克崇尚"咖啡馆在哪里，人就在哪里"的理念，而连咖啡这家咖啡外送平台的思路却与之相反，提倡"人在哪里，咖啡就在哪里"。

创业初期，连咖啡通过为星巴克、咖世家咖啡配送咖啡切入餐饮领域，在线上积累了大量的消费者及数据资源。例如消费者分布范围，为什么他们需要外卖咖啡，消费者的消费水平，消费者喜欢喝什么样的咖啡等。

2015 年 8 月，连咖啡从咖啡外送服务市场轻模式切入，转型为没有“真正的线下门店”的独立外送咖啡品牌“连咖啡（Coffee Box）”。在此期间，连咖啡形成了完善的商业理念，即将咖啡消费场景“人找咖啡”重构为“咖啡找人”，针对“不需要店面体验的客群”提供服务，消费者通过连咖啡公众号在线下单，附近的连咖啡“咖啡车间”30 分钟内即可将咖啡送到消费者手上。

连咖啡的运营者认为，围绕着门店的零售模式面临着租金压力和因规模扩张所形成的管理障碍等问题。虽然这些问题未必不能得到优化，但完全可以凭借互联网的优势重建一种没有这些问题的零售模式。于是，连咖啡的运营者提出了一种全新的咖啡消费场景，即“消费者在哪里，我们就出现在哪里”。传统的咖啡零售模式是将门店开在人群密集的地方，而连咖啡的运营思路是借助互联网行为找到消费者，把咖啡送到他们手中，这是一种全新的思维方式。

连咖啡的运营信心是建立在它的物流、供应链、商品和服务的整体升级之上的，不应该让消费者以商业为中心决定自己的生活半径，而是商业应该要围绕着消费者展开流通和交付。连咖啡一般会在消费者需求密集的地方（如望京 SOHO 商圈）建一个面积为十几平方米的“咖啡车间”或者“站点（Station）”，并配上两个咖啡师和几个送货员。消费者只需在线上自助下单，连咖啡就近站点就会在最短的时间内将咖啡送至消费者手中。

随着规模的不断扩大，连咖啡与美团配送开放平台达成深度合作，由美团提供连咖啡的专业配送服务，加强配送力量。

2.3 转变管理模式，打造新型管理体系

每个企业在长期的运营中都会形成一系列管理制度、程序和方法，用于指导自己的经营生产活动。在新零售环境下，零售企业要转变经营管理模式，打造更富活力、更具有创新能力的管理体系，以提升企业运营效率。

2.3.1 扁平化管理，增强门店经营自主权

扁平化管理是相对于传统的层级制管理模式而言的。企业所采取的传统管理模式是层级结构，即在企业管理中，高层管理者、中层管理者、基层管理者构成一个金字塔结构，最高层管理者位于金字塔的顶端，他们的指令通过层层管理者传达至最终执行者；基层的相关信息通过层层筛选后，再传达至最高管理层。而扁平化管理是指通过减少管理层次，压缩职能部门和机构，尽可能地减少企业决策层和执行层之间的中间管理层级，使企业的决策权延伸至企业的生产层和营销层，进而提高企业管理效率的管理模式。

当企业的规模不断扩大时，传统的做法是增加管理层级，而扁平化管理模式则是增加管理幅度。当企业中的管理层级减少而管理幅度增加时，金字塔状的管理架构就被压缩成

扁平状的结构。

传统的管理架构存在决策链过长、对市场反应不灵敏的弊端，而在当前市场环境下，对于一些企业来说，传统的管理架构已经难以适应其发展的需要。为了不被市场淘汰，企业需要调整自己的管理架构，选择与市场关联度较高的部门进行分权、授权，让企业的管理架构趋向扁平化。尤其是随着信息技术的发展，以及计算机管理系统的应用，严格意义上的多层级、层层汇报式的垂直管理架构在很多情况下无法发挥作用，这也从另一个角度加速了企业组织架构向扁平化发展的趋势。

对于规模不断扩大的连锁企业来说，基于鼓励门店个性化发展的原则，企业应推广扁平化管理架构，减少管理层级，推行放权机制，赋予门店更多的自主经营权，使其能够根据自身发展情况设计门店布局，选择品牌合作商，根据市场变化调整经营品类，改革消费者管理方式等。同时，在实施扁平化管理模式时，要注意培养门店管理者的创新思维，允许其在门店经营管理上进行创新。

当然，企业总部放权并不意味着完全放任各大门店随意发展，在放权的同时，总部要对门店做好跟踪指导，对其经营状况进行严格考核，在必要时为门店提供有效的帮助，使各门店与总部保持协同一致。

2.3.2 建立快速反应机制，提升及时反应能力

当企业的规模不断扩大时，实行严格的内部管控机制有利于企业健康、理性地发展，但同时也容易导致企业运营效率低下，无法根据外部市场的变化及时做出反应。例如，企业无法及时掌握消费变化趋势，市场新品引进速度慢，门店需求反馈慢等，这些都将对企业的运营与发展造成不利的影响。

在当前倡导新零售的市场环境下，企业需要提高自己的及时反应能力，建立基于市场变化的快速反应机制，尤其是连锁企业，需要对传统流程化的运营模式进行革新，改变总部对下属门店发展情况反应迟钝的现象，以提升企业的经营效率。

1. 针对各个门店的具体发展情况，建立相应的快速反应机制

很多连锁企业往往更加重视总部的运营，而未对下属各个门店给予足够的关注。但企业的良性发展是建立在各个门店健康运营的基础之上的，只有各个门店正常运营并不断进步，才能保证企业获得持续性发展。

因此，企业必须关注各个门店的具体发展情况，及时了解各个门店的消费市场的变化，提高自身的快速反应能力，并建立相应的快速反应机制。企业可以成立专门的数据分析部门，负责收集并分析总部和各个门店产生的消费数据，剖析消费市场的变化，并据此提出有效的应对方案，保证总部和各个门店能够及时应对外部市场的变化，避免与市场需求脱节。

2. 针对商品市场的变化，建立相应的快速反应机制

近几年，受到消费市场变化的影响，商品市场也发生着巨大的变化。对于零售企业来说，之前的重点品类也许已经不再适应当前的市场发展需求，其所形成的品牌影响力也有所降低。同时，同一类商品在不同的销售市场所面临的市场需求和形成的销售情况也会不同。

为了能够更好地应对商品市场所发生的变化，零售企业需要根据各个门店的竞争实力对其商品品类组合进行合理的调整，以增强门店的经营活力，突显门店的竞争优势。因此，企业需要建立针对商品市场变化的反应机制，包括新品引进、品类调整、商品优化等内容，让企业和各个门店能够根据商品市场的变化快速做出反应，提升各个门店在商品经营方面的灵活性。

3. 针对企业各个运营环节，建立相应的快速反应机制

对于规模比较大的企业来说，为了提高企业的工作效率和执行力，加速企业整体运转，企业需要提高采购、商品管理、商品推广、营销、数据分析等多个环节的及时反应能力，并建立相应的快速响应机制。

思考与训练

1．在新零售环境下，零售企业如何做到从“商品思维”转向“消费者思维”？
2．在新零售环境下，零售企业如何处理与供应商、加盟商的关系？
3．分析并说明必要商城经营模式的特点与优势。

第 3 章 零售 O2O——线上线下深度融合，构建商业闭环

通过阅读本章内容，你将学到：

- 常见的零售 O2O 的模式类型
- 构建 O2O 闭环生态体系的关键因素
- 构成 O2O 闭环生态体系的主要内容
- 商超实施 O2O 模式的策略
- 社区团购的运营模式
- 做好社区团购的四个关键点

线上到线下（Online To Offline，O2O）指将线下的商务机会与线上互联网信息技术相结合，让互联网成为线下交易的前台。但是，新零售下的 O2O 模式不是简单的“从线上到线下”，也不是“线下到线上”，而是线上线下的完美融合，通过整合线上线下资源，让两者实现资源共享，互通有无。

3.1 多元化发展，零售 O2O 的四种应用模式

当下，传统电子商务模式的红利正在逐渐消失。随着 O2O 模式的应用与普及，很多企业已经打破了传统的 O2O 线上销售、线下体验的局限，形成了多元化发展的现象。目前，常见的 O2O 应用模式有以下几种。

（1）线上引流，线下体验与成交

将线上店铺、公众号等作为引流的渠道，商品和服务的成交和体验都在线下完成。实体门店通过开展线上运营与消费者进行互动来了解消费需求，为线下门店的运营提供相应的依据。

（2）线上成交，线下服务

对于家政、装修、酒店、餐饮等行业来说，它们所提供的服务无法在线上完成，所以就形成了线上交易、线下服务的模式。

（3）线上线下相互导流，均可交易

线上线下相互导流的模式是发展得比较成熟的一种模式，即实体门店通过线上交易引导消费者到店体验，也可以通过线下门店的活动为线上店铺吸粉。

（4）门店内提供二维码，消费者可以直接扫码下单结账

客流量比较大的实体门店可以采取这种模式来减少消费者排队的时间，提升工作效率，同时还能实现向线上导流。但对于客流量比较小的实体门店来说，这种模式对向线上导流的帮助就比较有限。

现在，O2O 模式并没有失去市场潜力，它正在以多元化的形象融入每一个行业中，而对于曾经被电商抢占大量市场的零售店来说，线上线下相互导流的 O2O 模式无疑是不错的选择。

3.2 新零售环境下，零售 O2O 的发展趋势

马云在云栖大会上提出的“新零售”具有一个鲜明的特征，那就是线上与线下的深度融合。新零售概念的提出对零售业产生了两大影响，一是重新解读了电商与传统实体零售企业之间的关系，两者不是互相对立的，而是互相协作、互相推动的关系；二是电商与传统实体零售企业之间互相合作，借助技术和物流的支持形成一个完整的系统。

1. 数字化转型是零售企业的必然选择

对于线上电商、线下实体零售企业及物流来说，技术在新零售的变革中发挥着至关重要的作用。零售企业实施数字化转型，为消费者提供更多的选择渠道、更好的购物体验，这是实体零售企业的重要选项，也是必选项，需要企业在数字化营销、数字化服务、数字化交易和数字化供应链等方面逐步实现转型。

2. 线上线下场景融合，物流为互通交易提供保障

随着线上电商、线下传统零售企业及现代物流的相互融合，零售企业需要将商品价格、质量、体验等要素统一成一个系统，为消费者提供专业化、差异化的服务。此时，线上的主要任务是为消费者提供概念体验、生产体验、场景应用体验、交易体验等服务；线下的主要任务是为消费者提供商品体验、服务体验、物流配送等服务；而物流在其中发挥的作用更加重要，它不仅要为线上与线下的互通交易提供保障，还要为消费者购物的便捷性提供有力的支持。

3. 消费会员制普遍化

在新零售环境下，会员对品牌的黏性、会员对品牌的忠诚度，以及会员发生重复购买行为的概率都会直接影响品牌价值的形成和发展。因此，零售企业需要建立会员管理系统，依靠庞大的会员数据深度分析消费者的需求，对消费者进行精准定位，从而更好地开展精准营销，进一步提升会员对品牌的忠诚度。

从消费者的角度来说，注册成品牌商和零售企业的会员后，他们能够凭借会员身份、会员等级享受到会员特权，这样能够让其产生一种优越感，从而增强消费者对品牌的忠诚度，刺激消费者进一步消费。

4. 体验式消费成为主流

随着新零售的不断发展，实体经济不但不会消亡，反而会迎来新的发展机遇。随着消费的升级，消费者的需求正在变得越来越多元化和个性化，所以为消费者提供优质的消费体验就成为企业在新环境下的主要竞争力。

实体商业区别于线上电商的优势在于场景，而场景是消费者进行体验的核心。在线下消费场景中，消费者除了可以参与促销类活动外，还能感受到智能化的购物服务、体验式的场景互动。智能停车、智能结算等功能优化了消费者的购物体验，AR 游戏等场景类互动则为购物消费过程增添了更多的趣味，在一定程度上加强了实体商家与消费者之间的关联。

互联网时代的 O2O 模式，其本质依然是为消费者服务，通过新技术、新应用的引用构建全渠道营销，加强企业与消费者之间的沟通与交流，构建现代化的沟通方式。总体来说，零售 O2O 意味着传统商业模式的转型。

3.3 构建 O2O 闭环生态体系，建立线上与线下的对接和循环

随着互联网技术的快速发展，线上交易和线下交易之间的界限越来越模糊，这也为实体门店进行转型升级提供了有力的支撑。充分运用 O2O 模式，有利于实体门店更好地进行新零售转型升级。

3.3.1 构建 O2O 闭环生态体系的关键因素

在实体门店的运营中，随着线上线下融合的深入发展，逐渐出现了另一种模式，即反向 O2O。反向 O2O 就是通过线下推广营销的方式来促使线上贸易的进行，它是针对 O2O 概念的一个拓展。

O2O 模式和反向 O2O 模式将线上和线下资源整合成一个完美的闭环链条，如图 3-1 所示。在这个闭环生态体系中，企业能够以更低的成本开展更高效的运营，在保证为消费者提供及时、有效的商品和服务的同时，还能与消费者进行有效的互动，有效提高消费者的满意度，并提高企业收集市场反馈信息的能力，进而更好地开展自我优化和提升。

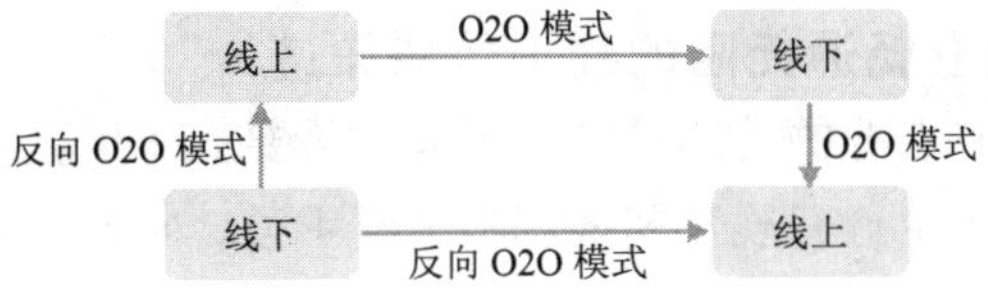

图 3-1 O2O 闭环生态体系

品牌商和零售企业构建 O2O 闭环生态体系时，需要重点关注商品、消费者、体验、在线支付和口碑传播五个关键因素。

1. 商品：为消费者提供高品质的商品

商品是商业活动的第一驱动力。消费者偶然购买了某个品牌的商品，是因为他对这件

商品有着刚性需求；第二次仍然购买同一品牌的商品，是因为他认为该品牌不仅满足了自己的需求，还为其带来了良好的购物体验；如果消费者反复购买同一个品牌的商品，那足以证明他对该品牌是信任的。

高品质的商品是让消费者对品牌产生信任感的关键，在一切商业活动中，商品永远处于核心的位置。在 O2O 闭环生态体系中，高品质的商品是不可或缺的一个关键要素，是 O2O 闭环生态体系运行的基础。没有高品质的商品做支持，O2O 闭环生态体系只会是哗众取宠的噱头，最后只能以失败告终。

2. 消费者：以消费者的需求为基础

在构建 O2O 闭环生态体系时，除了要保证商品的品质外，还要以消费者为中心，从消费者的需求出发，以满足消费者的需求为目标。

在策划、制订传播营销方案时，可以让消费者也参与进来，这样有利于制订出更符合消费者需求的营销方案，进而提升其关注度和参与度。因此，在建立 O2O 闭环生态体系之前，品牌商和零售企业需要对目标消费者的需求进行调研和分析，以便更深入地了解消费者的需求，在经营活动中更好地体现消费者的需求，进而更好地满足消费者的需求。

3. 体验：为消费者提供独一无二的体验

在新零售时代，消费者更加注重体验和服务，包括使用商品的体验，购买商品过程中所获得的消费体验和服务等。因此，在建立 O2O 闭环生态体系过程中，为消费者提供独一无二的体验也是非常关键的。

4. 在线支付：建立完善的在线支付功能

在线支付是 O2O 模式的重要支撑点。对于消费者来说，O2O 模式既拥有线上商品展示带来的快捷、流畅的信息体验，也拥有线下实体门店体验商品带来的踏实与放心，而联系这两个环节的是线上支付功能。如果没有在线支付，消费者只能在网上选好心仪的商品后再到实体门店购买，这中间很可能会产生无数的变数，毕竟一般人不会每天都出去买东西。而有了在线支付，就能够减少消费者被其他因素干扰以至于“忘记”去买商品的情况的出现，所以必须保障在线支付服务的快捷与安全。

在线支付不仅是支付本身的完成，还是一次消费活动得以最终完成的标志，更是消费数据唯一、可靠的考核标准。以团购为例，如果某团购网站没有在线支付功能，仅凭团购网站自家的统计结果去向入驻网站的商家要钱，双方很可能会因为实际购买人数的统计数据无法统一而产生纠纷。

5. 口碑传播：建立畅通无阻的线上传播渠道

口碑传播对品牌商和企业的营销推广起着非常重要的作用。在传统营销时代，在媒体上做广告是品牌商和零售企业开展营销推广的主要手段。此外，人们的口耳相传也为品牌传播起到一定的促进作用。宣传推广不仅可以增加品牌的曝光度，还会加深品牌在消费者心目中的印象。

在移动互联网时代，随着社交媒体的快速发展，口碑传播影响的范围更加广泛，传播速度也更快。一条信息在微博、朋友圈发布以后，很快就会引发很多评论和转发，这就是新媒体环境下口碑传播的强大力量，也有力地证明了口碑传播越来越重要。

因此，在 O2O 闭环生态体系中，建立畅通无阻的线上传播渠道是必不可少的一个环节。

只要能够利用好线上传播资源，争取让每一个消费者都成为品牌商和零售企业的宣传者，就能有效地提升品牌商和零售企业的曝光度，扩大其影响范围。

3.3.2 构成 O2O 闭环生态体系的主要内容

O2O 闭环生态体系的核心是将线上线下相融合，在构建闭环生态体系的过程中，所有的工作都必须以此为中心来展开。

O2O 闭环生态体系由四个部分构成，如图 3-2 所示。

图 3-2 O2O 闭环生态体系的主要内容

1. 线上线下消费者兼顾融合

在 O2O 闭环生态体系中，消费者的来源有线上和线下两种渠道。虽然现在网络购物已经非常普及，但仍有一部分人习惯去实体门店购物，他们认为实体门店更加可靠。因此，经营者需要树立这样一个观念：无论是线上的消费者，还是线下的消费者，都是自己的目标消费者，不能忽视任何一个渠道内的消费者。

与传统的网店以线上营销为主、实体门店以线下营销为主的思维不同，在 O2O 闭环生态体系中，线上和线下不能完全分隔开来，必须要实现线上线下消费者的兼顾与融合。

2. 线上线下商品资源融合互动

商品的流通速度决定了商品资源是否能够转化为实际的经济效益。商品的流通速度越快，转化率越高，就能越快速地为经营者带来效益。

例如，A 是一家电厂的工人，一个月拿到了 4000 元的工资，他用这 4000 元买了农民的粮食与蔬菜；农民又用得到的这 4000 元买了种子和化肥；化肥厂又用这 4000 元买了钢材原料，用于建厂、生产；钢铁厂又用这 4000 元买了煤炭来炼钢；煤炭生产要用到电厂的电力，工人为电厂工作就能获得工资，而 A 在电厂上班，这样就形成了一个简单的循环圈。

如果这 4000 元的资金循环一个周期的时间为一个月，一个循环周期内能够创造 2 万元的财富；如果资金半个月完成一次循环，那一个月就能创造 4 万元的财富；如果资金一周循环一次，一个月就能创造 8 万元的财富。由此可见，同样是一个月的时间，资金流通得越快，其创造的财富就越多。

销售商品就如同做投资，只有让商品快速地流通起来，经营者才能获得利润。O2O 闭环生态体系的作用就是优化和调配各类资源和渠道，帮助企业实现商品的快速流通，进而带动利润的增长。

3. 线上线下购买环节融合

商品的购买环节分为线上和线下两种渠道，在 O2O 闭环生态体系中，要实现线上和线下两种购买渠道的融合和互补，实现线上浏览、线下购买，线下体验、线上购买的格局。

在消费过程中，很多人都会存在一定的犹豫心理，他们没有办法单纯地依靠在线上或线下一端对商品的了解而快速地做出购买决定。例如，有些人在实体门店看中了一款箱包，但考虑到线上线下价格的差异，他们会决定到网上购买；也有些人在某网店看中了一款靴子，但由于担心鞋码不准，他们会到线下实体门店试穿。

O2O 闭环生态体系打通了线上线下渠道，将线上线下购物环节进行融合，为消费者提供线上浏览、线下购买，线下体验、线上购买的服务，不仅有利于缓解消费者的顾虑，提升其在消费过程中的自主性，还能丰富消费者的购物体验，加深其对品牌商和零售企业的印象，从而提升消费者的黏性。

4. 线上线下营销方式融合

品牌商和零售企业开展营销推广的渠道也分为线上和线下。通常情况下，实体门店只会在线下做宣传，或者以线下宣传为主、线上宣传为辅。随着互联网技术的快速发展，以及各类新媒体的出现，线上营销推广传播范围大、传播速度快的优势愈发突出，线下营销推广的劣势也越来越明显。例如，由于传统的报纸、杂志等媒体的受众越来越少，现在很少有品牌商和零售企业会在这些媒体上投放广告；虽然电视广告仍占据着一定的客流量，但其成本投入比较高，会给品牌商和零售企业带来不小的资金压力。对于中小企业来说，线上新媒体是一种非常好的营销推广渠道。

O2O 闭环生态体系就是将线上营销渠道与线下营销渠道进行融合，从而实现更好的宣传效果。例如，将二维码运用到线下各类营销渠道中，让线下消费者扫描二维码进入线上渠道来了解更多的信息，这无疑能够有效提升品牌和商品传播的广度与深度。

案例链接

苏宁小店——线上线下双中心运营，颠覆传统便利店模式

便利店是时下最为常见的零售业态，而随着便利店行业的智能化，普通的便利店已经无法满足当今消费者的需求。因此，像苏宁小店这种集便捷购物、极速配送为一体的便利店模式在行业内掀起了一股新潮流。

苏宁小店是苏宁在“社区 O2O”领域的新尝试，是依托苏宁大生态，以消费者体验为导向，基于门店实体流量，线上线下精准化运营和智能化物流运营的新零售模式。

（1）场景定位

在场景定位上，苏宁小店以门店为载体，对消费场景进行细化，分出苏宁小店场内、距离苏宁小店 2 千米内的地区、距离苏宁小店 2 千米外的地区三个服务范围，并提供差异化的商品。其中，在苏宁小店内主推小店商品，在距离苏宁小店 2 千米内的地区主推小店商品和苏宁易购精选商品，在距离苏宁小店 2 千米外的范围主推苏宁易购精选商品。针对不同消费场景下的消费需求提供不同的商品，极大地满足了不同消费者的需求。

（2）运营模式

在运营模式上，苏宁小店采取线上线下双中心运营模式。在线上，通过在苏宁小店 App 上设置虚拟货架，搭建对应的门店所具有的服务体系，使消费者可以通过手机购买生鲜、家电、餐饮、快递、家政、共享设施、金融理财、休闲娱乐等多个领域的商品和服务，如图 3-3 和图 3-4 所示。在线下，苏宁小店为消费者提供门店自提、扫码购物等服务。

图 3-3　生鲜类商品

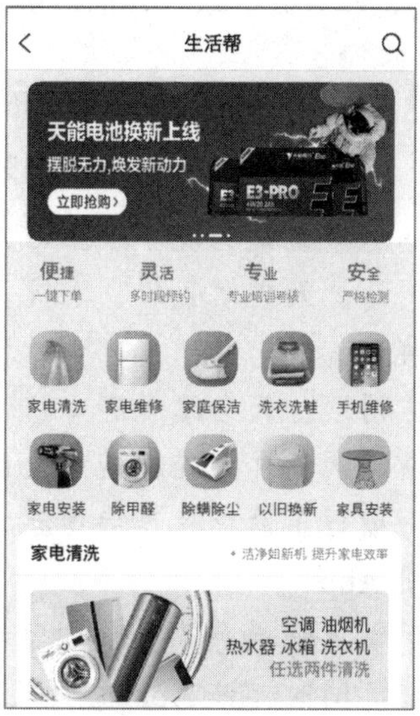

图 3-4　家政服务

（3）商品供应

在供应链方面，围绕社区、中央商务区（Central Business District，CBD）和大客流构建商品品类，形成五种店面模式。

- 社区店：主要面对家庭生活消费者，满足其基本生活需求，侧重基础食品、蔬果、生鲜，以及较为全面的非食日用品，打造生鲜社区店差异化特色。
- CBD 店：主要面对办公室白领及有一定消费能力的消费者，以热食、高品质生鲜、方便速食类商品为主，打造轻餐饮类商品。
- 大客流店：在地铁、学校、医院周边等大客流地区，针对不同的场景配置不同的商品。
- 无人货架场景：主要放置在白领办公室，消费者通过微信和苏宁小店 App 下单，实现线下往线上引流，全渠道运营。
- 自助购物机：主要放置在医院、商场、地铁中等无法开店的大客流区域，通过商品售卖和广告获取收益。

（4）消费者个性化服务

在消费者个性化服务上，苏宁小店在线下销售的同时，还可通过其庞大的会员大数据系统，精准地感知和记录消费者的消费习惯。无论是线上，还是线下，只要是在苏宁小店购买过商品的会员，其商品偏好、购买能力都会保存到苏宁云端，苏宁小店通过对消费者的消费数据进行分析，掌握其消费特点，进而对其进行个性化内容推送。

苏宁小店虽然定位于便利店，但与传统便利店不同的是，苏宁小店通过扎根于社区，零距离贴近消费者，在以优质的服务和商品吸引大量消费者进行线下体验的同时，结合数字化技术，使零售行业开始向线上线下互联互通转变。

3.3.3 自建 App，O2O 闭环生态体系落地的有效模式

将理论转化为实践需要很多环节的运作，那么如何才能让 O2O 闭环生态体系顺利落地呢？优衣库的运作模式可以为我们提供一些参考。

案例链接

优衣库，线上线下双渠道提升消费者黏性

优衣库的运作模式实现了线上与线下的深度融合，在线下设有实体门店，线上有优衣库官方网站、天猫旗舰店、手机 App、微信公众号等形式，全方位地实现了线上线下同步销售。

（1）官方网站、天猫旗舰店

优衣库官方网站和天猫旗舰店全品类开通门店自提服务，利用遍布全国的上百家门店，有效地缩短了消费者等待物流配送的时间。

（2）手机 App

优衣库手机 App 为消费者提供了商品展示、商品促销、在线购物、在线支付、在线查询等功能。同时，该 App 也承担着为线下门店引流的职能。优衣库会不定期地通过 App 向消费者推送特别设计的商品优惠券，但优惠券只能在线下实体门店中使用，这样可以实现高转化导流作用。此外，消费者还可以使用“扫码购”功能，在实体门店通过扫描商品的二维码实现线上购物。

（3）微信公众号

通过优衣库微信公众号，消费者可以随时随地直击潮流单品，查询实用穿搭，查看最时尚的搭配买家秀。同时，消费者还可使用微信公众号中的自助服务功能进入优衣库 App 掌上商城，实现实时在线购买，既省时又方便。

优衣库在线上推出的一系列服务的目标非常清晰，就是让消费者通过线上的工具和服务再次回到实体门店实现闭环购买商品，从而打通线上线下的区隔，让消费者体验无缝购买的畅快。

同时，优衣库的线下实体门店是其线上部分很好的承接与导流者。优衣库积极地以促销或优惠的形式向线下消费者推荐自家 App，甚至用店内广播这种有趣的形式提醒消费者，如果使用 App 扫描特定商品的二维码进行购买，可以享受打折优惠。

在优衣库的 O2O 模式中，App 在线上、线下相互导流中发挥着至关重要的作用，有效地保证了线上线下的双向运作。优衣库的这种运作模式是值得借鉴的，即以线下实体门店为核心，以 App 连接线上和线下，让线上为线下服务，通过线上引流和消费，带动线下实体门店的流量和销量。其运作思路如图 3-5 所示。

利用自建 App 构建 O2O 闭环生态体系是一种非常有效的方式。该方式通过 App 商品展示、在线购物、在线支付、线下导流等全方位的操作模式，可以有效实现线上线下的连接。当然，任何事情都要具体问题具体分析，不能生搬硬套，企业应该根据自身的实际情况寻找适合自己的运作模式。

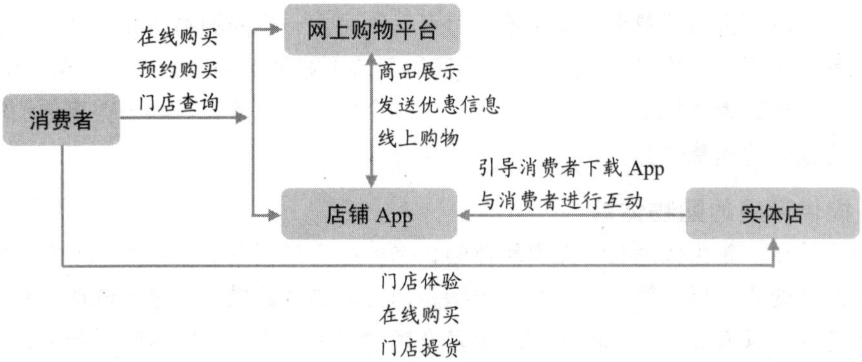

图 3-5 优衣库 O2O 门店运作思路

3.4 线上线下“三部曲”，打造“接地气”超市 O2O

随着新零售模式的不断创新与发展，各种背靠实体超市、以社区为依托的“网上超市”集中涌现。那么，超市 O2O 究竟应该怎么做呢？下面将从线上和线下两个方面分享几个打造“接地气”超市 O2O 的方法。

3.4.1 线下策略：兴趣商品+消费者价值+有趣体验

从线下渠道来说，超市运营者要以线下超市门店为依托，通过为消费者提供高品质的商品和超值的购物体验来提升消费者对超市的忠诚度。

1. 为消费者提供其感兴趣的商品

消费者为什么选择去 A 超市购物，而不选择去 B 超市购物？排除超市距离消费者远近的客观因素的影响，超市给消费者留下的印象、超市拥有的消费者感兴趣的商品的数量也会对消费者的选择产生重要影响。

所谓消费者感兴趣的商品，就是指消费者最熟悉的、最忠诚的商品。很多人都有自己熟悉的、忠诚的商品，在购买这类商品时，他们只会选择某个品牌的某个款式，到超市后会直接寻找该款式的商品。通常消费者对自己感兴趣的商品的价格记得会很熟，购买频率也比较高。

因此，对于消费者来说，如果某个超市内没有他们感兴趣的商品，或者他们感兴趣的商品在这个超市内的价格比较高，那么他们很可能会放弃去这个超市购物。因此，对于超市来说，为消费者提供物美价廉的让其感兴趣的商品是吸引消费者的有效方法。

2. 为高价值消费者提供超值体验

超市的消费者分为高价值消费者和低价值消费者两种类型。低价值消费者对超市的黏性较低，他们对商品的价格比较敏感，喜欢购买超市中的促销品。高价值消费者对超市的黏性较高，他们对商品的价格不太敏感，更追求商品的品质和购物体验。

对于超市来说，高价值消费者带来的收益要比低价值消费者带来的收益大得多。但是，很多超市往往打高价值消费者和低价值消费者提供完全一样的购物体验，这对于高价值消费者来说其实是不公平的。高价值消费者愿意为获得更好的购物体验而额外支付服务费用，所以借助 O2O 模式为高价值消费者提供定制化、个性化的服务，有利于提高他们的黏性，进一步挖掘他们的消费潜力。

3. 提供有趣的购物体验

相对于价格，新生代消费者更看重体验，这种趋势越来越明显，所以零售企业要主动适应这种趋势变化。新零售时代流行体验消费，传统的经营模式已经无法适应新生代消费者的消费需求，只有在购物体验中加入更多有趣的元素，才能更好地吸引新生代消费者。

3.4.2 线上策略：超市 App+个性推荐+实体门店

在线上渠道，超市运营者可以以超市 App 为核心，通过为消费者提供精准化、个性化的服务来提升消费者对超市的黏性和忠诚度。

1. 吸引消费者安装超市 App

App 是超市开展营销推广，为消费者提供个性化服务，提升消费者黏性的有效渠道。要想运用好这一渠道，首先需要吸引更多的消费者安装超市 App。

吸引消费者安装 App 的方法有很多，如建立社交推广体系、设置互动游戏、设置特价活动等。

（1）建立社交推广体系

为超市 App 设置推广功能，通过利益激励的方式刺激消费者分享 App 的积极性。例如，A 消费者安装超市 App 后可以生成一个二维码，B 消费者通过扫描 A 消费者的二维码下载并安装超市 App 后，A 消费者就成为 B 消费者的推荐人，当 B 消费者使用 App 购物后，超市可以给予 A 消费者一定的返利（可以是现金返利，也可以是超市优惠券）作为奖励。

返利的刺激有利于吸引消费者在更大的范围内宣传超市 App，他们可能会把二维码（推荐人编码）上传至微信朋友圈、QQ 空间等地方，推荐自己的朋友安装超市 App。对于超市来说，这样就能形成 App 社交推广体系，从而扩大自身 App 的影响范围。

（2）设置互动游戏

超市可以举办一些互动游戏来吸引消费者安装 App，例如，可以在超市卖场海报或者货架的广告条上设置一些有趣的问题，消费者在 App 上回答正确即可获得奖券，凭借奖券可以到服务台换取神秘礼物。神秘礼物是否贵重并不重要，最重要的是问题要有趣，活动要好玩。

（3）设置特价活动

超市工作人员可以告诉消费者，下载并使用 App 购物可以获得针对个人的特价活动，并且每个月都能获得针对个人的定制化的商品推荐信息。这些推荐的商品是通过大数据智能分析得出的，是最适合消费者的，而且他们可以以特价购买这些商品。

2. 为消费者提供个性化服务

如果 App 不能为消费者带来价值，消费者早晚会删除 App。想要提高超市 App 的使用率，让消费者离不开它，可以采用以下方法。

（1）为消费者提供精准化的商品推荐

每个人都有自己感兴趣的商品，所以超市可以从商品入手，打造千人千面的 App 促销计划。当消费者打开 App 时，每个人看到的推荐商品、活动方式都是符合其个性化需求的，看到的内容各不相同。此外，超市可以在 App 上为不同的消费者设置不同的特价商品，并给予有潜力的消费者更大的优惠力度。

对于消费者来说，如果某个超市里自己感兴趣的商品比较多，那么他去这个超市购物的可能性就会非常大。因此，从超市的角度来说，为消费者提供更多他们感兴趣的商品是非常重要的。超市可以每周在 App 上向消费者推荐一款符合其需求的精选商品，可以从三个角度来筛选这款精准化的精选商品，如图 3-6 所示。总之，要让消费者相信这款推荐的精选商品是比较符合且能满足其需求的一款商品。

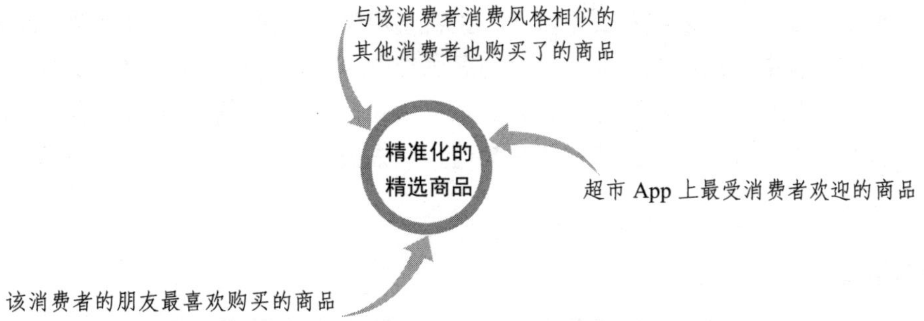

图 3-6　筛选精准化精选商品的三个角度

（2）为消费者推送个性化娱乐信息

借助 App 为消费者推送一些符合其兴趣的娱乐化信息，例如，针对年轻的女性消费者，可以为她们推送一些时尚穿搭类信息；针对中老年消费者，可以为他们推送一些省钱秘籍；针对新手妈妈，可以为她们推送一些育儿经验等。虽然是同一个超市，同一款 App，但要让不同的消费者都感到这个超市、这款 App 与自己非常合拍。

总之，超市 App 一定要为消费者提供有价值的信息，通过个性化、精准化的服务来维系超市与消费者之间的关系，这样才能让更多的消费者转化成超市粉丝，进而提升客单量。

3. 以实体门店为中心，为高价值消费者提供超值体验

高价值消费者能够为超市带来更多的效益，他们更加注重商品品质和购物体验。超市运营者通过 App 的购物数据（如客单价、购物频率、购物金额等）可以筛选出高价值消费者，然后主动邀请高价值消费者成为超市 VIP。

超市 VIP 使用 App 购物可以享受一系列专属服务，例如，设置 VIP 收银通道，高价值消费者可以走 VIP 通道结算；为高价值消费者提供送货上门服务，让其购物过程更轻松；为高价值消费者提供精品生鲜类商品预定预留服务，帮助他们把关生鲜商品质量，为其提供高品质的生鲜商品等。超市运营者通过采取这些方式来提高高价值消费者的客单价，提升他们对超市的忠诚度。

当然，超市运营者也可以将送货到家服务扩展至面向全体消费者，根据送货的距离和包裹的重量进行收费，逐步增加使用 App 购物的消费者的数量，这样有利于形成以超市门店为中心，线上线下相结合的闭环运营模式。

3.5 社区团购，打造 O2O 模式的社区便利店

随着新零售各种模式的发展，社区团购已经成为传统实体门店转型新零售，以及电商入局新零售的一种热门模式。社区团购模式围绕着消费者社交及互联网社群展开战略布局，以线上线下深度融合的模式，重新塑造了一种线下实体零售产业的流量变现模式。

3.5.1 社区团购，以社交为依托的 O2O 新模式

社区团购是基于线下真实的小区，通过微信群进行开团预售，将同一个小区内的人群需求统一起来形成拼团，拼团通过后由商家统一发货，消费者到社区门口统一自提的一种购物方式。

简单来说，就是由社区团购公司牵头，整合上游供应资源，在社区发展团长，由社区团长通过微信群集中附近居民，并引导群内居民在群内下单消费，然后团购公司当天晚上统计订单，第二天清早将商品配送到社区团长提货处，再由团长根据订单为消费者送货或由消费者自提。由于社区团购的模式集采集送，又去掉了中间商，所以群内的商品往往物美价廉。

案例链接

大千超市新零售 O2O 模式，助推传统零售升级

2018 年下半年，电商的社区团购模式成为一大热点。大千超市以“社交＋拼团”的模式获得了消费者的认可，其运作模式如图 3-7 所示。依靠微信社交环境及本地供应链，大千超市大大降低了获客成本和商品价格，为消费者提供足够优惠的商品，确保交付、供应链、物流仓储及售后支持，而团长则负责将这些商品销售给居民。

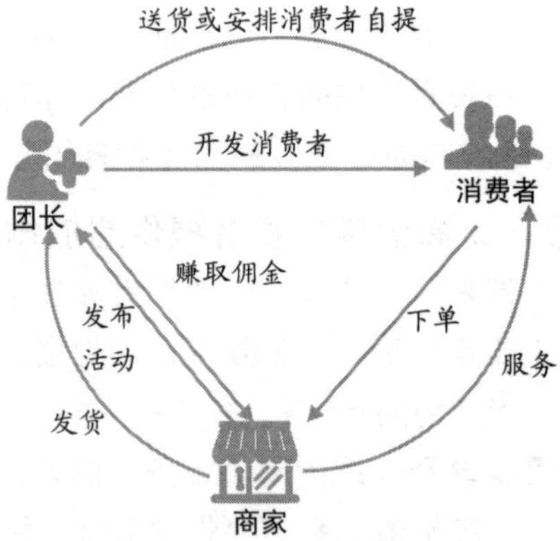

图 3-7 大千超市社区团购运作模式

在社区团购模式中，团长是一个重要的角色，他们负责寻找消费者，经营管理微信群成员，并发布团购信息销售商品。在这种模式中，消费者只需在群里获得关键的团购信息，然后通过小程序即可完成一键购买，十分便捷。

如果消费者有什么问题，可以随时询问团长，也可以在群里与其他成员交流。针对售后问题，由于团长就是他们的邻居，消费者可以很方便地找到团长寻求解决方法。

对于团长无法解决的事情，可以交由大千超市运营中心来解决。

大千超市融合了本地优质商家资源，聚集生鲜、蔬菜、食品、零食、酒水、饮料、服饰、数码、家电、美容等各品类商品，为消费者提供各类商品的同城销售与配送服务，让消费者能够享受到便捷的购物过程，既能满足消费降级的市场需求，优质品牌商的加入也解决了传统线上购物的质量忧虑问题，进一步升级了消费者体验。

其实，大千超市所构建的消费场景就是一种基于真实小区，由C端驱动B端（即由消费者端驱动供应端），构建线上与线下互动融合的新零售 O2O 模式。在这种模式下，消费者可以在线上平台轻松地选购商品，然后通过线上支付上门自取、线上支付送货上门等多种方式完成交易。在传统的零售模式中，线上平台不具备做生鲜零售的优势，线下门店又无法提供送货上门服务，而大千超市的出现解决了这类问题，也为商家提供了一个获得线上流量的窗口，能够有效地帮助商家快速抢占市场份额。

社区团购是一种新兴的商业模式，它基于邻里之间的信任，依托微信、社群的裂变，服务于社区居民的家庭日常消费，为其提供性价比更高、价格更低的优质商品。

与传统电子商务模式和线下零售模式相比，社区团购具有以下优势。

（1）获客成本低

传统电商一般通过用户主动搜索和开展付费推广来吸引流量和消费者，而随着近几年流量红利的逐渐消失，线上流量成本逐渐上升，电商的获客成本不断增加。

社区团购利用散布在各个城市和小区的团长先建立起微信群，然后由团长直接在微信群里吸引客流，并完成咨询、互动、讨论等环节，最终让消费者通过小程序完成下单。这种模式基于熟人与半熟人之间的关系链进行裂变式传播，获客成本非常低，且获取的流量具有高质量、高留存、高转化的优势。此外，“团长＋社群”的模式还有利于实现线上线下双向引流。

（2）商品质优价低

社区团购采取商品源头直采的模式，通过采取集中预售，再由产地或本地仓统一发货再自提的方式，省去了大量的中间环节。

由于商品出货量集中，更便于获得产地或规模化采购的优惠价格，同时省去的中间环节又使物流费用和在途损耗得以降低，因此能够最大限度地降低商品成本，从而为消费者提供高性价比的商品，真正实现“好货不贵”。

（3）营销成本低

在社区团购模式中，所有的推广都由团长在自建的社群内进行，团长通过团购工具进行推广，在降低营销成本的同时，能够更好、更快、更有效率地直接连接消费者，触达消费者，并与消费者进行互动。同时，消费者之间也能形成裂变式传播，从而扩大营销范围。

（4）商品购买方式简单

在社区团购模式中，消费者可以直接在微信群里咨询和购买商品，相对来说，交易过程的互动性比较强，商品的购买方式也比较简单。

（5）配送成本低

由于一个开团预售可以凑集起一个大的订单，形成大订单后再向一个小区地址统一发货，无形中降低了物流成本，相对于传统电商来说有着明显的优势。此外，用落地配送的模式替代了快递物流，采用消费者自提或者团长送货上门的模式，节省了配送到家的成本。

（6）资金风险低

社区团购是上游先有确定性的需求，下游再准备确定性商品的模式，即消费者先下单付款，商家拿到款项后再统一进行发货。这样可以大大降低商家的资金风险和库存周转风险。

3.5.2 社区团购的运营模式

社区团购具有较强的社交属性，其社交 O2O 的运营模式让线下实体门店颠覆了传统经营模式，让线下门店找到了新的流量缺口。

社区团购是一种典型的 S2B2C 模式（一种集合供货商赋能于渠道商，并共同服务于消费者的全新电子商务营销模式），“S”端是社区团购平台，负责商品和供应链；“B”端是团长，负责流量和渠道；“C”端是社区消费者。

从团长身份和供应链两个角度出发，可以将社区团购的运营方式分为不同的类型。选择不同的运营方式，就意味着选择了不同的发展路径。

1. 按照团长身份的不同进行划分

在社区团购模式中，团长发挥着重要的作用，他是连接商家与消费者的桥梁。目前，社区团购中的团长主要由退休人员、全职妈妈、下班做兼职人员、实体门店店主之类的人来承担。因此，按照团长身份的不同，可以将社区团购的运营方式分为“非实体门店店主＋社群”型和“实体门店店主＋社群”型。非实体门店店主（包括退休人员、全职妈妈、下班做兼职人员等）和实体门店店主有不同的特征，选择由谁担任团长这一核心角色，就意味着选择了不同的发展路径。

“非实体门店店主＋社群”型和“实体门店店主＋社群”型的优缺点对比如表 3-1 所示。

表 3-1 “非实体门店店主＋社群”型和“实体门店店主＋社群”型的优缺点对比

模式类型	优点	缺点
“非实体门店店主＋社群”型	① 没有线下实体门店，模式轻，没有房租负担，运营成本低，便于快速实现规模化； ② 与实体门店店主相比，非实体门店店主的商业性较低，消费者更容易对其产生信任和黏性； ③ 非实体门店店主往往闲暇时间较多，具有较强的做生意的意愿	① 时间不稳定，业务容易中断； ② 对于下班做兼职人员和全职妈妈来说，本职工作和孩子位于第一位，于是花在团购上的时间就会比较有限； ③ 比较青睐毛利较高的商品
“实体门店店主＋社群”型	① 拥有线下实体门店，在服务上更有保障，也有利于社区团购平台开展宣传和推广； ② 线下门店可以作为前置仓，从而为社区团购平台节省仓储成本； ③ 小区实体门店本身就有一定的客户资源，实体门店和社区团购平台可以实现互相引流； ④ 有实体门店作为背书，有利于规避一些道德风险； ⑤ 实体门店经营模式稳定，且店主对货品的理解远超于普通人，相较于非实体门店主的“冲动型”经营，从长期看，实体门店更有动力接受这种商业模式	① 实体门店店主有自己的店铺需要打理，原本店铺中上货、理货等工作会占用其大量的时间，分给团购的时间就会比较有限； ② 实体门店店主对佣金的要求会比较高，社区团购平台需要用非常明显的收益增幅来调动其积极性

目前，大部分社区团购公司都是两种方式并用，因为这两种方式各有利弊，两者结合有利于实现优势互补，让社区团购模式的运营更加稳固。

2. 按照商品供应链进行划分

供应链是社区团购的重要基础，按照供应链模式的不同，如今市面上的主流社区团购运营方式可以分为以下三种类型。

（1）销地直接配送型

社区团购平台在前端通过微信群与小程序进行商品销售，平台对订单进行汇总后再到市场进行集中采购，然后将订单自配送或外包配送到当地社区，由消费者自提或由团长送货上门。这是最初始也是最轻便的模式，以销定采，不需要开店，不需要库存，消费者自提的方式也省掉了“最后一公里”的物流环节，减少了末端配送成本，社区团购平台只需专注于线上的运营和维护即可。因此，这种模式是初入社区团购市场的企业或者规模比较小的企业的最佳选择。

但这种模式的门槛较低，运营品质难以得到保证。对于社区团购平台来说，保障商品质量始终如一，以及提高团长的忠诚度和服务能力是重中之重。

（2）设置前置仓型

社区团购平台在社区设置前置仓，或者将团长的实体门店作为前置仓。前置仓既能销售商品，也可以作为仓储点，从而实现“店仓一体”。消费者在社群下单半小时内，商品就能从前置仓出库送到消费者家中。

在这种模式中，门店也可以从线下向线上小程序进行引流，线上的社区团购业务会将消费者和流量带到线下门店，从而实现线上线下双向导流，拓展社区团购平台的发展空间，有效提高品牌的知名度。

案例链接

考拉精选专注“店+群”模式

考拉精选是快消品 B2B 平台“新高桥”孵化的社区团购项目，它以“快乐惠”“新高桥”“考拉”三大便利店为依托，通过社区拼团、限时特卖的方式，将生鲜果蔬、粮油干货、休闲饮食、家居百货等精选商品提供给门店周边的消费者，为消费者打造健康、快乐、便捷、舒心的一站式购物体验。

考拉精选采用“便利店＋社群”的模式，将夫妻店、便利店资源整合在一起，在利用了这些店“距离消费者近”的优势的同时，又融入了拼团的购物方式。便利店店主即团购团长，通常一个团长经营 2～3 个群。在团购发生后，消费者在线上下单，线下提货。

对于考拉精选来说，依托便利店的优势之一在于让考拉精选有了成本很低的线下中转仓。考拉精选现在的模式是用户线上下单、线下自提，社区拼团的主打导流商品是生鲜，对线下仓储有较高的要求，而便利店大多拥有冰柜、冰箱等设备，能够帮助考拉精选节省一部分自提仓储成本。

考拉精选一直通过整合商品、供应链、信息系统等方式为广大便利店提供服务，通过搭建的一站式购物订货平台与店主建立业务联系，在很大程度上为便利店店主节省了地推成本。

（3）自建仓储型

这种模式的特点是由社区团购平台在各个城市建立城市仓，商品由产地配送到目标城市仓，城市物流将商品由城市仓配送到社区，到社区后由消费者自提或送货上门。

这是一种重量级的模式，更加注重后端供应链的建设，成本较高，且要求社区团购平台拥有极强的供应链能力。这种模式的优点也非常明显，一是商品质量能够得到保障，二是商品的适配率比较高。

这种模式一般是实力较强的企业或者发展到一定规模的企业的选择，规范化的体系一旦建成，可以为企业带来极大的优势，保障社区团购模式高效、稳定地运转。

案例链接

苏小团，苏宁社区拼团打通“最后100米”

“苏小团”是苏宁小店启动的一个旨在深度挖掘社区拼团消费的新零售平台，其运作模式是由苏宁在全国开放苏宁小店的城市招募团长，由苏宁提供商品供应链、物流和售后服务及运营沟通术、海报，团长则负责建立小区业主微信群，以及社群的日常运营和信息、链接投放，并通过拼团低价的玩法吸引群里的社区成员下单。在拼团成功之后，“苏小团”平台安排发货，并通过苏宁物流配送至消费者家中，消费者也可到苏宁邮局、苏宁小店门店自提。

“苏小团”的社区拼团是依托于数千家苏宁小店来展开的。苏宁小店中销售的商品都有着严格的品质把关，确保质优价廉。此外，苏宁小店有线下物理场所和前置仓，能够为社区拼团提供实地支持，在保证商品以较低价格上架的同时，有效地降低了生鲜、日用商品的损耗与库存。苏宁的物流最快可以支持1小时急速达配送，这不仅能够降低生鲜类商品的损耗，也提升了消费者的消费体验。

苏宁在线下零售方面已有数十年的积累，在供应链和仓储配送方面都有较强的竞争力。背靠苏宁强大的供应链与物流配送系统，“苏小团”能够以更高的效率、更低的成本完成各种商品的交易行为，为团长打开更大的获利空间。

3.5.3 做好社区团购的四个关键点

目前，社区团购领域的竞争已经白热化，在激烈的市场竞争中，要想保持自己的市场份额不缩水，重在差异化运营。社区团购平台需要把握以下四个关键点。

1. 商品管理

在社交拼团当中，团购的商品是其核心之一，所以做好商品管理是做好社区团购的关键点之一。

（1）商品品类管理

对于社区团购平台来说，水果虽然是最常见的一个切入品类，但它并不是唯一的选择，蔬菜也是一个不错的选择。例如，美家优享、兴盛优选两个社区团购平台，与其他竞争对手的最大差异就是它们都选择了以社区居民购买频率最高的蔬菜作为主打品类。除此之外，社区团购构建自有商品品牌也是一种增加毛利的方法。

（2）商品价格优势

物美价廉是社区团购的核心竞争力，而要想在保证商品“物美”的前提下保持价格上的优势，就需要做好供应链管理，通过优化渠道来保持商品的价格优势。

（3）做好商品信息展示

与线上电商相类似，社区团购平台也不能为消费者提供实地挑选商品的服务，所以做好商品信息展示是社区团购平台极为重要的一件事情。社区团购平台通常通过移动端来进行商品信息展示，所以在手机终端如何能让消费者更加直观地感受商品的详情就成为每一个社区团购运营者需要下功夫去做的事情。

一般来说，结合图片和视频对商品进行展示，能够让消费者更加直观且清楚地了解到商品的详情，最好在商品展示的页面中添加商品的产地、特性等详细的描述，如图 3-8 所示，以免让消费者看到实物时产生心理落差。

图 3-8　以图文、视频结合的方式展示商品

2. 供应链管理

供应链代表着社区团购平台的实力，决定着平台能否在激烈的市场竞争中屹立不倒。在社区团购模式中，大部分商品是以预售的形式进行销售的，这就要求社区团购平台的供应链具有敏捷、快速的响应速度。社区团购平台要时刻注重供应链稳定性的提升，社区团购的优势在于价格，社区团购平台的品控、物流成本控制能力及供应链管理能力决定着平台商品价格竞争优势的强弱。

在小规模的社交拼团模式中，可能看不出供应链的重要性，但随着规模的不断发展壮大，供应链的影响力就会逐渐显现出来。在资本不断入场之后，社交拼团的供应链必然会产生紧缩，门槛也将随之升高，这时整个行业比拼的就是谁的渠道更多，谁的供应链更持久、稳定。

3. 社群运营管理

社群运营管理主要在于团长的运营，现在社区团购模式中的团长多是兼职，且业务能力参差不齐，所以平台需要对团长进行专业化的售后服务、商品推广技巧的培训，引导其向专业化、职业化的方向发展。鉴于从源头筛选团长并不现实，社区团购平台可以通过加盟协议、平台自主建群、引入业绩考核、团长培训等方式来提高团长水平。

此外，针对消费者购买疲劳和流失的现象，除了做好选品、保证商品品质和低价外，做好社群运营也是提升消费者黏性的有效手段之一。例如，社区团购平台可以通过不定期推出节日特产优惠、群接龙红包、签到领积分、分享砍价、拼团优惠、拉新得券等方式调动社群成员的积极性。图 3-9 所示为“苏小团”发起的两次优惠活动。

图 3-9 “苏小团”发起的优惠活动

4. 信息系统的搭建

如果社区团购平台的规模较小，拥有的商品数量、团长数量也较少，那么整个平台的运营管理就会比较简单。但是，如果社区团购平台已经发展到一定的规模，商品的数量、团长的数量也达到较大的规模，那么，社区团购平台需要处理的工作就会更加繁杂，包括线上商城管理、订单处理系统管理、仓储管理、商品采购、订单分拣等，这对系统和技术有着很强的依赖。因此，社区团购背后业务的高效运转离不开数据化、信息化管理系统的支持。

此外，社区团购平台需要采用可连接的信息系统。社区团购平台想要做到敏捷响应 C 端（消费者端）订单需要，需要产、供、销、配四方的高效协作，如果它们采用的系统都是孤立的，没有连接起来，敏捷响应就不可能实现。

思考与训练

1. 在新零售环境下，O2O 模式呈现出哪些发展趋势？

2. O2O 闭环生态体系由哪几部分组成？构建 O2O 闭环生态体系需要注意哪些关键点？

3. 做好社区团购需要注意哪些问题？

第 4 章 渠道构建——全渠道战略多维布局

通过阅读本章内容，你将学到：

- 新零售环境下各类渠道的特点
- 传统企业进行全渠道转型的策略
- 构建以消费者为核心的物流格局的策略
- 构建数字化供应链网络的策略

渠道，即如何将商品送到消费者手中，是在整个零售生态链中需要特别关注的一个关键问题。随着消费的不断优化和升级，传统零售模式面临着新的发展契机，基于线上线下融合形成的全渠道的商业模式为消费者创造了全新的购物环境和体验。而随着新零售的不断深入，单纯的线上或者单纯的线下都将不复存在，以消费者为核心的全渠道零售是未来零售的发展趋势。

4.1 无缝全渠道体验，零售企业转型升级的核心要素

商家卖的是一种体验。面对品类越来越丰富的商品市场，消费者的选择不断增多，消费者和商家之间缺乏黏度，消费者对商家并没有多少忠诚度。在这种情况下，商家需要更多地考虑如何让消费者在进行一次购物或者体验之后感到满意（或者超过其预期），如何吸引他们持续消费。因此，给消费者提供超预期的购买体验是商家经营成功的关键。

4.1.1 全渠道零售，多种渠道的无缝式整合消费体验

全渠道零售，就是企业为了让消费者能够在任何时间、任何地点以任何方式获得商品或服务信息并进行购买，采取实体门店渠道、电子商务渠道、社交媒体渠道、短视频渠道等多种渠道整合的方式销售商品或服务，为消费者提供无差别的购买体验和售后服务。

全渠道零售形成的主要原因是随着信息技术的发展，产生了在社交网络上工作和生活的群体。一种信息传播途径就能成为一种零售渠道，于是除了实体门店、电子商务渠道，零售渠道得到进一步拓展外，最终导致全渠道购物者的出现和崛起。

全渠道零售具有三个特征，如图 4-1 所示。

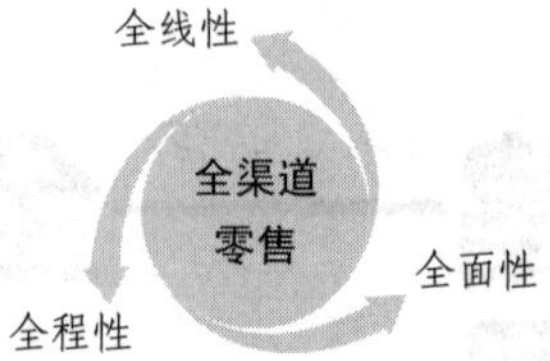

图 4-1　全渠道零售的特征

（1）全线性

零售渠道由单渠道转向多渠道，实现了实体门店渠道、电子商务渠道、社交媒体渠道、短视频渠道等多渠道下的线上线下渠道的全覆盖。

（2）全程性

从消费者的角度来说，整个购买流程包括产生需求、寻找商品、选择商品、下单、支付、提货或收货、使用商品、反馈等环节；从零售企业的角度来说，与消费者购买流程相对应的销售流程包括触发需求和导入客流、展示商品、说服购买、接受订单、收款、订单履行或送货、售后服务、反馈回应等环节。在全渠道零售中，零售企业必须要全程保持与消费者的零距离接触，以更好地满足消费者在购买流程各个环节中的需求和体验，如表 4-1 所示。

表 4-1　全渠道零售购买流程、销售流程中各个环节的关键因素

消费者			零售商		
	购物流程	消费需求	渠道策略	销售流程	
购买决策阶段	产生需求	① 从多方面受到影响； ② 消费者个性化需求和偏好	① 了解消费者的需求和个人偏好； ② 为消费者提供个性化、精准化的信息推送	触发需求和导入客流	触发需求阶段
	寻找商品	① 商品搜索便捷； ② 商品搜索渠道多； ③ 商品信息展示完整、清晰	① 多渠道展示商品信息； ② 商品信息展示完整、清晰	展示商品	
	选择商品	① 商品能满足个性化需求； ② 商品品质有保证； ③ 商品价格合适； ④ 商家服务好； ⑤ 商品购买方式和支付方式简单、便捷； ⑥ 商品配送快捷	① 能够多渠道、无差别地记录消费者的消费行为数据，并对其进行分析，充分了解并掌握消费者的消费行为特征； ② 主动采取措施，并吸引消费者下单	说服购买	

续表

<table>
<tr><th colspan="3">消费者</th><th colspan="3">零售商</th></tr>
<tr><td rowspan="4">商品购买阶段</td><td>购物流程</td><td>消费需求</td><td>渠道策略</td><td>销售流程</td><td rowspan="4">商品交易阶段</td></tr>
<tr><td>下单</td><td>① 下单简单、方便；
② 商家有足够的备货</td><td>① 为消费者提供多种便捷的下单方式，各种下单方式能够实现无缝对接；
② 通过品类管理和库存管理保证商品供应，使消费者能够在各个渠道买到商品</td><td>接受订单</td></tr>
<tr><td>支付</td><td>支付方式简单、方便</td><td>为消费者提供多种便捷的支付方式，各种支付方式要能实现无缝对接</td><td>收款</td></tr>
<tr><td>提货或收货</td><td>① 提货或发货方便、快速；
② 流程透明</td><td>① 为消费者提供多种配送方式；
② 基于消费者的位置和商品库存，为消费者提供最佳配送方式</td><td>订单履行或送货</td></tr>
<tr><td rowspan="2">商品使用阶段</td><td>使用商品</td><td>① 退换货方便；
② 服务支持到位</td><td rowspan="2">① 为消费者提供多渠道的服务支持，能够对消费者的售后问题做出及时快速的应答和处理；
② 为消费者提供便捷的退换货服务；
③ 在售后服务中，多方挖掘和触发消费者新的需求；
④ 引导消费者对商品或服务做出反馈，并在各个社交媒体进行分享</td><td>售后服务</td><td></td></tr>
<tr><td>反馈</td><td>① 反馈公开、透明；
② 反馈渠道多样化</td><td>反馈回应</td><td>商品使用阶段</td></tr>
</table>

（3）全面性

在消费者的购物过程中，品牌商和零售企业需要收集并分析消费者在各个渠道中购物全过程的数据，了解和掌握消费者的购物行为特征，并在消费者的购物过程中与其互动，及时为消费者提供个性化的建议，提升消费者的购物体验。

案例链接

乐友孕婴童，"App + 网上商城 + 连锁店"三位一体的全渠道运营

乐友孕婴童（以下简称"乐友"）成立于 1999 年，是安全、健康母婴用品的全渠道零售商，其销售的商品包括童装、孕装、玩具、车床椅、奶粉、食品、喂养用品、洗护用品、纸尿裤等，共 16 大类、3 万余种单品。

全渠道经营是乐友的核心经营战略，乐友创新地采用"App＋网上商城＋连锁店"的"互联网＋"全渠道的经营模式，通过线上线下融合，把实体门店的服务通过互联网无限延伸，为消费者提供一站式专业服务及便捷、舒适的购物体验。

（1）线下门店、网上商城、App 三位一体

乐友在线下选择扩张门店，开放严谨加盟，与大型地方龙头商超、百货业态、大健康业态等合作伙伴进行合作，以丰富全渠道的入口。从线下门店上看，乐友在某个城市开设门店时，采取的策略并不是在这个城市选择几个重点商圈开设几家大店，而是在坚持合理原则的前提下，在这个城市开设尽可能多的门店。

一般情况下，一家母婴店的有效服务半径只有 3 千米，很明显，如果只在一个城市的重点区域开设 2～3 家大店，有很多消费者根本无法享受到便利的服务。如果门店数量能够达到一定的规模，就会形成一张服务网络，不仅门店的服务范围得以扩大，企业还可以根据这张网做一些其他的增值服务。很明显，乐友就是这么做的，一城多店再配合乐友 App 和网上商城，不仅可以满足消费者线上下单门店取货的需求，还可以满足更多消费者随机性的需求。

在线上，乐友不仅拥有自己的商城 App（见图 4-2），也将旗下自有品牌入驻京东、天猫（见图 4-3）等电商平台，布局其他网络购物入口。

图 4-2　乐友商城 App 首页

图 4-3　乐友天猫旗舰店首页

（2）坚守商品质量，线上线下商品互通

乐友在开发自己的自有品牌时，一直坚持商品质量要远高于国家标准的原则。例如对于 A 类标准的婴童装来说（纺织产品的安全级别分为 A 类、B 类、C 类，A 类指婴幼儿用品，主要是指 24 个月以内的婴幼儿使用的纺织品），国家规定其应该符合“中国强制性产品认证（China Compulsory Certification，3C）”标准，而乐友的 A 类标准服装的品质则远远高于 3C 标准。在品牌同质化、价格被侵蚀、电商平台商品质量无法保障的市场环境下，乐友凭借高品质的商品脱颖而出。

此外，乐友在线上线下布局的商品品类基本相同，且实行线上线下同价，以避免因消费者线上线下比价而让乐友自身产生内部竞争消耗。

（3）打通物流

乐友构建了三位一体模式下的物流体系，即“自建物流＋第三方物流＋门店的区域物流”，大大提升了自己的优势。

虽然目前乐友主要还是依靠第三方物流进行商品配送，但其门店配送体系和仓库配送体系的打通使线下门店和仓库都可以作为仓储进行发货。而一旦网上的订单被分配给某个门店进行配送，完成最后配送环节的会是乐友门店的导购人员。这样不仅能够保证商品的配送效率，让消费者能够在最短的时间内拿到商品，还能保证“最后一公里”配送的服务水平，保证消费者的购物体验。

（4）信息系统互通

乐友在成立之初就建立了一体化的会员管理体系和ERP供应链管理系统，其ERP系统为乐友的连锁店、网上商城、App三大渠道和物流体系提供了强大的信息化支撑。

同时，借助会员管理体系和ERP供应链管理系统，乐友能够很容易地记录会员的购买信息和数据，从而对消费者需求进行更准确的分析，对消费者开展精准的个性化营销。

（5）会员互通

乐友与支付宝联手展开合作，通过对天猫、乐友门店的交易数据、会员身份、会员权益等进行整合，打通了线上线下会员权益，消费者无论是在网上或者通过乐友商城App购物，还是在乐友遍布全国各地的连锁店购物，会员积分都可以通积通兑。

（6）营销打通

乐友不仅会在线下门店开展各类活动推广，也会在乐友商城App上开展各种推广活动。此外，乐友开设了微信公众号，还与大众点评、天猫、京东等线上平台进行合作，进一步扩大了营销推广覆盖的人群范围。

4.1.2 新零售环境下的各类渠道及其特点

在新零售环境下，随着移动互联网技术的发展和推动，在传统渠道之外产生了各类创新渠道，形成了全渠道、全场景的零售态势。依据功能的不同，新零售环境下的各类渠道可分为线下实体门店渠道、电子商务渠道、内容分享型渠道、短视频渠道、O2O平台渠道、社交媒体渠道等类型，在不同渠道下，不同的场景能够为消费者带来不同的购物体验。

1. 线下实体门店渠道

线下实体门店是最传统的一种零售渠道。实体门店能够为消费者提供最真实的商品体验，尤其对于一些价格昂贵或功能复杂的商品，还有一些需要与服务结合的商品来说，实体门店能够让消费者更加真实地了解商品。

在实体门店中，消费者能够与商家进行面对面的交流，享受一对一的服务。此外，消费者去实体门店购物很方便，可以直接获得所要购买的商品，无须等待物流配送。

随着各类技术的发展，线下实体门店也在不断迭代升级，呈现出数字化、场景化、智能化的趋势，能够为消费者带来更好的消费体验。

2. 电子商务渠道

电子商务渠道是品牌商和消费者使用频率很高的线上渠道，包括企业自建电子商务网站和入驻第三方电子商务平台。随着移动互联网技术的迅速发展，电子商务渠道从 PC 端扩展到移动端，从网页延伸到 App。与其他渠道相比，电子商务渠道具有以下特点。

（1）平台类型多样化，流量大

电子商务平台的类型多种多样，除了淘宝、天猫、京东等传统电商平台外，还有以拼团为特色的拼多多，有必要商城、网易严选、小米有品等精选电商。这些电商平台都有着巨大的流量，是流量的聚集地。

（2）满足消费者的个性化需求

随着消费需求日益多样化，为消费者提供个性化商品或服务，精准对接消费者需求是各大电商平台开展差异化运营的关键。例如，拼多多以拼团购物为特色；小米有品依托小米生态链体系，定位精品生活购物平台，服务于追求高性价比、科技感和高品质的生活消费类商品的消费人群；网易严选采取 ODM 模式，从挖掘消费需求出发，按需定制，实现消费者与供应商的直接连接；必要商城采取 C2M 模式，实现消费者到工厂的直接连接，为消费者提供奢侈品质、平民价值、个性化且专属的商品。不同的电商平台依托各具特色的商品，满足了不同消费者的需求。

（3）商品展示方式多样化

淘宝、天猫、京东平台不仅能以图文的方式对商品进行展示，还能以短视频的方式让商品获得更加立体、直观的展示，如图 4-4 所示。

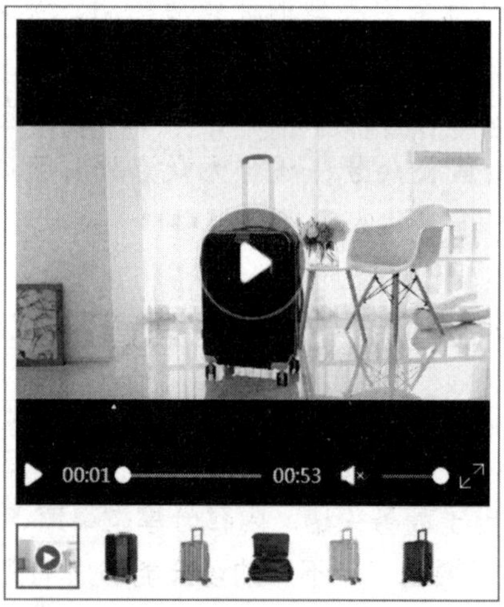

图 4-4　以短视频的方式展示商品

3. 内容分享型渠道

现在很多消费者并不是为了购物而购物，他们更愿意通过分享的方式向其他人推荐好物，而品牌商也愿意通过深挖商品特点，以内容分享的方式来吸引消费者，这些因素催生了蘑菇街等内容分享型平台。

（1）以年轻女性为目标消费群体

蘑菇街是专注于时尚女性消费者的电子商务网站，通过种类丰富的时尚商品，结合红人直播、买手选款＋智能推荐的售卖方式，让人们在分享和发现流行趋势的同时享受购物体验。蘑菇街通过整合电商、社区、内容、时尚达人等资源，在提供商品的同时，传达独立、时尚的女性态度，专注于为女性消费者服务。

（2）注重内容分享

在蘑菇街首页，内容的重要性被放大。除了首页上方的电商类目导航外，还设置了直播入口、时尚内容和红人社区三大内容板块，全方位、多角度地为消费者展示内容。

作为内容型渠道，蘑菇街为消费者提供了一个可以分享购物体验的专业社区。在这个社区中有各类消费者分享自己对商品的体验和感受，这些分享可以有效地帮助其他消费者解决在选择商品时遇到的各类问题。在购买商品时，消费者可以根据自己的需求选择同类商品进行参考，也可以咨询其他消费者。通过参考其他人的分享，消费者就可以找到最适合自己的商品。

（3）深挖商品特点

内容分享型平台更加注重深挖商品的特点，通过参考其他消费者对商品特点的分析与分享，消费者可以从海量商品中找到最适合自己的某款商品。也就是说，通过深挖商品特点和内容分享，蘑菇街可以让消费者花最少的钱买到最适合自己、性价比最高的商品。

4. 短视频渠道

移动互联网技术的发展催生并推动了短视频 App 的快速发展，抖音和快手已经成为短视频领域的典型代表和最流行的带货渠道。

（1）流量大、传播范围广、速度快

抖音和快手上聚集了大量的用户人群，已经成为一个超级流量池。通过短视频，可以让内容在十几秒内传播至所有网络能够覆盖的地方。利用抖音和快手，商品能够在一夜之间被全国的消费者所知晓，所以它们已经成为让商品得以快速传播的有效渠道。

（2）强大的带货能力

海量的用户让抖音和快手拥有强大的变现基础，特别适合打造爆品。通过名人推荐商品和用户自发上传商品，快速打造爆款商品成为两大短视频平台的特色。

5. O2O 平台渠道

以美团、饿了么、大众点评为代表的 O2O 平台能够为消费者提供吃、穿、住、行等生活各领域的服务，不仅带动了懒人经济的发展，也为消费者节省了更多时间。

（1）直接连接消费者

美团注重吃、穿、住、行生活各领域的团购，而饿了么把重点放在外卖垂直领域。美团外卖和饿了么平台能够为消费者提供外卖到家服务，消费者可以通过点评直接为商家打分。这种模式让千万家餐饮店直接触达消费者，餐饮品牌可以和消费者实现直接连接。大众点评则通过消费者的内容分享，吸引其他消费者到店体验。

（2）注重消费者体验

O2O 平台更加注重消费者体验。随着时代的发展，人们的时间越来越碎片化，对服务效率的要求也越来越高。因此，O2O 平台的一个重要任务就是提升效率，让消费者能够随时随地轻松购物，享受高效率的生活服务。

6. 社交媒体渠道

社交媒体是人们彼此分享意见、见解、经验和观点的工具和平台，例如社交网站、微博、微信、论坛等。如今社交媒体俨然已经成为消费者获取信息的主要渠道之一，也成为众多企业开展营销活动的重要渠道之一。

社交媒体与电子商务的融合形成了社交电商。社交电商是指借助社交网站、微信、微博等社交媒体的传播途径，通过社交互动、用户自生内容等手段来辅助商品的购买和销售行为，并将关注、分享、沟通、讨论与互动等社交化的元素应用于电子商务交易过程的模式。图 4-5 所示为微信群商品推广与销售，图 4-6 所示为朋友圈商品推广。

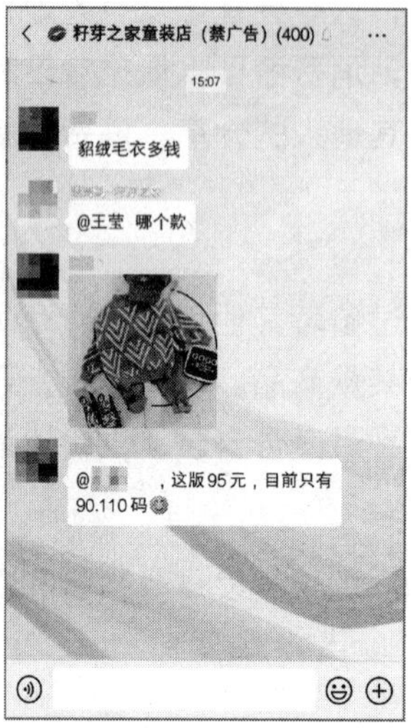

图 4-5　微信群商品推广与销售

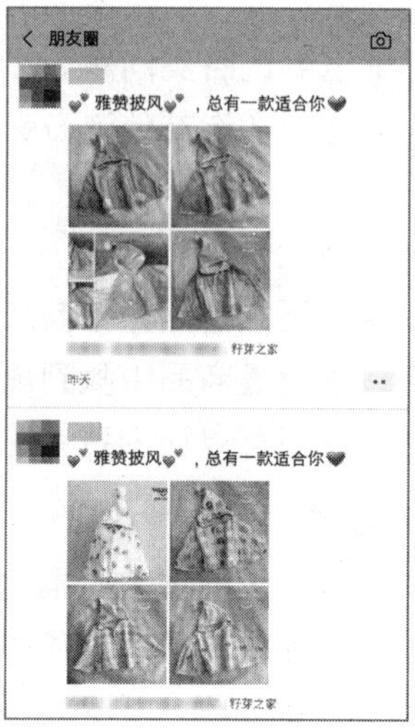

图 4-6　朋友圈商品推广

从消费者的角度来说，社交电商能让消费者在购物的过程中，通过即时通信、论坛等方式与商家进行交流与互动，还能在购买商品后进行评价与分享；从品牌商和企业的角度来说，社交电商就是通过应用社会化工具以及与社会化媒体的合作来完成销售和推广等业务。

（1）获客成本低

社交电商注重人与人之间的沟通，借助人与人之间的信任与强社交关系形成引流和层层裂变，从而形成巨大的社交网络，然后在社交网络中获得消费者，并沉淀忠实粉丝。例如，消费者在某个平台上看中了一条裙子，并将其直接分享到自己的好友群，对这件商品有兴趣的好友看到之后就会主动购买。这种传播方式大大地节省了企业的时间、人力与推广成本。

（2）即时性，裂变式扩张

社交的核心是人与人之间的信任，社交电商是在信任的基础上形成的交易模式。社交电商的购物圈是沿着社交工具中人与人之间的关系链进行拓展的，由此可以实现商品信息的即时推广和裂变式扩张，从而吸引更多的流量。

4.1.3　新零售时代，传统企业的全渠道战略转型

全渠道零售促使品牌商和企业的经营理念从以前的“终端为王”转变为“消费者为王”，品牌商和企业的定位、渠道建立、终端建设、服务流程、商品规划、物流配送、生产采购、组织结构等环节都应该以消费者的需求和习惯为核心。在新零售时代，零售企业的全渠道业务转型可以采用以下策略。

1. 量体裁衣，选择适合自己的全渠道业务模式

全渠道涉及的环节非常复杂，零售企业应在统筹全局的基础上，根据自身的特点选择适合自己的全渠道业务模式和全渠道业务场景。

（1）业态不同，全渠道业务模式不同

零售企业的业态不同，所销售的商品不同，其全渠道业务模式及切入点也会有所不同。例如，以销售服装、鞋帽、配饰、家居用品等非标准化商品为主的百货商场，其目标消费群体在很大程度上需要到实体门店进行消费，他们习惯由店员或服务员介绍商品，在实体门店的购物环境中感知商品质量或服务后才会下单。因此，对于百货商场来说，全渠道模式的核心在于通过多渠道运营实现线上线下相互引流，通过实体门店为消费者提供优质的商品和购物体验。

而对于以销售图书、日用品等标准化商品为主的书店、超市来说，全渠道运营除了要做好线上线下相互引流外，还要为消费者提供物美价廉的差异化商品和方便、快捷的物流服务。

（2）核心优势和资源不同，全渠道业务模式不同

零售企业自身所具有的核心优势及资源是影响其全渠道业务模式的重要因素之一，例如，京东的“京东到家”业务，就是以京东物流体系和物流管理优势为核心，依托“互联网+”技术大力发展“众包物流”，向消费者提供 3 千米范围内的生鲜、超市商品、外卖送餐等各类生活服务。在这种业务模式中，“京东到家”平台主要提供流量、运力和系统服务等资源，而合作伙伴只需提供线下门店、库存和供应链等资源。

而对于百货商场或超市来说，其优势是实体门店服务以及丰富的商品，它们在开展全渠道业务时，重点应该放在门店的数字化上，而非便捷、快速的物流服务。

（3）合理协调线上线下关系

零售企业开展全渠道业务时，应考虑清楚线上业务与线下业务之间的关系，要采取科学、合理的方式避免线上业务和线下业务产生恶性竞争，使线上业务和线下业务达到良性平衡。

2. 培养深度洞察和分析消费者的能力

为每个消费者提供符合其需求的商品或服务是零售业的核心内容，尤其是在消费者主权时代，每个消费者都是独立的核心。因此，对于零售企业来说，深度洞察和分析消费者是一切业务的起点，更好地为消费者提供能够满足其需求的商品或服务是零售企业开展业务的核心。

通过深度洞察和分析消费者，零售企业能够了解消费者的需求和消费行为特征，从而更好地开展营销推广，优化商品设计，进行个性化推荐，最终提高消费者的满意度和忠诚度，实现销量和利润的提升。

对消费者进行深度洞察和分析主要包括两个方面的内容，如图 4-7 所示。

对消费者画像和消费者偏好进行分析需要有足够的消费者数据做支持，通常来说消费者数据包括三大类，即消费者个人数据、消费者交易数据及消费者活动数据，各类数据的来源如图 4-8 所示。

图 4-7　对消费者进行深度洞察和分析的主要内容

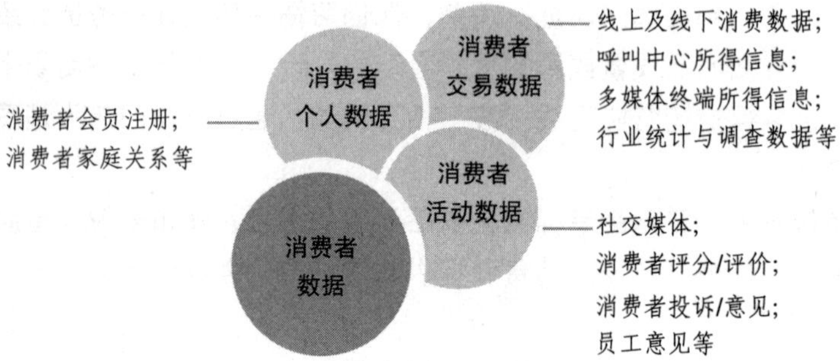

图 4-8　消费者数据的来源

3. 建立与全渠道模式相适应的线下业务流程

建立与全渠道模式相适应的线下业务流程主要包括以下内容。

（1）线下门店为在线上购物的消费者提供无差别服务

目前，多数零售企业采用的是线上与线下独立运营的模式，但消费者同时在线上和线下购物已经成为常态，零售企业发展全渠道业务时，需要加强线下业务与线上业务之间的联系。例如，实施门店数字化，使消费者能够同步浏览线上和线下的所有商品；线下实体门店为在线上购物的消费者提供商品试穿和试用，并为其提供与线下消费者相同的服务。

为了提升消费者的购物体验和零售企业的运营效率，零售企业需要对整个供应链进行调整与升级，以支持线下门店能够以最低的成本、最快的速度为在线上购物的消费者提供送货服务，这就需要线下实体门店在商品管理、订单管理、库存管理、物流管理等方面兼顾线上、线下消费者的需求。

（2）线上所购商品支持线下退换货

为了更好地满足消费者的需求，提升消费者的购物体验，零售企业需要对线下业务流程进行调整与升级，为消费者提供线上所购商品可以在线下实体门店进行退换货的服务。

4. 建立整合线上线下业务的 IT 系统

完善、成熟的 IT 系统是支持零售企业发展全渠道零售业务的有力保障。零售企业需要根据自身全渠道业务的模式来改造或重新构建企业的 IT 系统，逐步建立覆盖生产、采购、物流、仓储、渠道、销售和财务等各个环节的，整合线上线下的一体化的 IT 系统。

案例链接

百联集团，i 百联全渠道增量赋能

百联集团是一家融合了主题百货、购物中心、奥特莱斯、大型卖场、标准超市、便利店、专卖店等零售业态的大型零售企业集团，它渗透到了全国 200 多个城市，年服务人次达 10 亿人次。

近年来，随着零售行业的快速迭代，零售模式日益多元化，消费者更加追求方便、快捷及个性化的购物体验。为了应对新的消费趋势，百联集团依托人工智能、智能支付、物联网、大数据等技术多重赋能新零售，再结合集团原有的零售业态基础设施，围绕“商品、供应链、体验”三大商业要素搭建了全渠道购物平台 i 百联，成功地构建了全渠道新零售生态圈。

i 百联的大数据、物流、组织、IT 四大支撑要素相辅而成，围绕“引流、转化、交易、交付、售后”五个业务环节展开布局，打破了线上线下、地域、供应链、品类等边界，实现了线上、线下及移动端的互通，形成了全渠道业务布局。

（1）精选商品，为消费者提供全渠道购物体验

为消费者提供线上、线下以及移动端的全渠道购物服务，图 4-9 所示为 i 百联 App 首页。百联集团通过“全球购”“百联到家”等业务，使消费者在商品端、服务端、交付端均能享受到全新的购物体验。其中，“百联到家”业务通过整合线下数百家超市门店的商品与物流资源，为消费者提供店铺 3 千米覆盖范围内最快 1 小时送达服务。

（2）线上线下双向导流

百联最突出的优势是能够实现线上与线下的双向导流。借助百联旗下的商场超市和品类齐全的店铺为线上渠道完成消费者的原始积累，然后通过百联通的会员体系在线上线下搭建互相贯通的桥梁。

（3）精准消费者画像

通过技术支持，i 百联深入挖掘大数据，为消费者精准画像，提升了门店的消费者服务能力，进一步促进了企业和消费者的关系连接，提升了品牌的影响力。

（4）多种支付方式，为消费者提供便捷的支付体验

百联集团构建了强大的支付平台，整合了百联通积分支付、微信支付、支付宝支付、安付宝快捷支付、百联卡支付、百联通余额账户支付、银联在线支付等多种支付手段，并通过门店 App 支付和移动支付两个业务产品为消费者提供便捷的支付体验。

其中，门店 App 支付通过在品牌专柜、自助收银台等地方设置门店 App 收单和支付设备，为消费者解决购物高峰期收银台结账慢的痛点，使消费者能够快速地完成支付；移动支付业务主要整合在 i 百联 App 上的消费者账户中，消费者进入自己的账户，可以选择百联卡支付、微信支付、支付宝支付、安付宝支付、银联在线支付等多种支付手段，如图 4-10 所示。

（5）线上线下会员通

i 百联搭建了完善的百联通会员体系。百联通服务范围涵盖百联旗下六大实体业态和网上商城，整合了 26 个现有会员体系，实现了全渠道全业态统一账户、统一层级、统一积分，积分通存通兑，形成了整合的会员营销服务体系。消费者可以在线上、线下注册成为百联通会员，百联通会员可以通过消费和互动两种方式获得积分累积。会员在线上线下消费均可获得相应的积分，员工和会员也可以通过转发、分享等方式赚取百联通积分。

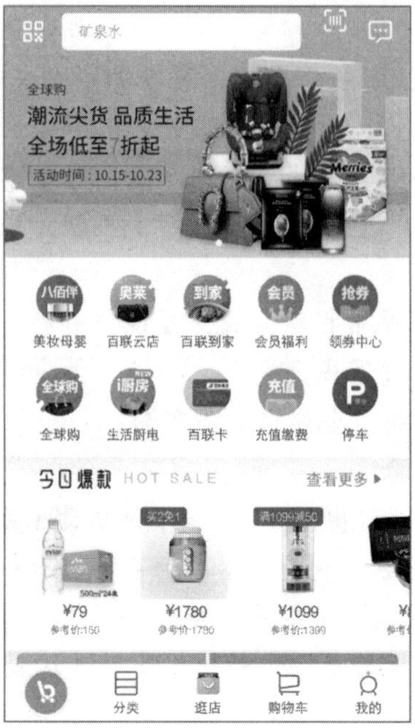

图 4-9　i 百联 App 首页

图 4-10　i 百联 App 支付手段

4.1.4　物流改革，向全渠道模式升级的必然选择

全渠道模式强调以消费者为中心，企业通过打通各个渠道，使渠道之间形成内在的联系，进而为消费者提供最佳的消费体验。物流服务是消费体验中的一个关键环节，是全渠道零售的终端服务。基于全渠道模式的特点，零售企业应该对物流体系进行改革，构建适于全渠道模式发展的物流管理体系。

1. 全渠道下的物流新诉求

全渠道模式的核心要求就是为消费者提供包括线下实体门店渠道、电子商务渠道、内容分享型渠道、短视频渠道、O2O 平台渠道、社交媒体渠道等在内的多种渠道的消费服务，以满足消费者在任何时间、任何地点，以任何方式购买商品的需求。基于此，零售企业在向全渠道模式转型的过程中，对物流提出了新的要求，如图 4-11 所示。

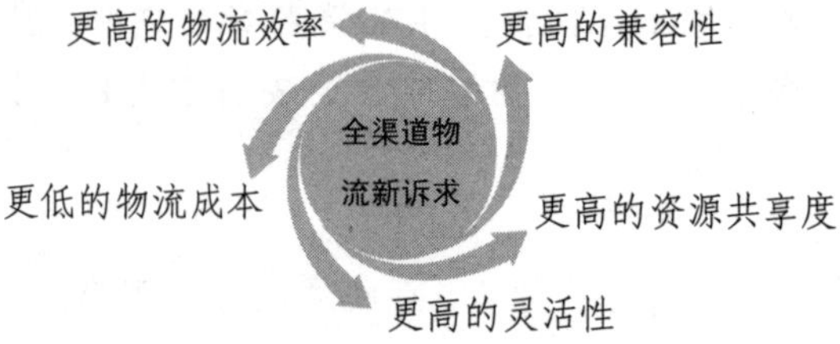

图 4-11　全渠道模式对物流的新诉求

（1）更高的物流效率

在全渠道模式下，零售企业在各个渠道中产生的各项业务并非是独立的，而是互相关联、混合进行的，零售企业的物流运营与管理也更加复杂。有效利用各项信息和技术手段对物流资源进行整合，以实现订单快速响应、物流资源准时调度，是全渠道模式下对零售

企业物流运营和管理的要求。

（2）更低的物流成本

在全渠道模式下，业务的复杂性导致物流配送过于分散，大大增加了物流成本。因此，在全渠道模式下，如何有效降低物流成本已经成为零售企业需要解决的重点问题之一。

（3）更高的灵活性

对于零售企业来说，单纯地在实体门店或线上商城搞一次促销活动可能不会让其物流配送产生很大的压力，但实体门店、电商平台网店、官方商城、App 商城等多个渠道同时开展促销活动，就会让零售企业的物流配送产生前所未有的压力。

全渠道的物流配送涉及各个渠道的业务衔接、资源调配等问题，要求零售企业能够科学、合理地协调物流资源，灵活地应对各种物流配送问题。

（4）更高的资源共享度

在全渠道模式下，零售企业的各个部门之间，以及企业与合作伙伴之间，要在人力资源、库存资源、订单信息、运力资源等多个方面实现高度共享，有效提升物流配送的高效性与便捷性，从而提升消费者的购物体验。

（5）更高的兼容性

在全渠道模式下，物流配送中心所承担的业务更加复杂，包括订单信息处理、商品包装处理、配送时间处理、包裹交接等多个方面，这就使物流中心的功能建设面对新的挑战。零售企业需要打造兼容性更高的物流配送中心，以使不同业务模式下的各个物流环节得到有效的衔接，为不同业务模式下的物流配送提供定制化的解决方案。

2. 推进物流体系变革

全渠道模式对物流提出的新要求决定了物流变革的方向。在全渠道模式下，零售企业可以从以下五个方面对物流体系进行变革。

（1）以大数据为依托

在全渠道模式中，零售商需要利用大数据技术整合线下门店、线上店铺、社交媒体等各个渠道中的消费者数据，并对这些数据进行分析，以便更准确地掌握不同渠道、不同地区的商品销售情况及库存，从而更合理地配置物流资源，最终有效降低物流成本，提升消费者的体验。

（2）对物流资源进行整合

对于零售商来说，整合物流资源包括两个方面的内容：一是对自身的运力资源进行整合，二是对自身的信息系统进行整合。很多零售商虽然已经认识到整合运力资源的重要性，却忽视了对自身信息系统的整合，最终导致货品无法实现精准、高效地流通。

在全渠道模式中，完善且成熟的信息系统是保证零售企业稳定持续运营的一个重要因素。只有建立了完善的信息系统，零售商才能清晰、全面地掌握自身的运营情况，有效提升自身在销售预测、智能补货、仓储管理、物流配送等方面的反应速度和精准度，及时发现运营中存在的问题，并对问题做出快速、准确的响应。

（3）建立并提高物流中心的可视化与柔性化管理

对于零售商来说，建立可视化与柔性化的物流中心运营与管理模式能够有效提升全渠道物流运作的效率，例如，实现库存可视化，有利于提升发货速度；实现仓储柔性化运营及管理，有利于提高物流资源的利用率，从而有效地降低物流成本。

此外，在全渠道模式下，企业的订单类型会更加多样化，订单数量也会大大增加，这就在商品的分拣、包装、配送等方面对零售企业提出了更高的要求。因此，零售企业还要提升处理订单的能力，可以通过运用各类智能化及自动化物流设备，如自动分拣系统、分拣机器人等来提升订单处理效率。

（4）调整线下门店职能

在传统模式中，线下门店通常只承担商品展示与销售、服务体验的职能。而在全渠道模式中，线下门店的职能发生了巨大的转变，除了承担传统职能之外，还需要实现终端仓储、履单中心、线下自提等职能。因此，零售企业需要对线下门店进行调整与升级，将其打造成同时具备商品展示、商品销售、服务体验、终端配送、自提站点、履单中心、终端仓储等多种功能的“超级门店”。

（5）重视“最后一公里”配送

在全渠道模式下，“最后一公里”配送的重要性更加凸显，主要是以下两个原因造成的。

其一，“最后一公里”是商品配送的最后一个环节，零售商在此阶段提供的服务会直接影响消费者在整个交易过程中的体验和感受。其二，在将来，“最后一公里”的配送服务除了要将商品及时、精准地送到消费者手中外，还会承担更多的职能，例如，通过对配送人员的服装、配送工具、服务行为等进行调整与升级，将“最后一公里”配送升级为零售商的营销渠道，在完成商品配送的同时，还可以帮助零售商进行宣传推广，从而提升品牌商和企业的影响力。由此可见，完善并提升“最后一公里”配送服务是保障零售企业顺利完成全渠道模式转型的重要因素。

4.2 以消费者为核心，构建物流新格局

在线上、线下与物流相结合的新零售业态中，物流配送是关键的环节之一，全新的消费场景对物流提出了更大的挑战。谁能为消费者提供最省心、省钱的整体化解决方案，谁能充分整合并优化配置资源，谁就能在市场竞争中拔得头筹。当前，新零售释放的物流需求正催动整个物流系统进行一场深入的场景变革。

4.2.1 新零售对物流提出新需求

在推进新零售发展的进程中，作为连接线上与线下重要纽带的物流，是促使线下实体商业与线上电商走向融合的关键因素之一。物流体系的升级将为消费者带来更好的购物体验，推动新零售模式的顺利发展。

在新零售环境下，零售企业端、物流企业端、消费者端都对物流体系提出了新的需求，如图 4-12 所示。

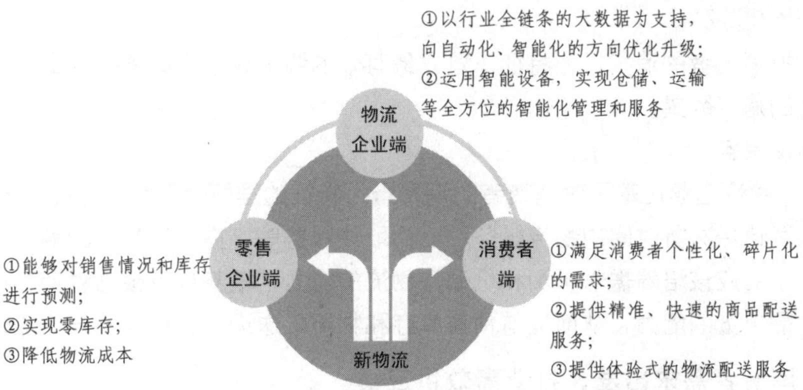

图 4-12　零售企业、物流企业及消费者对新物流的需求

4.2.2　以消费者为中心，打造个性化、定制化物流服务

在新零售时代，零售企业的研发、生产、营销、物流等活动都要以消费者数据作为驱动力和决策依据。为了满足消费者多样化、精致化的物流需求，零售商需要通过分析消费者的消费行为特征，展开个性化、定制化的物流服务，甚至展开科学预测，提前备货。

1. 对消费者进行画像

消费者画像是指通过对消费者的基本信息、消费行为等进行分析来描述消费者的特征，进而洞察消费者需求的过程。对消费者进行画像是了解和掌握消费者消费行为特征的有效手段。掌握消费者的消费行为特征，不仅有利于零售企业更好地开展营销推广活动，还能为企业建立个性化、定制化的物流服务体系提供有效参考数据。具体来说，消费者的消费行为特征对零售企业运营的指导意义主要表现在六个方面，如图 4-13 所示。

图 4-13　消费者的消费行为特征对零售企业运营的指导意义

（1）战略决策和管理

以消费者细分和消费者价值为基础，同时根据企业自身的特点制订企业营销战略。

（2）品牌建设

以消费者的消费行为数据为基础，制订整齐的全线品牌分类，以满足消费者的潜在需求。

（3）定价策略

根据消费者的消费行为特征制订合理的定价策略，以获取最高的利润。

（4）营销策略

以消费者的消费行为特征为基础，对消费者进行细分，针对不同类型的消费者，采取合适的渠道向其推广个性化的营销内容。

（5）个性化陈列

通过掌握消费者的消费行为特征，建立最有效的线上线下商品陈列方式，以更有效地激发消费者的购买欲望。

（6）物流服务

一方面，物流企业应基于对消费者的消费行为特征的理解，设计物流服务及配送方式，例如，提供可选择送货时间的物流服务、上门取件服务等，提升消费者的购物体验；另一方面，零售企业应该培养需求预测和机动性物流的能力，培养自身根据对消费者需求的理解预测商品需求量的能力，从而提前预备库存和物流配送运力，进而提升物流效率。

2. 从消费者需求出发，打造高效供应链

对消费者进行画像，了解并掌握消费者的消费行为特征是构建个性化、定制化物流服务模式的基础。零售企业需要根据消费者画像洞察消费者需求，打造以消费者为中心的需求链数据管理体系，为备货和物流配送提供科学的指导。以消费者需求为中心的高效供应链的运作模式如图 4-14 所示。

图 4-14　以消费者需求为中心的高效供应链运作模式

4.2.3　培养逆向物流业务和售后服务能力

随着消费者的消费需求向更加多元化、更注重体验的方向转变，构建逆向物流和售后服务已经成为品牌商和企业向新零售转型过程中必不可少的一个环节。

逆向物流是指从消费者到零售商/生产商的物流服务，主要涵盖商品退换货和商品零部件维修两个方面。退换货涉及的主要是网购商品，例如服饰鞋包类商品，计算机类、通信类和消费类电子产品（统称 3C 产品）及化妆品等，这些商品一般对退换货的物流时效要求较低。零部件维修涉及的主要是价值较高的中小型 3C 产品、首饰手表、服饰箱包等，零部件从消费者手中返回商家完成维修后，还需要由商家寄回消费者。

随着网购规模的不断扩大，以及电子产品更新换代速度的加快，逆向物流和售后服务已经成为消费者的新需求。这是因为在网购过程中，消费者会参与到商品退换货和商品零部件维修过程中的商品的寄送环节，商家提供的物流服务会直接影响消费者的购物体验。

为了适应消费者对物流服务的新需求，零售企业需要开展并建立逆向物流业务和售后服务体系。具体来说，零售企业可以从物流的便利性、时效性和安全性三个方面进行切入，如图 4-15 所示。

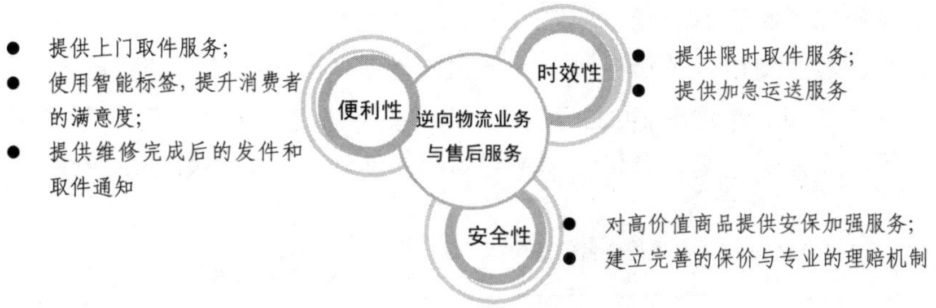

图 4-15　构建逆向物流业务与售后服务体系

4.2.4　降低物流成本，提高物流性价比

在新零售模式下，零售企业要想建立能够满足消费者碎片化、多样化和急速送达需求的物流服务体系，必然要在物流服务上投入大量的资金，这必将会增加零售企业的运营成本。因此，为了有效控制企业的运营成本，零售企业可以通过采取图 4-16 所示的三种手段来有效控制和降低物流成本。

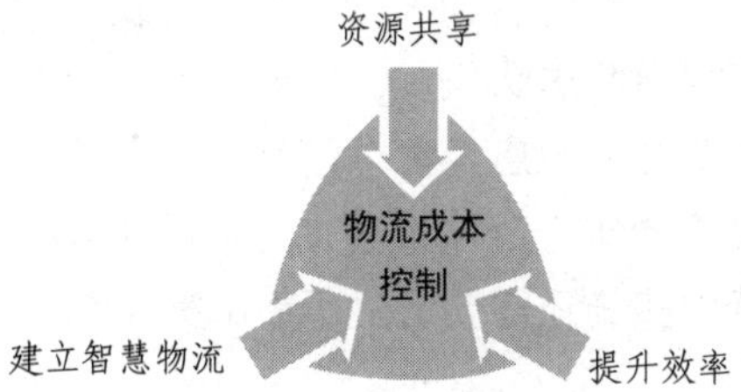

图 4-16　控制物流成本的手段

1. 建立智慧物流

通过使用无人机、末端配送智能机器人、仓内拣货机器人、新式扫描标枪等智能设备，降低人工成本。

2. 资源共享

通过采取闲置运能共享、闲置仓储空间共享、平台资源共享、数据共享、社会资源共享等方式，最大限度地整合各方资源，为自身物流业务的发展提供助力。

3. 提升效率

通过优化物流路径、改善物流内部流程等方式，进一步提升物流的运营效率。

4.2.5　抢占“最后一公里”，打造更高效的物流配送

新零售的核心在于提高消费者的体验，让消费者能够快速地获得自己想要的商品。“最

后一公里”是新零售模式中一个重要的环节，一些行业领先者正在通过采取店仓一体化、众包物流、设置快递自提点、智能快递柜、前置仓等手段优化新零售模式中的“最后一公里”，实现更高效率的商品配送服务。

1. 店仓一体化

店仓一体化是指线上线下全渠道融合的多功能门店不仅承担着展示商品的职能，还兼具仓储、商品分拣、配送等职能，如图 4-17 所示。在门店内，线下门店货架就是线上店铺的虚拟货架，通过使用电子标签、自动化物流设备，实现在店内分拣商品。在配送端，凭借门店自营物流和合作物流，实现门店经营半径5千米范围内线上订单30分钟送货到家，极大地提高了物流配送速度，满足了消费者对线下及线上业务高效率的需求。

图 4-17　店仓一体化商品销售模式

线上线下全渠道融合的多功能门店能够有效提升消费者的消费体验，但店仓一体化模式也面临着诸多问题。首先，要实现店仓一体化需要有较大的门店面积，门店的租金成本将会上升；其次，如果门店自建配送队伍，也需要花费一定的物流成本；最后，门店的配送范围受到限制，如果配送范围在门店经营半径 5 千米之外，就难以保证配送时效和服务水平，如果选择与第三方物流合作，合作物流方的管理和服务水平难以得到有效的保障。因此，店仓一体化模式的落地实施还需要通过不断的探索与实践来得以完善。

案例链接

屈臣氏——门店变身前置仓，即时物流成标配

在新零售业态下，天猫与菜鸟联合物流伙伴和商家开通了基于门店发货的“定时达”服务，即消费者网购下单时可以选择从就近的实体门店送货，商品最快 2 小时可以送达。此外，消费者还可以预约特定时段送货。

目前，屈臣氏的天猫旗舰店已经开通了“定时达”服务，屈臣氏在上海、广州、深圳、杭州、东莞五个城市的上百家门店变身“前置仓”，可以为距离门店 3 千米范围内的网购消费者提供门店送货服务。

消费者在屈臣氏的天猫旗舰店购物时，系统将根据消费者的收货地址定位该地址附近 3 千米范围内的屈臣氏门店，同时，根据消费者所购的商品查询门店内的库存。如果消费者所选购的商品在该门店有库存，系统将在消费者确认订单信息的页面上显示“定时达”字样。消费者选择“定时达”服务后，可以根据自己的情况选择送货上门的时间段，最快在下单 2 小时后即可收到商品。

屈臣氏的“电商平台（销售）+商家门店（前置仓）+即时达物流”模式是新零售模式下线上线下物流融合的一大突破，从此消费者在屈臣氏购买的商品不仅可以由专属的电商仓库发出，还可以灵活地从附近门店发货。屈臣氏位于线下的门店成为放在消费者身边的一个个“前置仓”，既能满足消费者极速、精准配送的物流需求，又能帮助屈臣氏降低仓储成本，更加智能化地进行供应链运营。

2. 众包物流

众包模式（Crowd-sourcing）是指一个公司或机构把过去由员工执行的工作任务，以自由、自愿的形式外包给非特定的大众网络来完成的模式。众包的任务通常由个人承担。众包物流是对现有物流有效、灵活的一种补充，它可以使快递人员短缺的情况得到有效的缓解。众包物流的基本运作流程如图 4-18 所示。

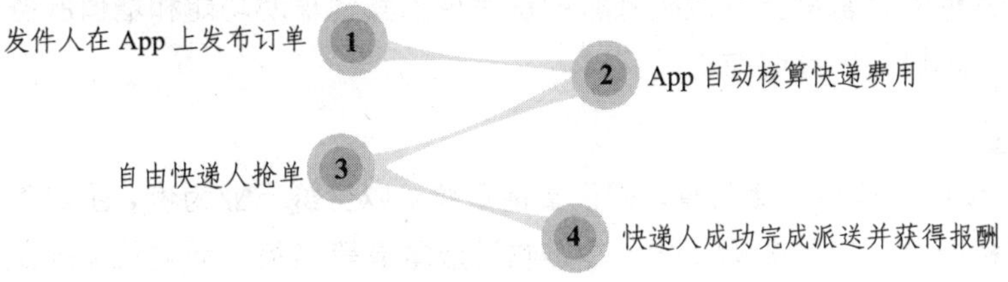

图 4-18　众包物流的基本运作流程

从众包物流的运作流程来看，首先它拓宽了组织边界，将所有众包合作伙伴拉入自己的阵营中，企业的管理边界不再局限于组织内部，也需要对外部伙伴进行规范和引导，共创企业价值理念。其次，众包物流充分利用了社会资源和群体智慧，让需求方和服务方实现了无缝对接，降低了沟通成本，有效地提高了企业的运作效率。最后，众包物流可以解决物流行业需求波动的问题，即波峰跟波谷的平衡问题，在配送高峰期，企业可以采取众包物流的方式依靠社会闲置资源完成速递服务，以满足自身特殊时期内对物流配送的需求。

3. 设置快递自提点

快递自提点是比较常用的一种末端配送方式，具有节省时间、人力资源的优势，消费者取件不受时间的限制。

目前，快递自提点有加盟和自建两种模式。菜鸟驿站是加盟模式的代表，即物流公司与社区内的便利店进行合作，在消费者不方便签收的情况下，快递员将快递寄放在便利店，消费者可以在方便的时间点去自提。京东采取的是自建自提点的模式，即企业出资在人口密集的地方设置自提点，消费者可以选择将快递寄送至自提点，在自己方便的时间点自行取货。

案例链接

京东自提，灵活便利的取货方式

自提是京东为方便消费者收货（如消费者上班时不方便签收快递等情况），为消费者提供的一种固定地点提货的模式。

消费者在订单结算页的支付及配送方式中选择“上门自提”后，系统会根据消费者之前填写的收货地址，显示其所在地区的全部自提点，消费者可以通过点击自提点后面的“详细地图”来查看自提点所在的位置，并选择符合自己需求的自提点。当订单到达指定自提点或自提柜后，系统会向消费者的手机发送自提码，消费者到自提点或自提柜通过自提码即可提货。

4. 智能快递柜

智能快递柜作为一种末端快递投递方式，通过为消费者提供智能化的寄件、取件服务，在很大程度上解决了快递员与消费者时间节点不对称的问题。同时，通过集中配送，有效地缓解了快递末端行业的人力成本问题。此外，智能快递柜在保护消费者隐私方面也有着较大的优势。

但是，由于智能快递柜的建设成本和维护成本较高，仅凭单一的快递服务功能较难实现盈利。在大数据、云计算等新科技的推动下，为了深入挖掘末端配送服务潜藏的商业价值，智能快递柜的运营者要通过拓展智能快递柜的其他辅助功能和增值服务探寻新的利润增长点，以此来提高末端收益。

5. 前置仓

社区仓/微仓是指将仓储前置，即设置前置仓。以生鲜行业为例，生鲜类商品存在保质期较短、损耗严重、商品非标准化、冷链物流成本高等劣势，而物流运输是关键。对于生鲜行业来说，布局前置仓成为其提高配送效率、降低运营成本的一项重要措施。

在前置仓模式中，每个零售门店都是一个中小型的仓储配送中心，这样总部中央大仓只需对门店供货也能够覆盖“最后一公里”。消费者下单后，商品从距离消费者最近的门店发货，而不是从远在郊区的某个仓库发货，这是支撑前置仓能够在门店 3 千米范围内 30 分钟送达的重要前提。简单来说，前置仓就是在距离消费者较近的地方（如某个办公楼、某个社区里）设置一个小型仓库，当消费者下单后从这个小型仓库发货，1～2 个小时消费者即可收到商品。

案例链接

每日优鲜 2.0 版前置仓　再次定义生鲜到家行业

每日优鲜是一个生鲜 O2O 电商平台，覆盖了水果蔬菜、海鲜肉禽、牛奶零食等商品。每日优鲜在主要城市建立起“城市分选中心+社区配送中心”的极速达冷链物流体系，为消费者提供全球生鲜商品的极速达冷链配送服务。2015 年 11 月，每日优鲜第一个前置仓——北京望京站开业，2 小时极速达服务正式上线。2017 年 11 月，每日优鲜将极速达服务提速至会员下单可 1 小时送达。

前置仓是每日优鲜模式中的重点，它开设在离消费者较近的地方，辐射周边 1 千米～3 千米的“仓库”。因为足够贴近消费者，所以能够实现消费者下单后 1 小时送达。2019 年 6 月，每日优鲜公布了前置仓 2.0 版本。

1.0 版前置仓的平均面积为 100～150 平方米，而 2.0 版前置仓在仓储面积上有了较大的提升，可以达到 300～400 平方米。2.0 版前置仓内的 SKU 从约 1500 个增加到 3000 个，以满足消费者社区 3 千米内的一站式购物需求。2.0 版前置仓不仅设置了冷藏区、冷冻区、常温区等功能区，还设置了餐食区（见图 4-19）、小红杯咖啡区、水产区（见图 4-20）等功能区，可以为消费者提供早餐、午餐、现磨咖啡、“三去”活鲜等商品。

当仓内接到消费者的订单后，分拣员使用带有库位系统的扫码枪将商品迅速找齐并打包，然后交由配送员完成配送。只需几分钟，就能完成商品从接单到出库的全部流程。每日优鲜极速达业务在全国的平均配送时长为 36 分钟。

图 4-19　2.0 版前置仓餐食区

图 4-20　2.0 版前置仓水产区

为了将前置仓的效应发挥到极致，每日优鲜还强调“千仓千面”，根据周边区域消费者需求的不同，大仓每天向每个前置仓补货的商品种类和商品数量也会有所不同。

具体来说，前置仓模式具有以下特点。

（1）及时性

前置仓模式可以使店铺的商品配送更加及时、快速。消费者下单后，是从最近的仓库，也就是附近的零售店发货，可以在短时间内将商品送到消费者手中，满足其对高效率物流配送的需求。

（2）改变门店选址逻辑

前置仓模式改变了传统门店以流量来选址的逻辑。在前置仓模式中，门店选址首要考虑的不是流量，而是门店与消费者之间的距离，通过选址下沉以及选址社区化，以距离优势让前置仓和商品主动“走向”消费者。从某种意义上来说，前置仓也可以理解为一种极致的到家服务。

（3）降低门店运营成本，让利消费者

在传统的门店仓储一体化的模式中，门店选址首先考虑的是流量，流量高的地址物业成本也相对较高。此外，各种商品要在门店中进行展示，又会产生较高的店铺装修成本和商品展示成本。

但是，“线上下单 + 前置仓”的模式用前置仓取代了传统的门店，为消费者提供到家服务，对门店的位置没有特殊的地段需求，所以门店的物业及装修成本也较低，而这些节约下来的成本就可以作为品牌的让利优势提供给消费者，进而打造品牌在消费者心目中的良好印象。

4.3　以数据为驱动，构建数字化供应链网络

从企业供应链的角度来说，新零售颠覆了传统的多级分销体系。在新零售模式下，企业对供应链端产生了三个方面的新需求，第一，零售企业需要提供更加贴近消费者的物流

服务；第二，零售企业要实现去库存，将自身库存降至最低；第三，零售企业要提高物流的响应速度。基于此，零售企业应该坚持以数据为驱动，构建数字化的供应链网络。

4.3.1 数字化供应链，提升企业商业价值的利器

以数据为驱动的供应链，依托全供应链数据的共享，将上下游的采购订单预测、生产订单预测、销售订单预测等环节打通，实现需求、库存、供应各个环节的透明和平衡，其供应链的运作流程如图 4-21 所示。

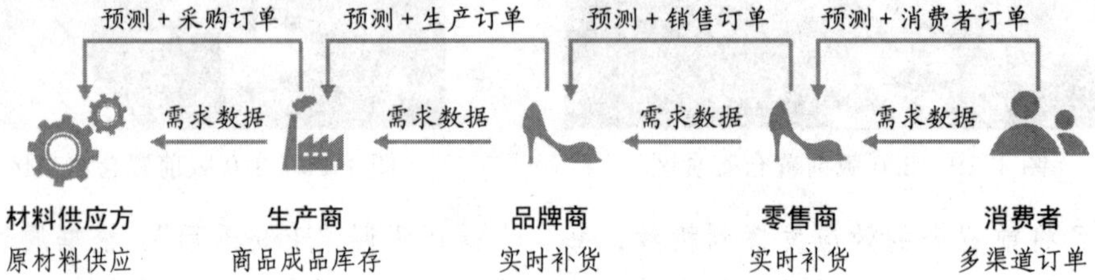

图 4-21　以数据为驱动的供应链的运作流程

在以数据为驱动的供应链中，任何一个环节都可以通过参考上下游的订单和需求来合理安排生产和库存，最终通过库存的透明管理实现零库存的目标。

数字化供应链使供应链中各个环节实体之间的实时数据得以相互连通，从而提升了信息的透明度，使数据供应链网络可以作为一个整体进行优化和升级，最终实现企业整体价值的提升。具体来说，数字化供应链的优势如表 4-2 所示。

表 4-2　数字化供应链的优势

优势	具体描述
时刻在线	依托物联网和大数据的支持，数字供应链将时刻在线，并具备自主适应决策变化的能力
互联互通	破除信息孤岛，实现供应商、生产商、品牌商、零售商、物流方之间的合作，供应链的各个环节实现资源共享和数据共享
智能化管理	将可视化、人工智能技术管理纳入供应链的日常运营流程，为企业的决策管理提供指导，并持续优化和发展供应链
供应链透明管理	依靠传感器和基于位置的服务提高供应链网络的透明度，实现对商品从源头到消费者整个路径的跟踪

物联网和大数据技术的发展与应用为集成的数字化供应链的形成提供了技术支持。零售企业构建数字化供应链时，需要综合考虑行业特性及自身特点，选择适合自己的方式。

4.3.2 整合供应链，提高供应链的透明度和服务水平

在传统零售模式下，品牌商通过与批发商、零售商开展合作，将商品销售权转交到批发商和零售商手中，由他们对商品进行销售，从而形成品牌影响力。同时，品牌商和企业可以借助规模经济效应降低物流运输成本。

在这种供应链模式下，由于商品的批发、零售、物流都是由第三方负责的，品牌商无法有更多的机会与消费者直接联系和沟通，这就导致品牌商无法及时、精准地掌握消费者的需求变化。同时，由于供应链体系内第三方服务者的能力参差不齐，导致终端消费者所享受到的服务无法得到保障。此外，在整个供应链体系中，批发商、零售商、物流方往往都是独立运营的，这就难免会形成各类信息孤岛，如渠道库存模糊、货物流向模糊等，从而影响品牌商的业绩和战略布局。

在新零售模式下，一部分企业由商品生产中心转变为设计中心，商品可以从品牌商直达消费者，这种直通直达的供应链模式改变了品牌商对物流的诉求。

商品流通路径的演变如图 4-22 所示。

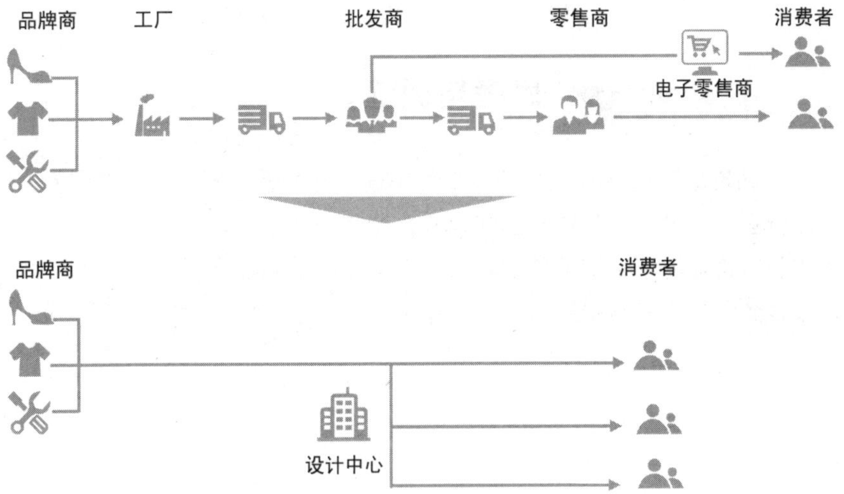

图 4-22 商品流通路径的演变

很多品牌商开始对下游供应链进行整合，以提高端到端供应链的透明度与服务水平。例如，某服装品牌商对下游供应链进行了整合，自建了 20 多家区域集中配送中心，用这些配送中心替代了分散在各地的一级、二级经销商的物流体系，新建的区域集中配送中心的库存仍然由经销商进行管理。该服装品牌商通过转移虚拟库存所有权，省去了很多物理流通环节，不仅简化了信息反馈的闭环流程，让商品从集中式区域配送中心直接送达消费终端成为可能，而且保证了供应链的透明度。

4.3.3 第三方贸易平台，协调供应链的有力助手

为了应对品牌商和企业在物流环节中的新需求，物流行业出现了第三方贸易平台这一新型业态。第三方贸易平台凭借自身强大的数据和供应链资源，为中小零售企业提供物流支持，帮助它们实现直达消费者和降低库存的目标。

通过对大量门店数据进行整合和分析，第三方贸易平台可以精确地了解消费者的需求，从而为中小零售企业的商品采购和物流配送提供有效的指导。对于中小零售企业来说，第三方贸易平台不仅能够帮助它们剔除冗余的中间环节，还能为其提供自主订货、库存管理及货款结算、生成财务报表等服务，并且能够作为中小零售企业开展线上业务和进行营销推广的工具，如图 4-23 所示。

对于供应商来说，通过向第三方贸易平台直供商品，可以有效提高自身的商品流转效率。同时，第三方贸易平台可以对商品的进销进行实时监控，防止出现窜货。此外，第三方贸易平台的物流配送范围更广，可以触及全国五六线城市及农村地区，远远高于传统渠道的覆盖范围。

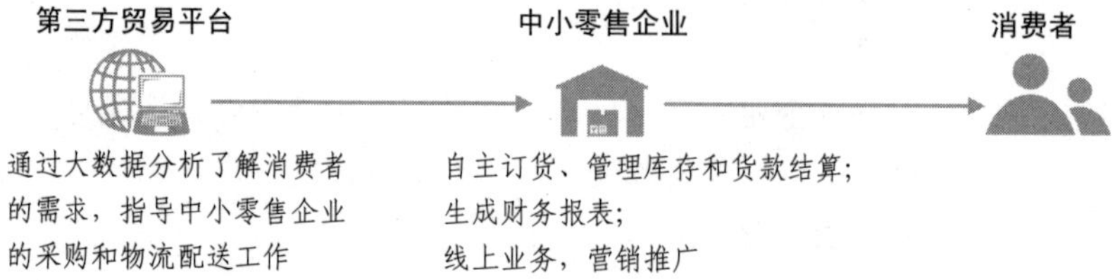

图 4-23　第三方贸易平台协助中小零售企业运营

思考与训练

1．当前的市场环境下存在着哪些零售渠道？这些渠道各有什么特点？

2．在新零售环境下，传统企业如何实现全渠道战略转型？

3．在新零售环境下，如何构建以消费者为核心的物流布局？

4．零售企业如何构建数字化的供应链网络？

第 5 章 商品管理与创新——“新”商品决定商业模式生命力

通过阅读本章内容，你将学到：

➢ 做好商品定位的原则和步骤

➢ 做好品类管理的步骤

➢ 开展商品创新的思维和方法

➢ 以消费者需求为中心打造创新性商品的方法

➢ 制订商品品牌战略的要点和策略

商品是连接零售企业与消费者的纽带，在新零售模式中，商品依然是整个零售行业最重要的支撑因素，没有优质的商品，就谈不上服务和体验。组织新商品是实现向新零售转型的首要任务，也是最根本的体现。因此，零售企业既要根据消费者需求的变化在商品上进行创新，又要打造出消费者喜爱的商品，顺应时代的变化，不断赋予商品引领力。

5.1 商品定位，明确经营方向的关键

商品定位是指零售企业针对目标消费群体和生产商的情况和动态，分析确定店铺内所经营的商品结构，以实现商品配置最优化状态的活动，包括对商品品类、价格、档次、服务等方面的定位。商品定位既是零售企业经营者对消费市场分析判断的结果，同时也体现了企业的经营理念，是零售企业利用商品而设计的企业在消费者心中的形象。

5.1.1 做好商品定位的两大原则

开展商品定位需要遵循两个原则，即适应性原则和竞争性原则。

1. 适应性原则

适应性原则包括两个方面的内容，一方面是商品定位要能满足消费者的需求，对于消费者来说，企业只有投其所好，为他们提供所需的商品，才能刺激其产生购买行为。这就需要企业认真考虑以下几个问题，如图 5-1 所示。

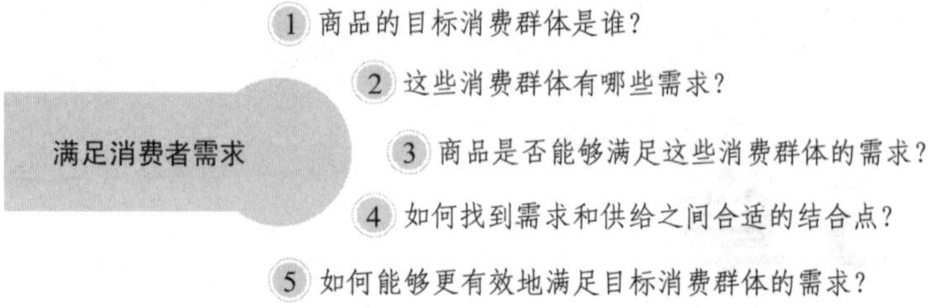

图 5-1　满足消费者需求需要考虑的问题

另一方面是商品定位要与企业本身的“人”“材”“物”等资源配置相符，这样才能保证商品能够保质保量、及时顺利地送达市场。

2. 竞争性原则

竞争性原则，也称差异性原则。开展商品定位并非是一件一厢情愿的事情，而是建立在企业对市场上同行业竞争对手的分析基础上的，包括竞争对手的数量、竞争对手的实力及竞争对手的商品市场定位等。这样才能保证商品定位的精准，避免定位相同，有效降低竞争中的风险。

5.1.2　做好商品定位

商品定位会受到业态、目标消费群体、消费需求等因素的影响，因此开展商品定位需要从以下三个方面出发。

1. 明确业态类型

零售业态是指零售企业为了满足不同的消费需求进行相应的要素组合而形成的不同经营形态。通俗地讲，业态就是指零售店卖给谁、卖什么和如何卖的具体经营形式，主要包括百货店、超级市场、大型综合超市、便利店、专业市场（主题商城）、专卖店、购物中心和仓储式商场等形式。

业态的不同，其实质就是店铺内商品构成的不同。例如，对于超市来说，生鲜食品类商品是其主力商品，在所有商品中所占的比例通常会在 50%以上；而对于便利店来说，追求的是便捷，食品类以速食和饮料为主，生鲜食品则较少。因此，业态确定了商品定位和商品构成。

2. 分析目标消费群体

零售企业明确了业态之后，基本上就明确了目标消费群体。当然，也会有特殊情况的存在，即零售企业的业态相同，但由于企业所处的地理位置不同，面对的目标消费群体不同，其所经营的商品结构也会有所不同。因此，明确业态后还需要对目标消费群体进行深入的分析。只有充分了解目标消费群体的特征，才能有针对性地组织商品服务。

对目标消费群体进行的分析，可以从三个方面来展开，如图 5-2 所示。

（1）所处地理位置

一个区域的经济发展水平、气候特点（如多雨地区和干燥地区）、地势特点（如地势平坦地区和地势崎岖地区）等因素会对消费者的消费习惯产生一定的影响，所以在进行商品定位时，需要考虑目标消费群体所处的地理位置。

图 5-2　对目标消费群体进行分析的内容

（2）人口属性

消费者的消费习惯会受到年龄、性别、职业、收入水平、教育水平、家庭规模等因素的影响，所以在进行商品定位时需要考虑这些因素。

（3）消费心理

消费者所处的社会阶层（如白领阶层、蓝领阶层）、生活模式（如居家型、交际型）、价值观等因素也会影响消费者的消费行为。零售企业经营者需要了解企业所在地区内目标消费群体的消费行为特征、生活态度，从而开展商品定位。

3. 分析消费需求

分析并掌握了目标消费群体的特征后，需要对目标消费群体的消费需求进行分析，这样才能进一步了解目标消费群体对商品及服务的要求。分析目标消费群体的消费需求的方法有以下几种。

（1）访谈法

访谈法就是在商圈内，以座谈会或聚会的形式，分批次邀请一些不同性别、不同年龄的消费者，对其进行访问，让他们畅所欲言，自由地提出意见，在这个过程中了解消费者对商品或服务的需求。

（2）观察法

观察法是一种非常直接的方法，即通过观察消费者的生活方式，甚至与他们一起购物，来分析消费者对商品或服务的需求。

（3）问卷调查法

问卷调查法是指通过制订详细、周密的问卷，要求被调查者据此进行回答，以收集资料的方法。零售企业经营者向消费者发放调查问卷，在消费者作答后对问卷进行回收，然后将收集来的资料进行统计整理，从中分析消费者的需求，为开展商品定位提供参考。

5.2 品类管理的基本流程

品类是指在满足消费需求时，消费者认为可以相互关联或者能够相互替代的一组商品和服务。品类管理是指零售商和供应商将品类作为经营战略的一部分，对其进行经营和管理，通过对消费者进行研究，以数据为基础，对一个品类做出以消费者为中心的决策思维。

在传统商业活动中，供应商的经营活动是以品牌为核心的，商品的开发、定价、促销活动、销售情况分析等活动都是以品牌营销为核心。零售商的经营活动以销售利润为核心，根据店铺的销售情况来决定和调整商品的组合和陈列摆设。供应商以品牌或零售商以利润为核心来决定自身经营策略的做法，容易导致其在收集商品信息时产生遗漏，而品类管理则为供应商和零售商提供了另一种经营策略。

品类管理的基本流程包括品类定义、确定品类角色、品类评估、制订品类评分表、品类策略、品类战术、品类计划实施和品类回顾等。

5.2.1 品类定义：根据商品结构划分品类

在新零售时代，消费者的主导性越来越强，唯品牌、唯利润的时代已经成为过去时，以消费者为中心的品类时代已经到来。零售门店需要以消费者的需求为出发点，通过优化品类、优化品牌、优化商品与消费者建立深度连接，让商品自己会“说话”。

以消费者需求为出发点来进行品类定义是执行品类管理的第一步。品类定义是指明确品类的范畴、功能和结构，包括子品类、大分类、中分类、小分类等。品类定义要与信息系统更新同步进行，在做品类定义的同时需要在信息系统中做相应维护。

此外，品类定义并非一成不变，它会随着消费者需求和消费习惯的变化而变化，一个典型的案例就是母婴品类的产生。在过去，母婴类商品分散于服装、食品、洗护等品类之中，但随着消费升级，为了便于消费者选购，零售商将所有母婴类商品集中在一起陈列，于是出现了“婴儿街”“宝宝屋”等购物专区，母婴品类应运而生。

5.2.2 确定品类角色：明确品类在零售中扮演的角色

品类角色是零售商根据自身的经营战略，运用一定的方法和衡量标准确定一个品类在其经营结构中所扮演的角色。品类角色决定了零售商整体业务中不同品类的优先顺序和重要性，并决定了品类之间的资源分配。

品类角色是指从品类对零售商的意义的角度来讨论某品类商品所能为零售商带来的利益，品类角色的确定及其对零售商经营所产生的贡献体现了零售商核心业务上的核心竞争力。

1. 定义品类角色的方法

定义品类角色的方法有三种，即以零售商为导向的品类角色定位法，以消费者为导向的品类角色定位法，以及跨品类分析的品类角色定位法。其中，使用较普遍的是跨品类分析的品类角色定位法。

跨品类分析的品类角色定位法的实质也是一种以消费者为导向的品类角色定位法，这种定位方法同时兼顾了消费者、零售商和市场发展三个方面的需求，是一种比较全面、合理的定位方法。根据跨品类分析的品类角色定位法，零售商的商品品类通常被分为四种类型，即目标性品类、常规性品类、季节性/偶然性品类和便利性品类。

（1）目标性品类

目标性品类是指能代表门店特色和形象、能满足消费者需要、销售情况最好的品类。目标性品类是一个门店的标志性商品，当提到这个品类时，消费者首先会想到该门店，甚至会为了购买该品类而专程来到该门店。目标性品类具有四个特点，如图 5-3 所示。

由于目标性品类对零售商和目标消费群体来说很重要，所以零售商在确定自身的目标性品类时，尤其要注意三个关键点，如图 5-4 所示。

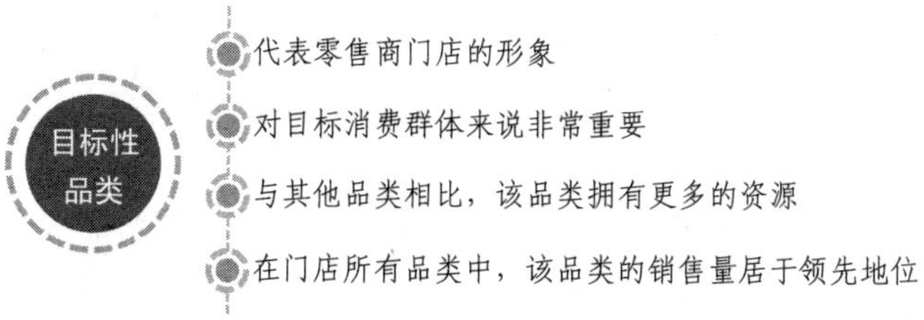

图 5-3 目标性品类的特点

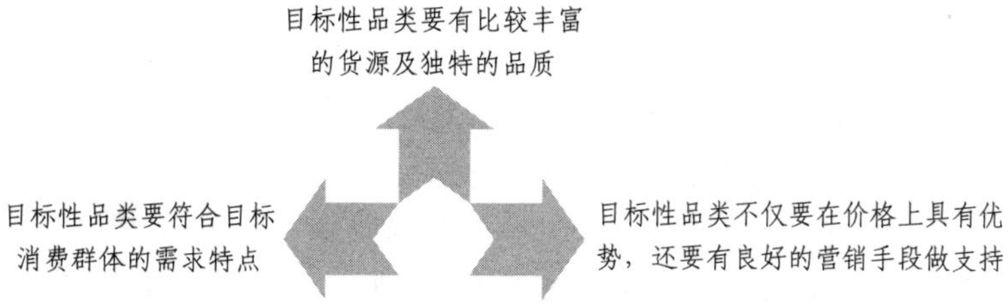

图 5-4 确定目标性品类时要注意的三个关键点

（2）常规性品类

常规性品类是指零售商用来吸引客流，抵御竞争对手，满足消费者的多方面需求，并能为门店带来一定利润的品类。常规性品类具有三个特点，如图 5-5 所示。

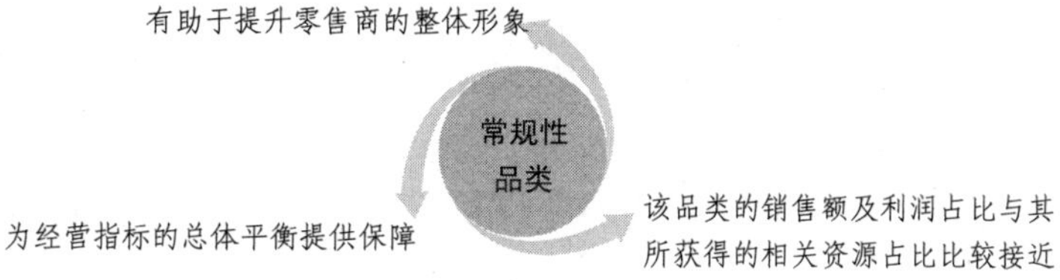

图 5-5 常规性品类的特点

常规性品类基本可以看作相同业态零售商共有的品类，在所有品类中，该品类与竞争对手的同质化程度较高。通常每个零售商都会售卖这类商品，所以消费者在购买这类商品时并非一定要到特定的门店。常规性品类运营的好坏直接影响着零售商是否能够持续、稳定地发展，以及是否能够长期保持对目标性品类的投入。

（3）季节性/偶然性品类

季节性/偶然性品类是指那些不是长期销售的，只是由于特定时节或活动而进行销售的品类。在某个时期内，该品类是零售商重点经营的品类，零售商往往会投入大量的人力、物力对其进行重点推广。

季节性/偶然性品类具有四个特点，如图 5-6 所示。

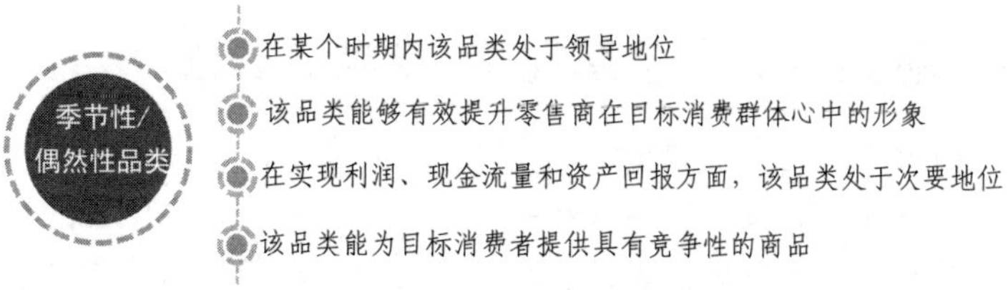

图 5-6 季节性/偶然性品类的特点

由于季节性/偶然性品类具有较强的临时性，有着明确的上下架计划，零售商往往不会为该品类的商品准备固定的展示位置，只会在应季为其提供短期的陈列展示，以促进销售。

（4）便利性品类

便利性品类是指零售商为了让消费者一次性购买到比较全面的商品而设置的品类，它在满足目标消费群体需求上起着锦上添花的作用。便利性品类具有增进消费者从事某项活动的便利性的作用，能够满足消费者“一站式”购物的需求。虽然该品类商品的售价可能会比较高，但消费者认为该品类为其带来的便利性价值远超其售价，所以他们愿意以较高的价格购买该品类的商品，因此便利性品类往往可以为零售商带来比较可观的利润。

2. 定义品类角色的原则

定义品类角色是品类管理中非常重要的一个环节，如果品类角色出现偏差，后续的品类管理工作就容易出现错误。在定义品类角色时，通常需要考虑三个因素，即某品类对目标消费群体的重要性，某品类对零售商的重要性，以及某品类的市场发展前景。表 5-1 列举了一些常用的分析方向。

表 5-1　定义品类角色时常用的分析方向

考虑因素	常用的定量分析方向	常用的定性分析方向
某品类对目标消费群体的重要性	① 目标消费群体购买该品类商品的频率； ② 目标消费群体每年在该品类上的支出； ③ 购买该品类商品的消费者的数量	① 对于消费者来说，该品类的商品是必须要购买的吗？ ② 对于消费者来说，该品类的商品会对其生活方式产生很大的影响吗？ ③ 对于消费者来说，零售商所提供的该品类商品与其竞争对手所提供的同类商品有区别吗
某品类对零售商的重要性	① 该品类商品所产生的利润； ② 该品类商品所产生的毛利润与其所占展示空间的比值； ③ 该品类商品所产生的销售额与其所占展示空间的比值	① 提供该品类商品能够提高消费者对零售商的忠诚度吗？ ② 该品类的商品能够有效平衡零售商的优势吗？ ③ 该品类的商品对企业的发展战略来说重要吗
某品类的市场发展前景	① 该品类商品所占市场份额的发展前景； ② 从市场层面来说，该品类商品的增长趋势； ③ 该品类商品的消费趋势	① 在市场竞争中，该品类的重要性是否被高估或低估了？ ② 竞争者是否能应对促销和销售计划的变化

5.2.3 品类评估：了解品类/支类的表现

品类评估是指通过收集全面的数据信息，深入分析零售企业的经营情况，及其与市场、与竞争对手的差距，从而找到其优势与弱势的过程。开展品类评估的目的是为了找到改善企业经营的机会，并为下一步开展品类评分和制订品类策略提供数据支持。

一般来说，品类评估主要包括四个方面的内容，如图 5-7 所示。

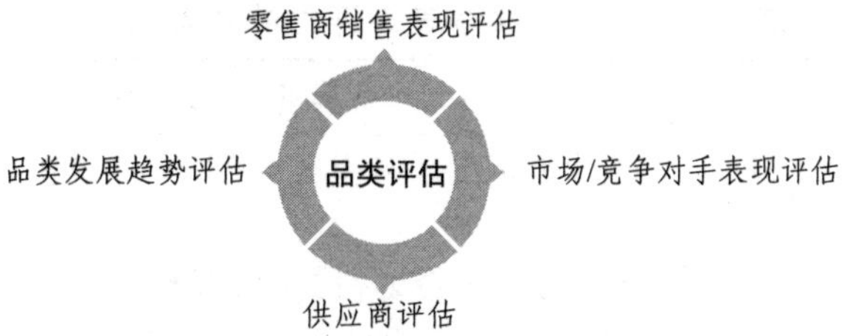

图 5-7　品类评估的主要内容

1. 品类发展趋势评估

品类发展趋势评估能够帮助零售商尽早抓住最新的消费趋势，从而占领市场先机。品类发展趋势评估主要包括四个方面的内容，即品类的增长潜力、品类的主要推动力、消费者的消费趋势和消费者的购买行为，具体的评估内容如表 5-2 所示。

表 5-2　品类发展趋势评估的主要内容

主要内容	具体评估指标
品类的增长潜力	① 品类的市场规模有多大？ ② 品类的增长率是多少？ ③ 相关品类的增长率是多少
品类的主要推动力	① 推动品类增长的是全品类，还是其中的分支次品类？ ② 品类的增长点是来源于价格增长，还是需求增长
消费者的消费趋势	① 对于目前市场存在的商品，消费者是否感到满意？ ② 消费者对该类商品是否存在新的需求
消费者的购买行为	① 消费者何时会来购买该品类的商品？ ② 消费者购买该品类商品的频率有多大？ ③ 消费者每次购买该品类商品的数量是多少？ ④ 消费者如何购买该品类的商品，是按功能选购，还是按品牌选购？ ⑤ 消费者购买该品类的商品是否需要查看样品

2. 零售商销售表现评估

零售商销售表现评估主要是指对零售商自身的销售数据进行评估。在实施品类管理的过程中，零售商有必要为每个品类设定一个合理的销售目标，以便在评估过程中衡量实际销售表现与所设定目标的差距，自身实际销售表现与市场平均水平的差距，以及自身实际销售表现与竞争对手的差异。

零售商销售表现评估主要包括三个方面的内容，即零售商的总体表现、零售商可比店的表现（可比店是指有过往数据，可以做同比分析的门店），以及零售商单店的表现，具体的评估内容如表 5-3 所示。

3. 市场/竞争对手表现评估

对市场/竞争对手的表现进行评估，有利于让零售商从客观的角度对自身表现进行横向分析。只有将自己的表现与市场表现以及竞争对手的表现进行对比，才能让零售商知道自己的发展水平处于何种位置。

表 5-3　零售商销售表现评估的主要内容

主要内容	具体评估内容
零售商的总体表现	① 与过往业绩相比，零售商当前所创造的整体业绩是下降了还是增长了？ ② 零售商的业绩是否达到了预期指标？ ③ 影响零售商销售表现的因素有哪些
零售商可比店的表现	① 与过往业绩相比，零售商可比店的业绩是下降了还是增长了？ ② 零售商可比店的业绩是否达到了预期指标？ ③ 影响零售商可比店销售表现的因素有哪些
零售商单店的表现	① 哪些门店的销售表现好，推动了零售商整体业绩的增长？ ② 哪些门店的销售表现差，影响了零售商的整体业绩？ ③ 影响这些门店销售表现的因素有哪些

市场/竞争对手表现评估主要包括以下内容。

- 该品类在市场中与在竞争对手那里的增长率分别是多少？
- 在该品类中，零售商设置的商品组合、价格带、包装大小与市场/竞争对手所设置的商品组合、价格带、包装大小是否存在差异？如果某个方面存在差异，例如，设置的商品组合不一致，是零售商商品差异化发展需求所致，还是零售商的目标消费群体不同所致，抑或是该品类发展趋势所致？
- 推动市场/竞争对手该品类销售下降/增长的因素是什么？
- 在该品类的发展中，市场/竞争对手在选品、陈列展示、价格促销等方面对零售商来说是否有可借鉴之处？

4. 供应商评估

对供应商进行评估的目的是衡量不同供应商的表现，从而发现对于零售商的该品类来说，哪些供应商能够帮助零售商进行该品类的发展，哪些供应商只能作为补充，哪些供应商现阶段不具备这方面的能力等。

对供应商进行评估，可以从四个方面展开，如图 5-8 所示。

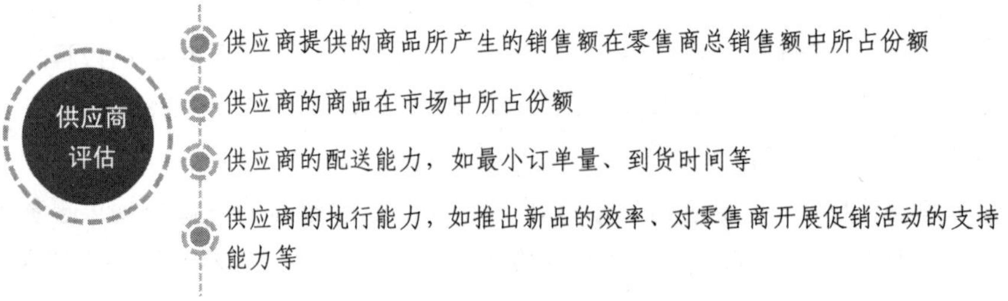

图 5-8　供应商评估的主要内容

5.2.4　制订品类评分表：建立改进目标和量化进度标准

品类评分表是对品类角色和品类评估的提炼和总结，是针对零售商而建立的品类角色实际效果分析系统。该系统可以为零售商的供应商、经销商及品类经理的经营设置统一的业务目标和衡量标准，帮助零售商发现品类实际发展情况与目标之间的差异，分析导致这种差异的原因，并立即制订应对策略。

在设置业务指标时，不同的零售商在不同的发展时期所关注的指标可能有所不同，所以不同的零售商所设置的评估指标也会有所不同。此外，品类角色不同，其评估指标也会有所不同。例如，对于目标性品类来说，其主要特征是吸引客流，使零售商成为消费者购买此品类商品的首要选择，所以该品类的评估指标应以销售额、客流量、市场份额等为主，而非利润。对于便利性品类来说，其主要是满足消费者一站式购物的需求，所以该品类的评估指标应以利润为主，而非销量。

表 5-4 是一个较为常见的品类评分表。

表 5-4　品类评分表

衡量标准	去年	今年	目标值	差距	市场平均水平	差距
销售金额						
销售增长						
可比增长						
毛利						
毛利率						
库存周期						
库存天数						
现货率						
送货率						
投资回报率						

5.2.5　品类策略：制订品类运营规划

不同的零售商所设置的品类角色或品类评分表的目标可能会相同，但由于零售商所面临的实际情况不同，所以零售商应该选择不同的方式来实现经营目标，即零售商应该根据自身情况制订适合自己的品类策略。

品类策略是指制订相应的策略以满足品类角色的发展需求，使其能够达到品类评估目标的过程。品类策略既能帮助零售商实现品类评分表上所设置的目标，也能让零售商更好地实现差异化竞争。

品类策略包括市场营销策略和商品供应策略两类，其具体内容如表 5-5 所示。

表 5-5　品类策略类型及其具体内容

品类策略类型	策略	策略说明
市场营销策略	增加客流量	增加购买该品类的人数
	利润贡献	引导消费者购买利润更高的商品
	保持当前所占市场份额	采取各种措施保持并强化该品类在市场中的地位

续表

品类策略类型	策略	策略说明
市场营销策略	消费者教育	通过商品展示、现场促销、媒体宣传等方式开展消费者教育，帮助消费者了解品类的特点、使用方法等，提高消费者对品类的认知度
	试用/渗透	采取相应措施刺激更多的消费者产生初次购买
	刺激购买	通过制造机遇感、紧迫感、新奇感等来刺激消费者的消费欲望
	提升忠诚度	采取相应措施提升消费者的忠诚度，刺激他们持续多次购买
	提高客单价	提高消费者每次的消费金额
	降低库存成本	采取相应的措施，在保证不会导致缺货的前提下降低库存成本
	增加现金流	提高品类的周转率，汇集现金流
	提高消费量	通过刺激该品类商品额外的/新的使用方法来刺激消费者购买，以提升购买量
	维护形象	在选品、价格、服务、氛围等方面树立并强化零售商的企业形象
商品供应策略	降低成本	优化供应链，以降低运营成本
	提高工作效率	与供应商建立数据化合作模式，实现从预测到订货、送货、结款的快速反应，从而实现零售商、供应商、消费者的共赢
	库存管理	采取相应措施降低库存成本，以加速现金的周转，从而降低经营成本
	做好消费者服务	保证并提高商品的现货率

5.2.6　品类战术：对品类商品进行优化管理

品类战术是指为了实现品类经营策略和目标而采取的行动。在品类管理的各个步骤中，品类战术是真正落地实施的环节，它的落地实施效果直接体现了品类管理的成效。品类战术的落地实施与品类定义、确定品类角色、品类策略等环节的实施有着密不可分的关系。品类定义决定了品类管理的实施范围，不同的品类角色决定了要采取不同的品类策略，而不同的品类策略又决定了要运用不同的品类战术。

在品类管理过程中，品类战术的运用能够更好地为消费者创造良好的消费体验，从而提升零售商门店的形象和品类销售业绩。

品类战术主要包括五个方面的内容，如图 5-9 所示。

1. 商品组合

商品组合战术是指零售商为消费者提供最佳的商品选择，它决定了零售商为消费者提供的商品的差异程度。高效的商品组合的目标就是增加商品的多样性，降低商品的重复性。

因此，在确定所要销售的商品类型时，除了要考虑商品的销量、销售额、利润等因素外，还要考虑商品细分结构的完整性，商品在整个市场中的表现，以及商品是否是新品等因素。

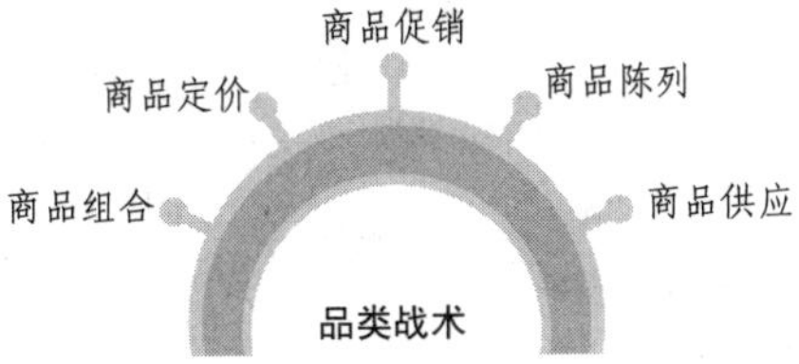

图 5-9　品类战术的主要内容

2. 商品定价

商品定价战术是指零售商对品类、次品类及单品制订一定的价格标准。零售商的商品在消费者心中所形成的价格形象并不单单是由价格这个数值所决定的，而是商品和价格优势、价格透明度和性价比综合作用的结果。零售商需要根据自身发展情况，为商品制订具有竞争力的价格。

品类的角色认定、品类策略，以及零售商对消费者和竞争者行为的认知等因素会对定价决策产生一定的影响。一般来说，商品定价战术包括图 5-10 所示的几种战术。

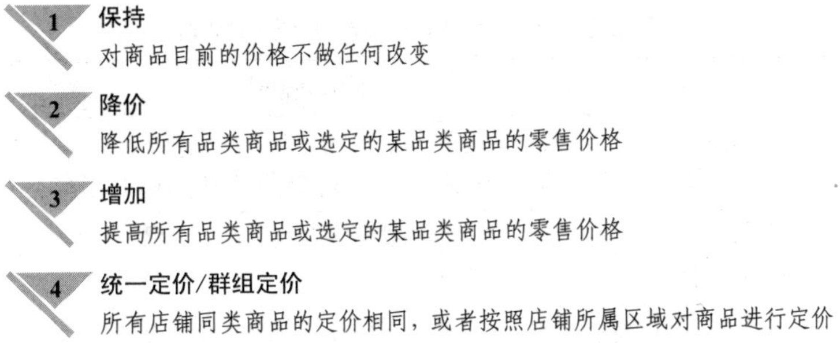

图 5-10　商品定价战术

3. 商品促销

高效的商品促销可以理解为在正确的时间，选择正确的单品，采取正确的促销方式，在正确的地方进行展示，配合适当的宣传，以吸引客流，提升商品的销量和影响力。

在实施商品促销战术的过程中，从促销单品的选择到促销单品的展示方式，都要考虑到品类目标消费群体的特征，以及品类的策略等因素。如果想提高店铺的客单价，就不能总选择价值小的商品开展促销活动；如果想吸引中高收入阶层的消费群体购买商品，就不能总选择低档商品开展促销活动。

4. 商品陈列

商品陈列战术决定了零售商货架的陈列方式，以及零售商按照次品类、商品属性等原则来管理品类货架空间的标准，如品类货架的位置，品类货架的分布结构，以及特定次品类和单品的货架空间分配等。

对于实体门店零售商来说，货架是零售商的重要资源，也是零售商与消费者进行沟通的重要渠道，它能向消费者展示零售商的销售策略，传递零售商的价值取向，引导消费者的购买行为。因此，在制订商品陈列战术时需要考虑以下因素，如图 5-11 所示。

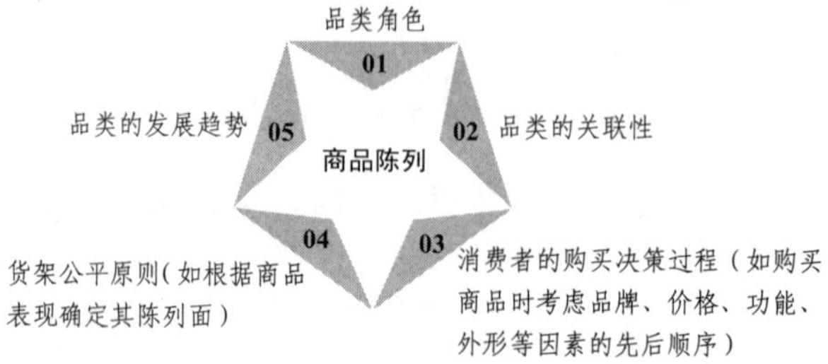

图 5-11　制订商品陈列战术时需要考虑的因素

5. 商品供应

高效的补货是指用最低的成本将正确的商品迅速补充到展示位置，同时保持适量的库存，以满足每家门店的需求变化，从而避免或减少缺货情况的出现，更好地满足消费者的需求，维持较高的客户服务水平。高效的补货是品类管理顺利实施的有效保障，其主要目标是使店内的缺货率和商品库存天数得到有效的控制。

高效的新品引进是零售商维持多样化商品品种组合的方法之一。为了避免出现品种组合混乱的情况，引进新品时需要考虑以下因素，如表 5-6 所示。

表 5-6　引进新品时需要考虑的因素

考虑因素	具体说明
品类角色	根据品类角色合理地引进新品，对于便利性品类来说，只需销售主要品种即可；而对于目标性品类来说，则需要保证其品种的多样性
商品特点	新品的功能、性价比、销售潜力、盈利能力、消费者测试结果等特点是否符合零售商自身的发展需求
市场支持	新品是否有消费者教育、消费者试用活动、媒体宣传、专业协会认可等方面的支持
店内推广活动	是否能够在门店为新品提供使用展示、店内广告、店内促销等支持
供应商	该品牌或相关品牌过往 3 个月的销售业绩、新品供应商过往 3 个月的销售业绩、供应商分销新品的能力、供应商对货款付款期的要求等

在品类战术的落地实施过程中，商品组合、商品定价、商品促销、商品陈列、商品供应五个内容缺一不可，任何一部分的缺失都会对品类管理的效果产生不良的影响。同时，这五个内容也会相互影响，例如，商品定价战术会对商品促销的力度和促销的可操作空间产生直接的影响，商品促销战术又会对商品在货架的陈列方式产生影响，而补货、新品引进的效率又会制约商品促销战术的实施。

在品类战术的实施过程中，零售商需要根据不同消费群体所在区域、消费心理及消费行为等特征采取不同的品类战术，以更好地吸引目标消费群体。

5.2.7　品类计划实施：将方案付诸实践

完成以上几个步骤后，便要将相关策略规划付诸实践。虽然品类管理各个环节的具体规划已经完成，但由于品类管理是一项非常复杂的工作，所以在实际操作中仍可能会遇到许多问题，此时企业高级管理人员的积极参与和有力支持对品类管理的实施就显得尤为重要。

零售商经营的商品往往会涉及多个品类，为了降低品类管理实施的难度，零售商可以先从自己经营的多个品类中选择一个品类实施品类管理，在实施的过程中发现问题并及时寻找解决方案，同时熟悉品类管理的实施过程，从中总结经验，提升解决问题的能力，为后续实施多品类管理积累经验。

5.2.8 品类回顾：对品类管理进行评估与修正

品类回顾是指对品类定义、品类角色、品类评估、品类评分表、品类策略、品类战术、品类计划实施等各个环节进行评估与修正，从中发现问题并及时改正，以保证品类管理有效、顺利地进行。

品类管理的主要目的是为消费者提供更合适的商品，为其创造更优质的购物环境和体验，同时保证零售商实现更有效的经营管理，提升销售业绩，最终创造零售商、供应商与消费者共赢的局面。

5.3 商品创新，持续赋予商品全新的吸引力

商品是企业生存与发展的基石。在当前的市场环境中，商品的生命周期不断缩短，如果企业不能及时根据市场需求对商品进行创新，就很可能会被市场淘汰。因此，在新零售环境下，不断地进行商品创新，不断根据消费者反馈迭代商品，不断用创新性商品满足消费者日益变化的需求是企业生存和发展的关键。

5.3.1 五种创新思维，突破商品创新瓶颈

很多品牌商和企业已经认识到进行商品创新的重要性，但是商品创新到底应该怎么做呢？其实，品牌商和企业在进行商品创新的时候可以参考以下几种思维模式。

1. 简约思维

在开发新商品的时候，很多人总会不自觉地想要为商品增加更多的新功能，他们认为这样做能更好地满足消费者多样化的需求，殊不知，不断增加的新的特性与功能，在一定程度上也导致商品越来越复杂和臃肿。

简约思维就是将商品某些不必要的功能移除，然后再为其增加新的功能。在初代苹果手机发布之前，手机都是有很多按键的，但是乔布斯从简约思维出发，将手机从键盘按钮模式变成触摸屏模式，让手机外观变得简洁美观，彻底颠覆了人们对手机的认知，改变了手机世界。

当然，简约并不等于简单，在简约的背后，需要不断打磨，不断测试，需要开发者从复杂的商品功能中提炼出核心的功能，再从商品的核心功能中提炼出必需的功能。简约，往往能够创造奇迹。

2. 分解思维

将现有的商品分解开来，就可以从不同的角度去观察商品的全貌，然后将分解开来的商品的各个部分进行组合，进而形成全新的商品。例如，螺丝刀有各种刀头，将螺丝刀拆解成刀头、刀身后，人们发现不同的螺丝刀头可以适用于同一个刀身，于是，经过拆解、组合，就形成了多功能螺丝刀。

3. 复制思维

复制不是简单地将商品现有的部件或功能再多做一份，而是要对复制品进行重要的改动。例如，吉列双刃剃须刀，并不只是简单地增加了一个刀片，而是在增加刀片的同时，调整了新增刀片的角度，让其与原有刀片的角度稍微有所不同，从而让剃须刀剃得更干净。

4. 改变属性联系思维

在某些情况下，商品的某个属性与环境属性之间存在着某种联系。在进行商品创新时，可以为不存在联系的属性创造联系，或者通过改变、消除已经存在的联系来创造新的属性联系。例如，眼镜镜片的颜色与光线之间并不存在联系，采取为二者创造联系的方法，将单色镜片制成能够根据光线变化而变色的镜片，这样佩戴近视眼镜的人就无须再额外配置太阳镜了。

5. 统合思维

统合思维是指在商品现有组成部分上添加新的元素，让商品的一个部件能够综合两种功能。例如，将计算机的显示器部分和主机部分整合到一起，就形成了一体机。

5.3.2 用“熟悉的新奇感”完成商品创新

很多品牌商和企业都在通过打造新奇感的方式进行商品创新，但它们所开展的商品创新很多都失败了。这是因为它们在做商品创新时缺少了一个元素，即熟悉感。品牌商和企业通过商品创新来刺激用户需求和购买欲时，需要遵循一个原则，即为商品打造“熟悉的新奇感”。

“熟悉的新奇感”是指用户了解但没有体验过的感觉。用“熟悉的新奇感”来创新商品，可以参考以下两个方法。

1. 框定富有熟悉感的场景

品牌商和企业首先要框定一个能让目标消费群体产生熟悉感的场景。在框定这个场景时，品牌商和企业需要考虑目标消费群体对这个“场景”熟悉感的强弱程度。会不会因为目标消费群体对这个场景非常熟悉，导致该场景无法刺激目标消费群体产生体验或消费欲望？会不会因为目标消费群体对该场景完全不了解，导致品牌商和企业还需要花费大量时间来培养目标消费群体对该场景的消费习惯？

每个国家都有各自的饮食文化，肯德基为了“讨好中国胃”推出了油条、粥、春卷等食品，因为这些都是中式早餐中常见的食品，符合中国消费者的用餐习惯，再加上品牌的影响力，这些食品很容易被接受。

2. 为商品创造新奇感

框定了目标消费群体熟悉的场景后，还需要为商品创造新奇感。品牌商和企业可以参考以下两种方法来为商品创造新奇感。

（1）利用包装为商品创造新奇感

在不改变商品原有功能的基础上，通过改变商品的包装来打造商品的“新奇感”。例如，可口可乐通过设计“昵称瓶”“歌词瓶”“城市套罐”等形式的包装，赋予可口可乐以人的特性、歌词的情绪和城市调性，让消费者在看到商品包装时产生“新奇感”。

（2）更新商品功能

从消费者的爽点、痒点出发，对商品功能进行更新，使商品产生“新奇感”。爽点是即时满足。如果一个人的需求没有被满足，他往往会感到难受，会开始寻求得到满足的方法；一旦他得到了即时满足，就会感到舒爽。例如，一些拍照 App，为用户提供了自动美化和处理照片的功能，能让用户一键拍出精致、美观的照片。

痒点满足的是每个人的虚拟自我，能解决人们的情感需求。例如，当一部热播电视剧或电影产生时，市场就会出现与电视剧或电影中人物相关的服饰、配饰等各类衍生品，这些衍生品所满足的就是消费者的痒点。

5.4 以消费者需求为中心，打造创新性商品

零售的本质是一种买卖关系，是买卖就一定会产生交易，而交易的介质就是商品（服务也可以当作一种特殊的无形商品），所以商家一定要为消费者提供让他们愿意买单的商品。商品是零售中最重要的因素，无论是传统零售，还是新零售，都不能忘记这个根本，否则就是舍本逐末，背道而驰。

5.4.1 追求极致，为消费者提供超出预期的商品

商品总要有能够打动消费者的卖点，包括商品的外形、价格、性能、品质等各个方面。那么，如何才能让商品超出消费者的预期呢？很多成功的案例都是企业在做自营商品时，将商品的某个方面做到极致，如商品的性能、价格、品质等，从而引爆商品的销售。

案例链接

名创优品——坚持“三高”理论，打造“小而美”精选模式

互联网技术的发展让信息变得越来越透明，也让每个人的时间变得非常宝贵，很多人变得不愿意在购物环节上花太多的时间。品牌商和企业要想在这种市场环境下胜出，就必须要打造更具设计感和品质感的产品，名创优品在这方面做出了很好的示范。

名创优品是一个深耕生活美学消费品市场的企业，设计、品质、价格是其三大核心竞争力。名创优品的设计师在产品设计上始终坚持简约、自然的风格，图 5-12 所示为极具代表性的名创冰泉矿泉水。在瓶子的设计上，名创优品花费了差不多 3 年的时间，经过 500 次以上的打磨，让瓶身实现了 360 度无缝连接。这个瓶子非常有立体感，很多消费者都会觉得这个瓶子很好看，买了这瓶水喝完了之后他们会对瓶子进行二次利用，在瓶子里装上水，再放上绿植作为装饰品。正是因为对设计的不妥协，才让这

款矿泉水成为名创优品的爆款之一。

在工作和学习中，很多人会经常使用笔记本，而在工作和学习间隙想要休息一下时需要用到枕头，于是名创优品设计师经过巧妙的组合和包装，将笔记本和枕头合为一体，设计出了一款可以让人趴在上面睡觉的枕头笔记本（见图 5-13），该产品一上市就成为爆款产品，月销量近 7 万本，甚至常常出现卖断货的状况。

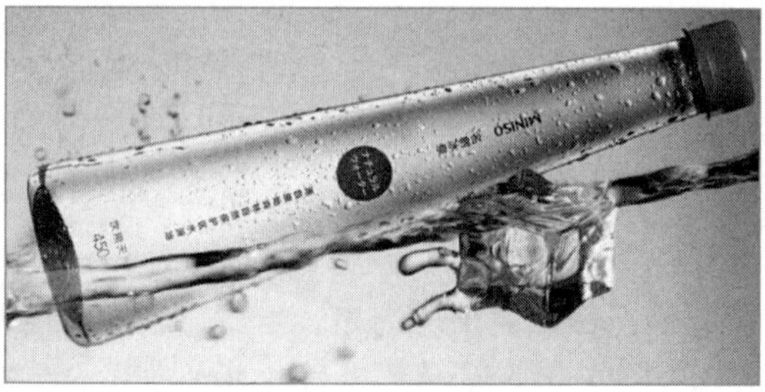

图 5-12　名创冰泉

图 5-13　名创优品枕头笔记本

枕头笔记本之所以受到消费者的喜爱，不仅在于其设计创意点超出了人们的预期，还在于超高的颜值和性价比。与其他笔记本的外壳较硬不同，枕头笔记本最大的创意点就在于它有一个柔软的、具有“枕头”功能的气垫封面。当人们工作或学习累了的时候，枕在笔记本上可以小睡一会儿或者放松一下。这个创意点非常符合学生和办公族的兴趣，并击中了他们的需求痛点。此外，枕头笔记本不仅颜值高，而且售价比较亲民，对于学生和办公族来说是一款性价比较高的产品。

名创优品所有的产品都具有“高颜值”的特点，这款枕头笔记本自然也不例外，它有粉、蓝和绿三个色系，封面上设计有云朵、彩虹、天空、爱心等非常温暖的元素，设计风格简约、自然，给人以小清新的感觉。

任何产品“征服”市场，获得大多数人的认可，都要经过层层筛选和打磨。名创优品就是凭借高颜值、高品质、高性价比的“三高”理论，打造出了包括名创冰泉、枕头笔记本、水立方水杯、波浪笔记本在内的多款为消费者所熟知的爆款产品。

5.4.2　对商品进行微创新

对于中小型零售企业来说，如果没有足够的门店和销量做支持，做自营商品存在很大的风险，但这并不意味着它们只能随波逐流，中小型零售企业可以围绕商品进行微创新，从而深挖价值链。

微创新也必须要以消费者需求为中心，以微小硬需、微小聚焦、微小迭代的方式寻找最能打动消费者的需求点，引发消费者的尖叫，从而引爆消费者的口碑营销。微创新可以体现在商品的包装上、商品的摆放上，也可以体现在商品的优惠组合上，还可以体现在商品的微定制上。无论是何种创新，关键是要让消费者直接感知到商品的这种创新。

案例链接

小罐茶——多泡装，让更多人简单方便喝好茶

传统茶叶的包装给人带来的第一印象就是传统中式、简洁、内敛，或者是水墨丹青风格，或者是飘逸书法风格。而小罐茶革新了茶叶的传统包装风格，在包装与推广等方面追求年轻、时尚和科技感，为消费者呈现耳目一新的中国茶。

2017 年，小罐茶推出小罐装系列产品，将茶叶装在小罐中，每罐 4 克（一泡的量），一罐一泡，消费者饮用起来非常方便。小罐茶具有包装精美、坚固、密封防潮、避光、环保等优点，能够为好茶提供全方位的保护。于是，小罐茶以高端的产品定位、高标准的品质管控，以及时尚、现代的品牌形象，在茶行业迅速地占据了一席之地，赢得了社会的广泛关注。

2019 年，小罐茶又推出了“多泡装”系列产品。“多泡装”系列产品坚持了小罐茶的消费品思维、工业化思维和标准化方式，整合了一流的创意资源，对大罐包装茶叶做了一次系统性的创新，给消费者带来了新的体验。

“多泡装”系列产品面向的是茶叶自饮人群。经过长期的市场分析与研究，小罐茶生产商发现茶叶自饮人群的消费场景呈现出多元化的特点，自饮人群在居家、办公、出差等环境中都有较强的饮茶需求，因此这类人群对茶叶携带的便携性有一定的需求。同时，茶叶拆封后容易陈化变质，保证茶叶的保鲜存放是这类人群消费的主要痛点。此外，自饮人群饮茶喜欢更具个性化的饮茶过程，他们偏好大容量、可自由取量的茶叶产品。

根据消费者的这些需求，小罐茶“多泡装”系列产品重点覆盖龙井茶、滇红茶、大红袍、普洱茶、铁观音和茉莉花茶 6 个品种，能够满足不同消费者的个性化需求。在品质要求上，“多泡装”系列产品同样坚持所有原料从原产地采收，延续制茶大师监制的方法，坚持从鲜叶、毛茶到成品茶的 3 次农残检测和 6 道精选，全面保障茶叶的品质。

在产品形态上，“多泡装”系列产品统一为 50 克大容量铁罐包装（除大红袍为 40 克），能够让消费者自由选取适量的茶叶进行冲泡。在保鲜方面，“多泡装”系列产品的包装运用了无缝罐体工艺和“双重密封”设计，即运用充氮保鲜（普洱熟茶、大红袍除外）以及罐盖的密封垫保鲜技术，有效隔离茶叶，避免其与外界氧气、水分接触，发生变质。

“多泡装”系列产品延续了小罐茶品牌对产品年轻化、时尚化的要求，产品包装外观时尚、大气，同时其体积、重量都恰到好处，满足了自饮人群“一罐多泡”“大容量”“使用自由度大”等消费需求，同时有效地解决了大罐装产品开罐后茶叶如何更长久保鲜储存的现实难题，让消费者更简单、方便地喝好茶。

“多泡装”系列产品的诞生体现了小罐茶生产商在产品创新与立足消费者体验方面的努力，可以说是“让更多人简单方便喝好茶”的传承匠心之作。

5.4.3 培养数据分析思维，开展数据分析

寻找优质的商品或者对商品进行微创新，关键是要找到消费者的需求点，而寻找消费者需求点最好的方法就是进行数据分析，全方位了解消费者的需求特征。新零售实现了全供应链的数字化，每时每刻都会自动产生并保存相关数据，这也为企业实施数据分析提供了很大的便利。

案例链接

伊利——运用大数据技术洞察消费者需求，助力产品创新

现在已经进入大数据时代，大数据给各行各业带来了深刻的改变。作为快消品领域的翘楚，伊利集团多年来通过运用大数据技术不断洞察消费者在乳制品上需求的变化，坚持以消费者为中心，不断地创新产品，以满足不同消费者的不同需求，引领企业获得了可持续的发展。

为了充分了解消费者的需求，伊利集团打造了能够实时洞察消费者需求的大数据雷达平台。目前，该大数据平台覆盖数据源超过 420 个，不断积累的消费者数据超过 8.4 亿条。同时，该大数据平台的数据能够实现实时更新，能够让伊利集团全景、全时段地精准获取消费者在各个消费场景留下的数据，确保伊利集团每时每刻都能与消费者保持连接。通过运用大数据雷达平台进行数据分析，伊利集团可以全面挖掘和分析消费者的消费习惯和行为，指导产品研发和开展精准营销。

通过分析全球酸奶市场的发展趋势，以及国内消费者的消费需求，结合大数据整合分析，伊利集团发现消费者对高品质常温酸奶有着很高的需求，于是就以此为研发方向，研发并推出了第一款原味安慕希酸奶。随后，通过采集和分析海量的网络数据，伊利集团对消费者新的需求进行深度挖掘，了解到消费者在常温酸奶的口味上期待更多的味觉体验。于是，伊利集团把握市场先机，相继推出蓝莓、香草、草莓、燕麦黄桃、芒果百香果等多种口味的安慕希酸奶，这些产品都受到了消费者的喜爱。

通过运用大数据技术，伊利集团发现随着人们生活方式的变化，乳品的饮用场景已经从室内拓展到了户外。基于这一大数据洞察结果，伊利集团又对安慕希酸奶的包装进行了创新，在早期利乐钻包装的基础上又推出了利乐冠、聚酯瓶装（PET 瓶）等包装形式的安慕希酸奶，以便消费者将未喝完的安慕希酸奶装进背包里随身携带，而无须担心洒漏。借助大数据分析，伊利集团不断对产品进行优化升级，使安慕希产品保持畅销和常销，成为乳品消费市场的“宠儿”。

5.5 品牌定位，制订商品品牌战略

品牌定位是指企业在市场定位和产品定位的基础上，对特定的品牌在文化取向及个性差异上的商业性决策，它是建立一个与目标市场有关的品牌形象的过程和结果。简单来说，品牌定位就是为某个特定品牌确定一个适当的市场位置，使其商品在消费者的心中占据一个特殊的位置，并使消费者形成潜在的消费意识，当产生相应的需求时，会在第一时间从潜意识中调取品牌标签并进行自主消费。

5.5.1 新零售时代如何做好品牌定位

在新零售模式下，各类品牌迅速崛起，每个企业都希望能够迎合新零售的发展趋势，打造属于自己的品牌。新零售时代的品牌定位至少需要做好四个方面的工作。

1. 做好市场调研

企业在创立新品牌时，首先要做的不是考虑如何定位品牌，如何组建品牌运营团队，而是从企业发展战略出发，先对新品牌开展外部市场调研，包括了解该品牌的定位是否与当下市场经济形式相符，该品牌在整个市场中是否具备核心竞争力，该品牌在其所属行业中是否有成为强势品牌的机会，该品牌在未来 3～5 年内是否具备足够的发展潜力等。

随着互联网技术的不断发展，信息透明化的程度越来越高，品牌建设的技术壁垒已经被打破。企业要想打造更具竞争力的品牌，必须从企业顶层战略出发，分析品牌在不断变化的市场中的生存空间和存活率，以及品牌的中长期发展趋势。

2. 做好商品的市场分析

商品市场分析主要包括四个方面的内容，如图 5-14 所示。

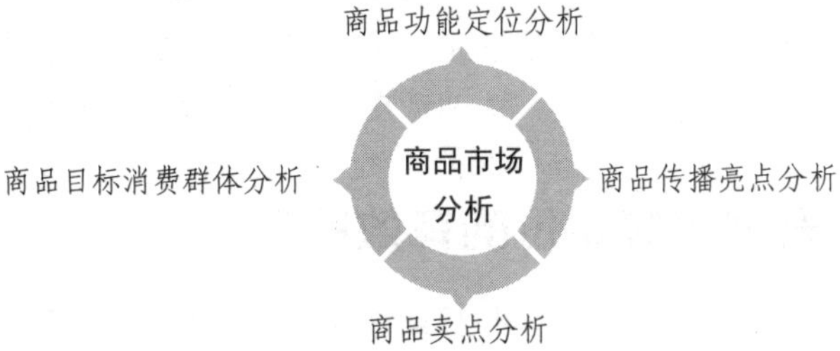

图 5-14　商品市场分析的主要内容

（1）商品功能定位分析

商品功能定位分析包含两个方面的内容，一是商品想满足消费者什么样的需求，二是商品所具有的功能在满足消费者的需求上可以达到何种程度的效果。

（2）商品目标消费群体分析

商品目标消费群体分析主要是分析商品的目标消费群体是谁，商品是否能够满足目标消费群体的消费需求和习惯，目标消费群体是否具备消费该商品的潜力，以及目标消费群体是否具有消费该商品的经济能力等。

（3）商品卖点分析

商品卖点是商品和品牌的核心竞争力，如果商品没有充分的卖点，就很难在市场上形成竞争力，也很难说服消费者在众多商品中选择该商品。同时，如果商品没有竞争力，在市场上就缺乏足够的支撑力，必定不能获得长久的发展。

（4）商品传播亮点分析

商品的传播亮点是指商品具有与众不同的特点，能够吸引消费者的关注。亮点就是某个企业的商品所拥有的"人无我有"的部分，是该企业的商品在众多同类商品当中，让人看一眼就能产生深刻的印象，看过后就能记得住的部分，并且这个亮点能够让消费者形成一种潜移默化的心智认知模式，让其一旦对此类商品产生需求，首先就会想到该企业的商品。

3. 做好 SWOT 分析

SWOT 分析，即态势分析法，包括分析企业的优势（Strengths）、劣势（Weakness）、机会（Opportunity）和威胁（Threats）。因此，SWOT分析实际上就是通过对企业内外部竞争环境和竞争条件的态势进行综合和概括，分析企业的优势、劣势和面临的机会、威胁的一种方法。

对品牌进行SWOT分析能够让企业管理者更精准地了解品牌的长处，以便在市场竞争中充分发挥自己的优势；让管理者看清品牌可能会面临的危机点，从而有预见性地避开，或者提前采取措施，避免品牌在运营过程中出现不可控的局面；同时，让管理者及时发现品牌在市场发展中的机会点并提前布局，从而更精准地掌握品牌的动态发展。

当然，对品牌进行SWOT分析离不开参照数据的支持。参照数据可以是品牌起盘时的市场调研数据，也可以是其他品牌在市场运营过程中沉淀下来的经营数据。

4. 做好战略规划

品牌战略规划是品牌定位中的重要环节。一个品牌要想在瞬息万变的市场中成长为强势品牌，必定要经过战略布局。从品牌定位到商品规划，从培养核心竞争力到市场战略规划，从品牌产品线到终端渠道布局，应该是一个完整的、可持续发展的、健康的生态链闭环系统，这样才有利于品牌以变应变，快速适应市场的发展，成长为强势品牌。

5.5.2 开展品牌定位的有效策略

品牌定位是企业进行市场定位的核心和集中表现。企业一旦选定了目标市场，就要设计并塑造与目标市场相适应的商品、品牌及企业形象，以争取目标消费群体的认同。由于企业开展市场定位的最终目的是实现商品销售，而品牌是企业传播商品相关信息的基础，是消费者选择商品的主要依据，因此品牌就成为连接商品与消费者的纽带。在新零售环境下，企业开展品牌定位的基本策略如图5-15所示。

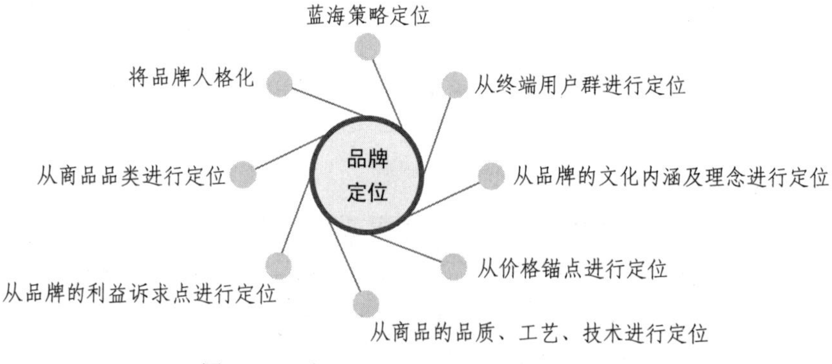

图5-15　企业开展品牌定位的基本策略

1. 将品牌人格化

将品牌人格化就是将品牌拟人化，赋予品牌以“人”的特征，让其具有人格个性，将品牌打造成一个会嬉笑怒骂，随时可以和终端消费者进行互动的“人”。它有鲜明的个性，有独属于自己的精神信仰，有自己的价值主张，它可以和消费者做朋友，可以让消费者真切地感受到自己鲜活的生命力。

将品牌人格化，企业首先需要从品牌的商品特点和品牌的目标消费群体出发，明确品牌所要扮演的角色，然后让品牌以这种角色与消费者建立互动关系，并长期地保持这种活力。

2. 从商品品类进行定位

从商品品类进行定位，是指将自己的品牌与竞品明确地区分开来，让品牌别出心裁地跳出消费者以往的视界，突出品牌明显的、与众不同的风格和特色，强调品牌在竞品中的优势地位。

3. 从品牌的利益诉求点进行定位

向消费者强调品牌的核心利益诉求，突出商品的差异化特点，满足消费者的核心需求是促使消费者产生购买行为的重要驱动力，因此企业可以从品牌的利益诉求点出发，对品牌进行定位。

从品牌的利益诉求点出发进行品牌定位时，需要注意三个问题。一是品牌的利益诉求点不宜过多，要突出重点；二是品牌做出的利益承诺要符合消费者的期望值，不能过度夸大；三是品牌的利益诉求点要避开竞品在消费者心目中的强项和优势，零售企业可以利用竞品没有触及的诉求点来确定自身品牌的优势位置。

4. 从商品的品质、工艺、技术进行定位

对于具有较强的商品研发实力，或者具有独特的生产技术，或者具有商品专利权的企业来说，其可以从商品的品质、工艺和技术出发来进行品牌定位。

在购买商品，尤其是购买价值比较大的商品时，消费者往往更关注企业的生产实力及商品的品质。对于企业来说，拥有企业品牌独有的品质标签，经得起考验的商品品质，以及核心生产工艺等核心的技术是赢得消费者信赖与忠诚的关键。

5. 从价格锚点进行定位

价格锚点是商品价格的对比标杆。简单来说，价格锚点就是通过为商品设计一些参考价格来让消费者看到商品的价值，最终促成商品成交。

在互联网时代，信息高度透明化，人们可以通过各种渠道获得各类信息。在商品交易中，商品的性价比是消费者最关心的问题。在做出购买决策之前，消费者往往会对各个品牌的同类商品进行综合对比，从中找出性价比最高的商品。因此，对于企业来说，打造高性价比的商品，彰显品牌的优质品质，是快速赢得消费者青睐的不二法宝。

6. 从品牌的文化内涵及理念进行定位

品牌所具有的文化内涵和理念是每个品牌独有的文化资产，是品牌塑造的精神信仰。通过各种渠道的宣传，消费者会对品牌的文化内涵及理念产生高度的认同感和信赖感。

品牌文化内涵和理念需要品牌在经营的过程中逐步沉淀，并且能够在企业内部和外部市场形成一种高度统一的认知。它能够增强企业内部员工的凝聚力，培养消费者对企业品牌的情感认同。优秀的品牌文化能够有效提升品牌的市场价值，提升消费者对品牌的忠诚度。

7. 从终端用户群进行定位

从终端用户群进行定位，就是通过直接锁定目标消费群体，将目标消费群体的需求直接与品牌的商品功能进行连接，突出商品功能针对该消费群体的服务特点。

这种定位方法就是向外界强调该品牌的商品是给谁用的，向用户传达该品牌的商品就

是为其量身定制的信息，让用户对该品牌形成初步印象，并在后期不断强化这个印象，让用户对该品牌产生“专属定制”的心理认同感，从而提升特定消费群体对该品牌商品的信赖感和忠诚度。

8. 蓝海策略定位

蓝海策略定位就是通过进行市场调研和分析，找出当前目标市场中的空白区域，或者竞品未到达的细分领域，并挖掘新的市场商机。

做好蓝海策略定位的关键点就是要寻找到市场的空白点，或者是竞品未触及的新领域。当然，也可以直接跨界开辟一个新的市场，避免与竞争对手产生激烈的正面交锋，为消费者提供更多、更好的选择。

思考与训练

1．品类管理的基本步骤是什么？

2．如何以消费者需求为中心来进行商品创新？

3．品牌定位的基本策略有哪些？小米手机、格力空调等品牌定位采取的是何种策略？

第 6 章 深度营销——新零售时代的品牌运营

通过阅读本章内容，你将学到：

➢ 做好跨界营销的策略与技巧

➢ 做好内容营销的策略与技巧

➢ 做好线下营销的策略与技巧

➢ 构建“店+群”的社群营销体系

➢ 构建全渠道精准营销的策略

深度营销，就是以品牌商和企业与消费者之间的深度沟通和认同为目标，从关心人的显性需求转向关心人的隐性需求的一种新型的、互动的、更加人性化的营销新模式、新观念。它要求品牌商和企业为消费者提供无限的关怀，与消费者建立长期的合作性伙伴关系，通过大量人性化的沟通工作，使自己的品牌和商品产生润物细无声的效果，使消费者保持对品牌的长久忠诚。

6.1 导购新定义，让导购变成品牌的自媒体

作为门店经营关键的一环，导购人员连接着商品与消费者，直接影响着购买转化。导购是品牌直接接触消费者的触角，代表着品牌的服务质量。在商品销售过程中，导购可以直接观察和了解消费者的消费行为，并为消费者设置个性化标签。但是，导购的价值远非这么简单，它还具有更加深刻的潜在价值。

6.1.1 将导购从人工成本变成品牌营销资源

在零售企业的财务报表中，无论是实体门店还是网店，导购的人工费用都是一大笔开销。通常来说，导购承担的只是销售商品的职能，展现的是销售属性，而实际上导购还可以成为品牌获取客户和开展组织化营销的有效渠道。

在传统零售业务模式中，导购是销售的终端，是直接与消费者接触的一个环节，在整

个销售活动中，它采取的是按成交计算（Cost Per Sales，CPS）的模式，即导购赚取的是门店的佣金，导购促成的成交越多，赚取的佣金就越多。当然，在要求导购促成成交的同时，很多品牌商和企业还会将导购作为服务和发展会员的终端，即要求导购为消费者提供高质量的服务，并将消费者发展为品牌商和企业的会员，从而刺激消费者产生重复消费，这是一种按行为计费（Cost Per Action，CPA）的模式。

但是，在互联网时代，店铺内的每个导购都可以变成有温度、人格化的自媒体，导购可以采取按反馈计费（Cost Per Response，CPR）模式，即导购可以带有营销属性，导购营销做得越好，其价值就越高。经过数字化武装的导购不再只是为品牌商和企业完成销售计划的工作人员，而是品牌商和企业的合作伙伴，在销售商品的过程中，他们可以为品牌商和企业服务会员、发展会员。

很多品牌都在通过各种方式扩展导购的职能，经过数字化武装的导购已经不再单纯地只是完成销售任务的端口，而变成了品牌宣传的最佳终端。导购通过其优质的服务发展了一个会员后，这个会员在全域产生的成交额都可以与这个导购有关。在过去，门店导购只能等客上门，客源单一，在为消费者提供导购服务时只能凭借观察和简单的询问，很难全面了解消费者的真实喜好，销售线索单一直接导致转化率低下。同时，伴随着移动互联网的不断发展，线上、线下营销割裂，消费者更倾向于“线下体验、线上下单”的购物模式，这就会造成导购人员往往费尽口舌却无法实现转化，于是导购人员的积极性会越来越低，甚至对线上营销抱有“敌意”。

导购数字化之后，线上线下实现了融合，零售企业可以提倡全域分佣，为每个品牌、每个渠道设置不同的分佣比例。无论是在线上还是线下，只要导购为消费者提供了服务，或者只要导购获取了客户，就可以在全域商业链条中享受品牌给予他们的提成。这种灵活的全域分佣模式，有利于调动导购服务客户、发展会员的积极性。

一旦推行全域分佣，消除导购对线上营销的恐惧，很多导购的营销能力就会被挖掘出来。例如，很多优秀的线下导购正在变成直播达人，通过网络直播为消费者提供更加人格化的服务，从而带动品牌线上线下的全域销量。

在新零售时代，品牌商和企业要懂得利用数字化工具对自己内部的生产关系、商业关系、渠道关系进行重构，这是释放生产力的关键。只要品牌商和企业勇于重构生产关系，让导购全域服务于消费者，刺激他们释放更多的服务客户的能力，他们必将为品牌商和企业带来超乎想象的营销效果。要重新定义导购，他们不能只是赚取实体门店销售佣金的销售人员，还要成为品牌的合作伙伴，成为品牌进行全域营销的资源。

6.1.2 智能导购，数据赋能智慧品牌营销终端

目前新零售的发展如火如荼，无论是品牌连锁还是个体商家，都在向全渠道一体化、智能化的方向发展。零售商都在不断创新经营模式，突破时间、空间的限制，让消费者体验个性化、场景化的消费过程。消费场景也从单一的线上或线下，转变为线上线下串联在一起。于是，零售商纷纷瞄准新零售变革中“人”的部分，从导购机器人到智能导购屏，从不同的角度切入，推进一线导购向智能化发展，以提升效率。

1. 智能导购屏

每个商品都有自己的价值属性，智能导购屏（见图 6-1）能够通过场景体验化来详细、精准地介绍商品，通过简单的交互动作，以极具个性化的方案满足消费者的购物需求，能够有效地避免因导购人员对品牌认识不足、商品讲解不清而带来的客单损失风险。

图 6-1　智能导购屏

智能导购屏通过感应 RFID 标签，用图案、文字、视频相结合的方式展示商品的产地、成分、价格、材质等信息，以让消费者更加直观地了解商品。

零售商为每个商品贴上 RFID 标签，当消费者拿起商品时，智能导购屏就能呈现该商品的相关参数供消费者参考，这极大地提高了消费者自主购物的便利度，为消费者提供了更好的购物体验。

此外，智能导购屏还具有播放广告的功能。智能导购屏系统可以自定义图片、视频等广告形式，支持商家推送个性化广告。同时，实体门店搭配智能导购屏媒体平台管理体系，已经不是简单的硬件和软件的升级，而是整体门店的焕然一新，会促使业务大幅度提升。

除此之外，智能导购屏还能实现商品数据采集，这些数据不仅能够让商家更好地思考如何备货、如何摆放商品，还能为商品的运营管理提供参考数据。同时，这些收集来的数据还能反作用于门店运营，零售商可以借助从线下购物场景中收集得来的数据推动自身采购和厂家的制造生产。

2. 智能导购机器人

随着人工智能技术的发展，很多门店的管理者和经营者对机器人智媒平台、物联网思维的培养与智能硬件的应用能力越来越重视，而智能导购机器人为新零售行业带来了全新的科技体验。

在实体门店中，智能导购机器人（见图 6-2）可以承担迎宾、讲解、导览等任务，它可以主动迎客、送客，协助商场工作人员解答消费者提出的问题，包括位置引导及商场各类基本问题，还可以向消费者推荐其可能感兴趣的热销商品，完全充当了商场导购的角色。

此外，智能导购机器人能够通过视频、图片、文字和声音等方式，为消费者提供商品详情展示、商品宣传片展示、语音互动聊天等服务，多样化、智能化的服务可以让实体门店尽情演绎丰富的商品内容和品牌企业文化。

图 6-2　智能导购机器人

智能导购机器人系统建立在互联网技术、云平台大数据交互的基础上，能够有效打通传统零售的线上与线下渠道，突破时间和空间的限制，通过与消费者分享商品和品牌信息，将实体门店的品牌传播出去，引导更多的消费者发现、关注、找到品牌。

零售企业使用智能导购机器人能有效降低门店的人工导购成本，同时，智能导购机器人能为消费者提供更加精准的商品推荐，为消费者带来更优质的购物体验，从而有效增加消费者的黏性。

6.2　跨界营销，“1+1＞2”的双赢营销手段

跨界营销就是根据不同行业、不同产品、不同偏好的用户之间所拥有的共性和联系，把一些原本毫不相干的元素进行融合、互相渗透，进而彰显出一种新的生活态度与审美方式，并赢得目标消费群体好感的营销方式。通过跨界营销，品牌能实现营销双赢，形成强强联合的品牌协同效应。

6.2.1　用户是核心，搞懂“界”是关键

跨界营销的重点在于品牌之间存在互补性，一个品牌只有和另一个品牌之间存在“界”，才能将自身品牌打入对方品牌的用户阵营，从而实现缩小自身品牌的用户“盲区”的营销效果，体现跨界营销的意义。这里所说的“互补”，并非指自身品牌与竞争对手品牌之间的用户“共享”，而是指不同领域、不同行业、不同产品之间的互补；并非指产品功能上的互补，而是指用户体验上的互补。这种互补要求两个品牌的目标用户之间存在一定的共通性，在用户需求和消费体验上要有一定的共同点。

由此可见，用户始终是跨界营销的核心。因为无论在什么时候，何种品牌采取何种营销方式，其最终目的始终是销售产品，而为产品买单的始终是用户，所以营销的核心也终究是用户，这就意味着跨界营销也是围绕“用户”这个核心展开的。

在互联网时代，市场和用户要求品牌能够成为一个富有感情的“人”。当前，品牌传播

社交化的特征越来越明显，品牌需要与用户进行沟通，用户需要与用户进行沟通，品牌需要和品牌进行沟通，这些因素促使口碑营销和跨界营销的形成。

在当前市场环境下，品牌已经成为一个“人”，并形成了一定的品牌性格，而用户则已经从简单的产品功能的使用者演变为忠诚的品牌性格的拥护者。不同的品牌所拥有的拥护者往往是不同的，跨界营销就是与自己品牌的拥护者有共通性但并不属于自己品牌阵营的那部分用户所拥护的品牌进行合作，从而获得双方共赢的营销效果。

6.2.2 跨好“界”的有效准则

跨界合作对品牌产生的最大益处就是让原本毫不相干的元素相互渗透、相互融合，从而让品牌产生一种立体感和纵深感。要想发挥不同品牌的协同效应，形成“1+1>2”的效果，在开展跨界营销时需要坚持以下原则。

1. 品牌资源相匹配

品牌资源相匹配是指在开展跨界营销时，两个不同的品牌在品牌实力、营销思路、品牌战略、消费群体、市场地位等方面存在一定的共性和对等性，这样才能发挥双方品牌的协同效应。跨界营销要像婚姻一样讲究“门当户对”，寻求强强联合，这样才能使跨界营销“1+1>2”，获得双赢。资源不匹配的跨界营销不仅不能实现营销的效果，甚至还会给品牌形象造成伤害。

2. 品牌之间不存在竞争关系

多个品牌开展跨界营销主要是为了通过合作来丰富各自品牌或产品的内涵，进而提升自身品牌下产品的销售，达到双赢的结果。也就是说，参与跨界营销的品牌之间应该是一种互惠互利、互相借势增长的共生关系，而非此消彼长的竞争关系。因此，跨界营销要求合作的品牌之间不存在竞争关系，只有这样才有跨界合作的可能；存在竞争关系的品牌进行的合作只能称为联盟。

3. 产品属性相互独立

产品属性相互独立，指的是进行跨界合作的品牌各自的产品在属性上要具有独立性。跨界营销并不是要从产品功能上对对方的产品进行补充（如笔和纸、衬衣和领带等），而是需要两个品牌的产品本身是相互独立的存在，在跨界合作中各取所需，如对方产品的人气、消费群体、销售渠道、品牌内涵等。

4. 品牌效应能够形成互补

品牌效应互补是指进行跨界合作的两个品牌要在优劣势上形成一定的互补效果，将各自已经形成的市场人气和品牌内涵互相转移到对方品牌身上，或者在品牌传播效应上形成互相叠加，从而丰富自身品牌的内涵，提升自身品牌的立体感和纵深感。

每个品牌都诠释着一种文化或者一种生活方式或理念，体现着目标消费群体的个性化。但是，一些竞争品牌和外界因素的干扰往往会削弱品牌对文化或生活方式、理念的诠释效果，而通过跨界营销就可以有效地避免这种问题的产生。

我们常说“宝剑配英雄”，如果将“宝剑”和“英雄”当作两个不同的品牌，“宝剑”只有被“英雄”使用，才能淋漓尽致地发挥其威力；“英雄”只有与“宝剑”相配，才能体现其神勇气概。“宝剑”和“英雄”两者相互补充才能相互衬托，使对方发挥最大的效用，反之只会让各自的价值浪费掉。而对于跨界营销来说也是同样的道理。

5. 消费群体具有一定程度的一致性

每个品牌都有自己的消费群体，都会对自己的目标消费群体的特征进行深度分析，以更好地挖掘目标消费群体的需求，掌握目标消费群体的消费行为特征。由于跨界营销的参与者所属品牌不同、行业不同、所提供的产品不同，要想保证跨界营销的顺利实施，就需要双方在消费群体上具有一定程度的一致性。

6. 坚持以用户为中心

随着市场环境的变化，现代营销的工作重心也发生了巨大的转变，品牌的一切营销行为都从以品牌和品牌下的产品为中心转变为以用户为中心，从关注品牌和品牌下的产品转变为关注用户的需求。对于跨界营销来说，只有更多地强调用户的体验和感受，才能让跨界营销发挥更大的效用。

案例链接

用音乐碰撞美妆，构筑“音乐生活”

2018 年 5 月，网易云音乐与美妆、保健品零售品牌屈臣氏宣布达成跨界深度合作。首先，双方在会员业务上开展了包括多项会员权益打通、积分兑换、个性化定制等多方面的深度合作。

网易云音乐会员进入屈臣氏自建的产品体系中，实现长期渠道合作，这也是屈臣氏首次深度开放其会员体系。而且网易云音乐的平台流量也将与屈臣氏全国线下约 3300 家门店渠道互通，这意味着网易云音乐形成的会员流量、知识产权（Intellectual Property，IP）热度、品牌文化都有可能转化为屈臣氏的线下消费势能。

网易云音乐与屈臣氏合作的达成，意味着中国线上娱乐和线下零售领域的两大品牌将在各自的会员服务领域携手，进一步为会员提供更高品质的服务，双方也将拓展新的消费群体。

同时，网易云音乐与屈臣氏联合推出了 6 款音乐主题妆容——爵士复古妆、民谣诗意妆、流行风尚妆、轻音夏日妆、嘻哈迷幻妆和古风国色妆。6 款妆容以大胆、颠覆的色彩向时尚潮流致敬，表达年轻人不妥协、敢于打破常规的个性态度。

网易云音乐还与屈臣氏推出了“测一测你的出道形象”H5，每个用户都可以在 H5 页面上自行定制自己喜爱的出道音乐和妆容，然后在屈臣氏线下门店亲身体验自己定制的妆容。

此外，双方还在广州打造了音乐主题线下门店，如图 6-3 所示。该门店以网易云音乐红为主色调，搭建了酷炫十足的音乐场景，包括音乐拍照背景墙、超潮电音霓虹灯等。同时，店内还推出了超大电音化妆间，用户可以享受由专业化妆师现场为自己打造的音乐主题妆容。

网易云音乐是深受年轻人喜爱的音乐平台，而屈臣氏作为国内知名的保健品与美妆零售商，其年轻、时尚、活力的品牌理念正是与网易云音乐跨界合作的契合之处。这次跨界深度合作，真正实现了品牌、平台以及用户三方的共赢。

图 6-3　音乐主题线下门店

对于网易云音乐来说，与屈臣氏开展会员业务合作是对音乐 IP 线下服务场景的延伸，将音乐品牌渗透到美妆个护零售消费场景，直接触达用户。同时，借助屈臣氏多元化的销售渠道，网易云音乐可以将自身品牌下沉至三四线城市，从而提升云音乐文化品牌的影响力。

对于屈臣氏来说，网易云音乐庞大的用户群体与年轻的社区文化为其带来了海量的线上流量，使其触达更多的年轻用户，实现了品牌年轻化的诉求。同时，通过在线下零售消费场景中适当加入音乐妆容、联合营销等娱乐元素，屈臣氏进一步提升了用户的线下消费体验。

对于双方会员来说，这是一次愉悦的体验，他们能够享受到更多的权益。随着合作的深入，积分互通、会员折扣互售将成为现实，会员积分将融合更多的场景，方便用户的生活。

6.2.3　跨界，打好联合营销之战

对于品牌商来说，它们之所以开展跨界营销，可能是为了借势品牌元素，提升品牌格局；可能是为了扩大渠道覆盖，增加用户量；也可能是为了延伸用户使用场景记忆；还可能是为了放大产品的功能点。因此，按照品牌开展跨界营销的不同动机，跨界营销大致可以分为四类，即跨品牌的界、跨用户的界、跨场景的界及跨产品利益点的界。

1. 跨品牌的界：借势品牌元素，提升品牌格局

跨界营销的精妙之处在于它可以让参与者借助对方积累的品牌资产为自己的品牌增加新的元素，从而提升自身品牌形象，扩展品牌格局，为自身品牌带来新的活力和新的增长点。因此，如果品牌需要强化或优化自身在某一方面的形象，可以尝试跨界营销，借助其他品牌之力来增加自身形象的溢价。

如果想让自身品牌获得更多年轻人的喜爱，就可以寻找带有年轻元素的品牌进行跨界合作；如果想增加自身品牌的科技感，就可以寻找带有科技元素的品牌进行跨界合作。

案例链接

“上海双姝”跨界合作演绎“忘年交”

喜茶与百雀羚的跨界合作是茶饮行业中的经典案例，通过跨界合作，双方以“致敬经典”为主题推出了一系列独具复古风格的联名款产品（见图 6-4），包括喜雀礼盒、喜茶会员卡，以及线下喜茶门店的特别菜单、茶饮的杯套等。一个是茶饮品牌“新势力”，一个是国货美妆行业的“老师傅”，潮流与传统的碰撞产生出了新的火花。

图 6-4　喜茶和百雀羚联名款产品

对于喜茶这样的年轻品牌来说，要想打造出“致敬经典”的特色，就需要选择与百雀羚这样具有民族复古风格的品牌进行合作。

而对于百雀羚这样历史悠久的民族品牌来说，当务之急不是向年轻的用户介绍自己品牌的理念与精神，而是想办法让他们喜欢上自己的产品并自发地在社交平台上进行分享。因此，百雀羚和具有“社交属性”的喜茶合作再合适不过了。喜茶拥有大批年轻且具有高消费能力的用户，他们喜欢“晒”生活的特性，能够帮助百雀羚进行社交圈层传播，强化经典国货品牌在年轻用户心中“复古却时尚”的个性化形象。

2. 跨用户的界：扩大渠道覆盖，增加用户量

由于渠道不同，每个品牌所能覆盖的消费群体也会有所不同。跨界营销可以让品牌借用对方的渠道资源和粉丝群体，覆盖到更多有价值的目标消费群体，这就是跨用户的界。

扩大渠道覆盖、增加用户量的跨界营销的实现手段多种多样，可以与一个人气比较高的关键意见领袖（Key Opinion Leader，KOL）进行合作，例如，中国工商银行在推出新款信用卡时与 papi 酱进行合作，借助 papi 酱强大的粉丝群为该款信用卡造势；也可以与一个比较热门的娱乐 IP 进行合作，例如，丝芙兰携手漫威推出了系列联名款美妆；还可以跨合作方的渠道，例如，亚朵酒店分别与网易云音乐、知乎、腾讯、同道大叔等合作，打造“亚朵×”系列主题酒店等。虽然实现跨界的方式各不相同，但其核心都是“圈粉”。

案例链接

亚朵联合多方 IP，探索酒店行业创新之道

面对同行竞争者的围堵，亚朵酒店联名腾讯、网易云音乐、知乎、虎扑、吴晓波、同道大叔等众多 IP，推出了“亚朵×”系列主题酒店，通过打造多元化服务，为品牌的忠实用户提供量身定制的个性化体验。例如，“亚朵×腾讯 云智慧酒店”为用户创造了充满科技感的氛围，“亚朵×虎扑 篮球主题酒店”为用户营造挥洒热血青春的激昂氛围，“亚朵×知乎 有问题酒店”（见图 6-5）让用户在轻松的氛围中放松身心，去聆听生活的絮语，感受思考的乐趣……不同主题的酒店展现出不同的风格，不仅吸引了众多亚朵会员前来体验，也吸引了大批合作品牌粉丝的关注，他们也加入体验行列，并积极地为亚朵酒店进行引流。

图 6-5 “亚朵×知乎”有问题酒店

对于酒店来说，客流量是决定其利润的关键因素。亚朵酒店打造的“亚朵×”系列主题酒店借助合作品牌的渠道资源和粉丝力量，促进了其用户对亚朵酒店品牌的二次传播，扩大了亚朵酒店品牌的传播范围，提升和增强了亚朵酒店品牌的知名度和影响力。

3. 跨场景的界：延伸用户使用场景记忆

跨场景的界，其核心就是通过开展跨界营销延伸或强化用户使用场景记忆。在移动互联网时代，争夺用户的注意力非常重要。

案例链接

网易云音乐联合农夫山泉，打造有情怀、有音乐的天然水

面对同类音乐平台的竞争压力，网易云音乐与众人皆知的快消品牌农夫山泉进行合作，推出了“乐瓶”。网易云音乐从 4 亿乐评中精选出点赞数最高的 8000 条乐评，再根据文字简练便于印刷、年轻有趣、易于理解这三个标准，最终选出 30 条打动人心的评论，印制在 4 亿瓶农夫山泉天然饮用水“乐瓶”的瓶身，让每一瓶水都自带音乐和故事，如图 6-6 所示。

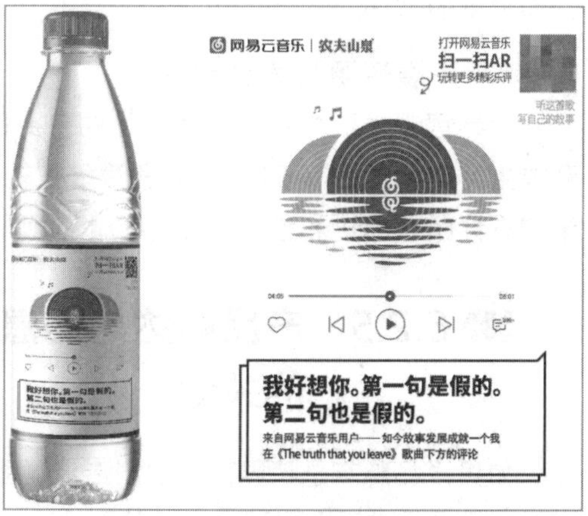

图 6-6 乐瓶

“乐瓶”根据饮水场景，不仅为每个人打造专属的产品，还为用户提供完整的听歌体验，更具互动性和分享性。这也是网易云音乐品牌升级“音乐的力量”后，在日常生活化的场景中再次展现音乐力量的一次积极尝试。

通过“乐瓶”营销，网易云音乐和农夫山泉突破了原有品牌的场景流量，增加了用户的场景记忆，用户在饮用农夫山泉时会通过瓶身联想到网易云音乐，而用户在使用网易云音乐时，也会因为乐评而联想到农夫山泉。

4. 跨产品利益点的界：放大产品功能点

跨产品利益点的界，简单来说就是通过跨界营销放大产品的功能点。在这一点上，美国的科技公司 Uber 打造的“一键呼叫系列”体验营销就是一个典型的案例。作为一个外来品牌，Uber 旗下同名打车 App 在铺设中国市场时，就采取了与不同品牌合作的策略，借“他山之石”来彰显自身“即时叫车+专属司机”的服务理念。

Uber 分别与淘宝、梦龙、曜能量、玉兰油等品牌进行合作，开展了一键呼叫移动试衣间、一键呼叫冰激凌、一键呼叫英雄专车、一键呼叫美丽专驾等“一键呼叫系列”活动，通过为用户提供定制专车服务，将自身产品的利益点无限放大。

6.2.4 打造专属跨界联名产品

品牌商开展跨界营销，必然会产生联名产品。联名产品是跨界营销的产物，是让用户切身体验跨界营销的媒介。通常来说，通过跨界营销打造跨界联名产品主要有以下三种方法。

1. 品牌授权定制款产品

品牌双方联名制作定制款、限量款产品是比较常见的打造跨界产品的形式。通常来说，这种定制款、限量款产品大多是通过品牌（IP）授权的形式来实现的，前面提到的亚朵酒店联合网易云音乐、知乎等推出的主题酒店，喜茶和百雀羚推出的礼盒和会员卡，以及网易云音乐和农夫山泉推出的“乐瓶”等都属于品牌（IP）授权定制。

2. 快闪店和快闪活动

多数情况下，跨界营销会表现为事件营销，具有一定的时效性，线下快闪店和快闪活动是较常见的事件营销。当然，除了专门开设快闪店外，举办各种线下快闪活动也是跨界营销常用的方法。

3. 开展资源技术合作

跨界营销也可能是两个品牌借助自身的技术或资源与对方进行合作，包括开展推广活动或生产定制产品等。例如，“宜兰幸福转运站”便是漫画师几米跨界做建筑师的首秀，几米的设计团队通过彩绘、拼贴和艺术装置让这栋老建筑不但变新了，而且变得十分有趣。

6.2.5 产品触达与信息触达，衡量跨界营销是否触达受众的关键

如果说品牌商是跨界营销的制造者，那么受众就是跨界营销的接收者。跨界营销只有真正触达受众，在受众中形成广泛的影响，才能真正实现其营销目的。因此，在开展跨界营销时，还需要考虑跨界营销是否能够触达目标受众，以及目标受众如何参与到跨界营销之中。

在跨界营销的实施过程中，品牌商可以从两个方面来衡量跨界营销是否能够真正触达受众。一是产品层面的触达受众，即目标受众是否能够直接接触到跨界营销的产品，是否

能够获得、体验、分享跨界营销打造的产品。

二是信息层面的触达受众。一个跨界产品是否成功，不仅要看该产品是否能够引发受众的广泛讨论，更重要的是要看受众在体验、分享产品时是否能够感受到品牌的利益点，是否认同合作品牌想要体现的理念和调性。

案例链接

气味图书馆&大白兔，联名打造快乐回忆“国民香”

大白兔作为大多数人童年的记忆，近年来一直在坚持向品牌年轻化发展。2019 年，60 岁的大白兔与 10 岁的气味图书馆联名推出了“来点孩子气”快乐童年香氛系列产品，以中国几代人共同的回忆为出发点，打造中国人专属的“国民香”，唤醒大家的快乐记忆。

气味图书馆与大白兔跨界合作推出的“来点孩子气”快乐童年香氛系列产品包括香水、车载香氛、沐浴露、身体乳、手霜等；双方还联合定制了一款名为“一包大白兔”的大白兔香氛礼包，将关于大白兔奶糖的童年记忆融入多个生活场景中，带领用户找回属于儿时单纯的快乐。

同时，气味图书馆在天猫旗舰店上架了“来点孩子气”快乐童年香氛系列产品（见图 6-7），产品一上线就引起了多方关注和讨论，微博话题“大白兔香水”单日热度破 2.5 亿，产品开售仅 10 分钟便成交了上万件。

图 6-7　气味图书馆天猫旗舰店“快乐童年”香氛系列产品

惊人的销售数据背后，是气味图书馆和大白兔两大品牌对中国人特有情愫的精准洞察，“来点孩子气”快乐童年香氛系列产品不仅唤醒了品牌自身的“孩子气”，也让用户通过快乐童年香氛系列产品回忆起了美好的童年。

6.3　内容营销，用有料的资讯促成交易

内容营销就是通过合理的内容创建、发布及传播，向用户传递有价值的信息，从而实现营销目的的策略。在“人人都是自媒体”的时代，内容营销显得愈发重要。很多人认为

内容营销就是写软文、蹭热点，事实上内容营销的内涵并非这么简单。

6.3.1 用解决方案培养用户信任度

传统营销常用的方法就是“品牌轰炸”和“商品轰炸”，尤其是新品上市时，这种轰炸尤为猛烈。品牌商会在各类媒体上发布自己品牌和商品的广告，通过极具诱惑力的广告词彰显品牌和商品的特点与优势，以刺激消费者的购买欲望，而且会在广告中有一定技巧地重复品牌和商品的名称，以加深消费者对品牌和商品的印象。

与传统营销直接展示商品、在广告词中重复品牌名称的做法不同，内容营销是通过为用户提供解决方案、帮助他们解决某个实际问题来培养其对品牌和商品的信任，然后才会引导用户购买商品。当用户对品牌和商品的信任度达到一定水平时，往往就会自发地购买商品。

案例链接

凯叔讲故事，为场景而生产产品

“凯叔讲故事”品牌创立初期，通过“凯叔讲故事”微信公众号与家长们分享儿童故事、儿童心理、亲子互动等方面的内容，收获了大量粉丝。产品是为了满足用户需求、解决用户的问题而出现的，如果没有考虑到使用场景，给用户徒增烦恼，那么这个产品就是无用的，是没有存在价值的。做音频内容就要考虑用户在什么时间、和什么人一起听，听这个是为了什么，用户使用你的产品是为了在哪个场景下实现什么效果。

“凯叔讲故事”就是根据“哄睡”这个场景来开发音频内容的。为了更好地切合睡觉这个场景，其音频内容不动用各种声效设备，只用人声。讲完故事后，凯叔会给孩子念唐诗、宋词等文学作品。古诗的抑扬顿挫，搭配声量越来越小的朗读，孩子听了之后就能在舒缓的声音中安然入睡。

为了更好地服务于用户，增加与用户的交流和互动，“凯叔讲故事”上线了“凯叔讲故事”App。该 App 不仅有会员精品故事专区（见图 6-8），还设置了兴趣课程（见图 6-9）、优选商城（见图 6-10）等付费板块，成功地实现了粉丝的付费转化。

图 6-8 会员精品故事专区

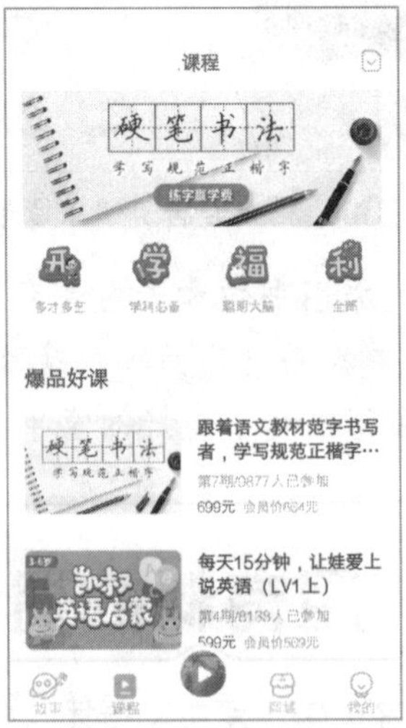

图 6-9 兴趣课程

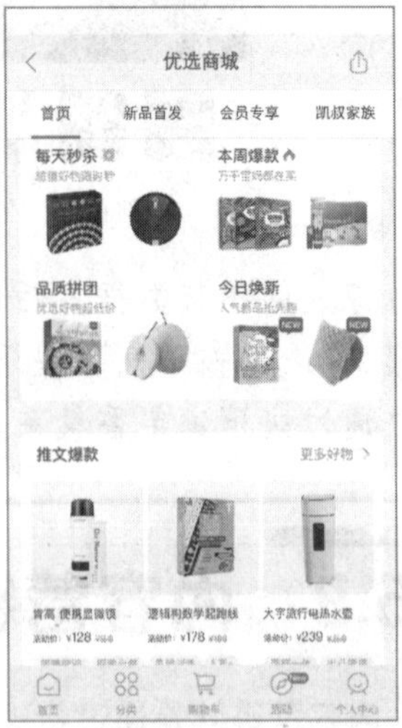

图 6-10 优选商城

2018 年，“凯叔讲故事”全国线下体验店“凯叔家”在青岛、西安、哈尔滨、唐山等城市进行试运营，不但销售“凯叔造物”实体商品，而且打造出“实体门店售卖虚拟商品”的新模式。如今的“凯叔讲故事”早已不是仅仅给孩子讲故事的单一内容品牌，而是线上线下全面布局的商业生态化的儿童品牌。

其实，在内容营销中，为用户提供的解决方案与商品之间并非割裂的关系，优质的解决方案是商品的一个组成部分，甚至是商品的核心，整个营销活动要兼顾解决方案与商品两个方面的营销。而在传统营销中，品牌是营销活动的核心资产，商品往往是为品牌服务的。

与传统营销方式打造出来的商品相比，内容营销打造出来的商品具有高门槛、高附加值、高用户黏性的特点。此外，传统营销打造出来的商品相对单一，用户只能通过品牌来识别商品，所以通常存在一定的安全隐患，王老吉和加多宝的商标之争就是一个典型的案例。

6.3.2 用商品价值刺激用户感性消费

在传统营销中，品牌商更喜欢打价格战；而在内容营销中，品牌商更喜欢向用户展示商品的独特价值，这主要是由于购物场景的不同造成的。

在传统购物场景中，无论是线下商场、超市还是线上店铺，都存在商品严重同质化的现象。面对大量同款、相似款的商品，消费者在选购时重点考虑的因素往往是商品价格的高低，以及是否有促销、优惠活动等。而新媒体的迅速发展推动了新型购物场景的出现，用户在一种休闲的状态下刷着朋友圈，浏览着公众号的美文，在阅读图文的过程中不仅增长了知识，还完成了购物。

案例链接

豆果美食，在悠闲的氛围中刺激用户的购买欲

豆果美食 App 是一个供用户发现、分享、交流美食的互动平台，目前已经发展成为一个较为领先的美食互动社区网络，具有厨艺交流、美食分享的功能。豆果美食 App 的一大特点就是善于运用精美的文章营造轻松悠闲的氛围，从而刺激用户的购买欲。

例如豆果美食 App 发布的《想吃鲜芋仙？在家也能做！香软 Q 弹有嚼劲》这篇文章，先是以图文并茂的形式详细介绍了芋圆的知识，极大地丰富了用户对芋圆这种美食的了解；然后，作者不经意地分享了几款用芋圆制作的甜品，并附上了精美的图片和具体的制作方法（见图 6-11、图 6-12），通过芋圆甜品成品图从视觉上刺激用户产生想要吃一份芋圆甜品的感觉。

最后，文章的末尾贴心地附上了一句“点‘阅读原文’，凑单购买！”（见图 6-13），进一步让用户感受到服务的贴心。此时很多用户很可能就会决定点击购买。接下来，用户最关心的就是：“什么时候能到货呢？真是太想吃了！”

图 6-11　芋圆甜品制作方法一

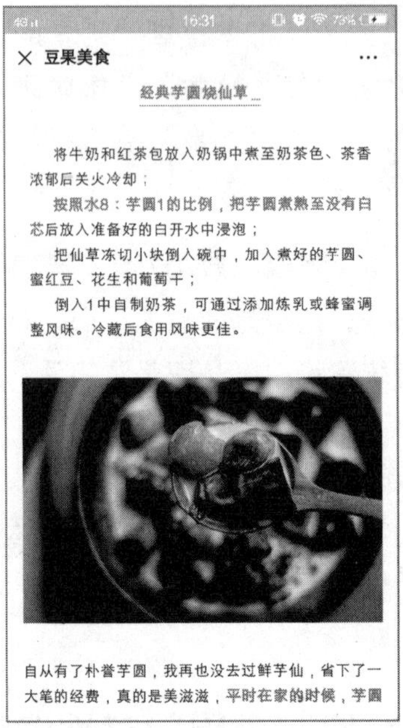

图 6-12　芋圆甜品制作方法二

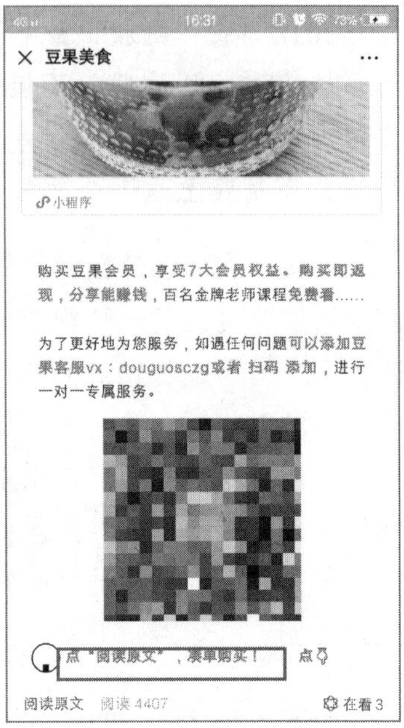

图 6-13　文末引导商品购买

由此可见，在全新的购物场景中，内容营销先借助具有吸引力的标题吸引用户的关注，继而通过搭建场景强化用户对商品价值的关注，弱化用户对商品价格的关注，从而促使其产生感性消费。

6.3.3　打造品牌自媒体，直接接触用户

在传统媒体时代，信息传播呈现单向传播的特点，信息的制作权和传播权掌握在少数主流媒体手中，品牌商和企业开展营销推广不得不依赖主流媒体。而在新媒体时代，信息传播呈网状发展，人人都可以生产内容，成为信息的制作者和传播者，人人都能自成媒体，品牌商和企业也不例外。品牌商和企业应该打造属于自己的自媒体，实施自媒体战略。

在新媒体模式下，品牌自媒体战略和内容营销有着密不可分的关系。一方面，品牌自媒体是品牌开展内容营销的有力支撑，内容营销信息的发布与传播，购物场景的搭建与转化等，都需要品牌自媒体的支持；另一方面，打造品牌自媒体也离不开内容营销的支持。品牌通过开展优质的内容营销，持续、稳定地产出高质量的内容，让品牌具备媒体的功能，从而让品牌无须依赖第三方媒体，通过自身的自媒体即可直接与目标用户进行接触。但是，构建品牌自媒体并非易事，不是开通几个公众号、每天发布一些与品牌或商品相关的资讯就可以的。

从本质上来说，自媒体依旧是一种媒体。参考传统主流媒体的特点，品牌至少需要满足图 6-14 所示的三个条件，才有可能构建一个合格的自媒体并开展内容营销。

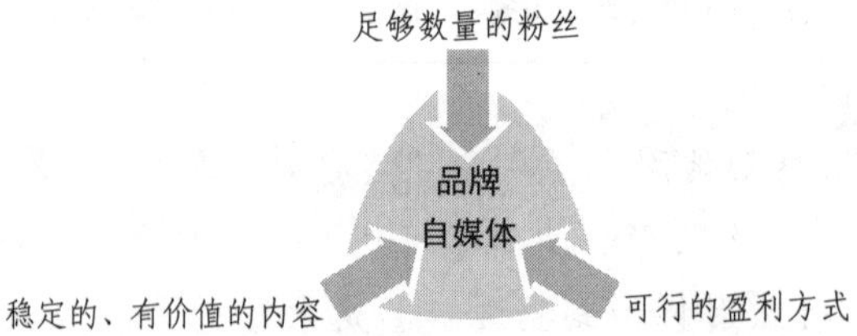

图 6-14　品牌构建自媒体需要满足的条件

1. 足够数量的粉丝

粉丝是信息传播的最佳渠道之一，品牌只有在一定时间内聚集足够数量的粉丝，才能为营销信息的有效、快速传播打好基础。

2. 稳定的、有价值的内容

优质的内容是保证自媒体良好运营的关键，品牌自媒体只有持续、稳定地生产符合用户需求、能够为用户解决问题的内容，才能长久地吸引他们的关注，让用户愿意与自己的朋友分享自媒体中的内容。但是，持续、稳定地生产有价值的内容并非易事，品牌商和企业需要组织成立包括内容编辑、美工、推广人员在内的专业自媒体团队，这样才能为自媒体的稳定运营提供有力的保障。

3. 可行的盈利形式

品牌商和企业构建自媒体是为了开展营销活动，而营销的最终目的是获得盈利，所以品牌自媒体需要有一个切实可行的盈利方式，可以是销售会员权益，也可以是依赖电商，还可以是承担第三方广告平台的角色。如果只有成本投入而没有盈利产生，品牌自媒体只会成为一个耗费资金的无底洞。

6.4 多渠道营销，打造线上+线下的营销格局

随着市场环境的不断变化，以及各类新媒体的不断涌现，品牌商和企业可选择的营销渠道越来越多。在新零售环境下，品牌商和企业开展营销推广不能局限于某一种渠道，而是应该通过多种渠道与消费者进行沟通、互动，进而提升营销转化率。

6.4.1 线下传统媒介营销，传统流量新玩法

当前，线上流量已经趋于饱和，线下流量又重新进入风口期，呈现出逆势增长的态势。但是，如果我们对线下营销方式的认识仍然停留在投放电梯广告、公交广告、地铁广告等方面，那么无疑正在错过线下这个巨大的流量池。在移动互联网、社交媒体快速发展的今天，线下流量有着全新的玩法。

1. 移动媒体时代，用竖屏视频无缝连接线上线下

随着移动互联网的飞速发展，人们的生活习惯遭受了强烈的冲击，很多人每天都会在移动设备上花费大量的时间，逐渐形成了移动化的阅读和体验习惯。因此，在移动化浪潮的影响下，如果线下媒体能够适应用户移动化阅读和体验的习惯，势必能够赢得用户的好感与青睐。

以视频营销广告为例，在智能手机普及之前，人们更习惯使用 4：3 和 16：9 的“横幅画面”来观看视频。品牌商如果投放视频广告，只要按照横幅画面的比例制作视频即可。但是，随着智能手机的普及，越来越多的人开始习惯使用手机来观看视频。为了适应人们的观看习惯，9：16 的竖屏视频内容获得了各大视频平台的大力推广。同时，传统直播行业也受到移动化媒体的影响，逐渐形成了手机直播的浪潮。这些现象都表明人们观看视频的习惯发生了转变，从习惯观看传统的 16：9 的横屏视频，变为越来越倾向观看 9：16 的

竖屏视频。

移动端用户行为的核心在于用户体验。在操作方面，人们使用手机观看横屏视频时需要翻转手机，而观看竖屏视频时则无须这步操作；在信息量方面，与传统的横屏视频相比，竖屏视频更加强调信息输出的轻量化，即人们能够更直观、快速地获取最有效的信息。这主要是受横屏和竖屏镜头特性的影响，与竖屏视频相比，横屏视频的视野比较开阔，纵深感强，空间层次感更加丰富，画面适合表现比较复杂的人物关系，所以横屏视频更适合在电视、PC 端上播放。

与横屏视频相比，竖屏视频则更加注重对特定对象的呈现，尤其适合表现自带垂直属性的背景或物体，适合展示简单、直观的场面，在叙事过程中多使用中心聚焦式镜头，通过放大细节带动受众的情绪，给受众以沉浸式的体验。竖屏视频窄而长的观看区域更适合在手机移动端上观看。

在移动手机端用户的使用场景中，人们更喜欢快餐式消费模式和直观的视觉消遣。在短视频中，竖屏视频体现出了轻视觉、轻卖点、轻逻辑这三大特点，实现了信息的轻量化输出。因此，与擅长场面调度的宽屏视频相比，竖屏视频更能迎合人们的使用需求。

线下媒体的营销方式也受到了竖屏视频潮流的影响，在众多电梯媒体中，新潮传媒已经将线上移动手机端用户的习惯成功地嫁接到线下，在小区、商场、写字楼等的电梯内投放竖屏视频广告。图 6-15 所示为新潮传媒在电梯中投放的竖屏视频广告。

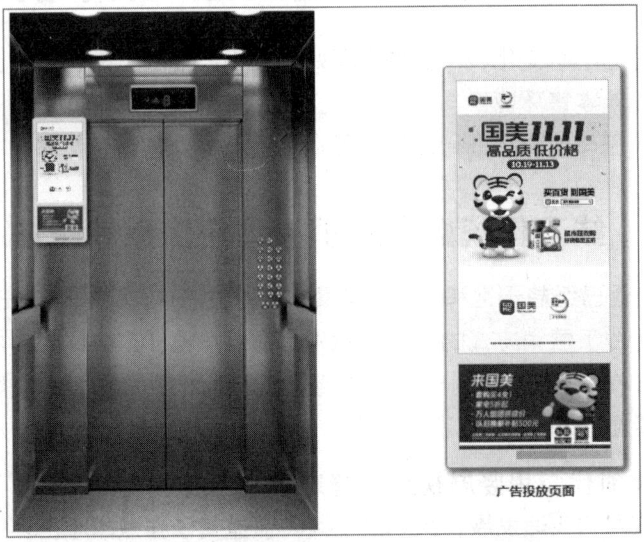

图 6-15　新潮传媒在电梯中投放的竖屏视频广告

毋庸置疑，用户的阅读习惯正向移动化方向转变，线下媒体平台如果能够迎合这一趋势，及时向移动化的方向变革，不仅能够提高媒体平台自身对用户的吸引力，同时也能为合作品牌商提供更高质量、更符合用户需求的营销服务。而品牌商只有选择能够及时适应用户观看习惯的媒体平台，才能有效获取更加优质的流量，从而实现更佳的营销效果。

2. 场景化营销，强化用户的沉浸感与融入感

与线上媒介相比，线下媒介拥有一个独特的优势，就是它所打造的营销场景和营销商品是真实存在的，能够让受众触摸到，所以通过线下媒介开展的营销活动更具有空间感，有利于通过打造场景化营销内容给受众带来更具融入感与沉浸感的体验。线下媒介如果能够充分利用场景化营销的优势，就可以有效转变用户接受广告的状态，由用户被动接受转变为主动接受，从而为品牌商创造更加深入人心的营销效果。

线下场景化营销的关键在于营销场景的创意设计，营销场景既要让线下媒介的特点和属性得到充分发挥，又要体现出品牌自身的调性和商品特征。因此，环境相对比较封闭的线下媒介更容易营造出良好的场景化效果，如电梯媒介、地铁媒介等。尤其是电梯媒介，具有狭小、封闭、隐私等特点，具有天然的场景化属性。

案例链接

顾家将床垫搬进电梯里，开启“睡觉”场景营销

电梯已经成为人们生活中的重要组成部分，甚至可以说是现代都市人生活中一个承载情绪的空间，而晚睡也已成为当代都市人生活中的通病。新潮传媒和顾家床垫洞察到了都市人习惯性晚睡的常态，以此为切入口，利用都市生活场景中熟悉的电梯发出“每天早睡一小时”的健康号召，并设计了“床垫主题电梯间”，将顾家床垫的使用体验直接渗透到线下传播中。

新潮传媒和顾家床垫把电梯包装成了卧室的模样，“卧室”还分为单身版和家庭版两种，如图 6-16 所示。电梯墙面分别设置了一个人和一家人的文案、单人和双人的枕头，电梯地面还特别设计了单人和双人的拖鞋摆放，展现了两种不同状态的正向生活。

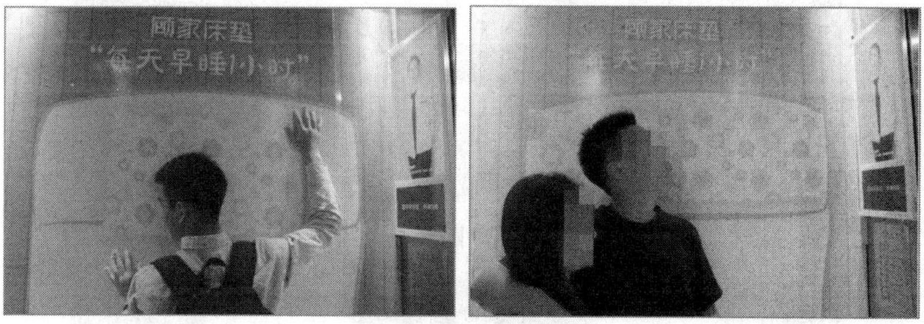

图 6-16　顾家床垫电梯场景化营销

熬夜几乎成了现代都市人的一种生活常态，顾家在新潮传媒的配合下，在都市生活必不可少的电梯场景中提出“关爱自己”和“早睡一小时”的倡议，能够精准触达乘坐电梯的受众的痛点。受众乘坐电梯的过程，就是感受优质睡眠状态、体验品牌的过程。通过这样的体验，让受众将顾家床垫与优质睡眠关联起来，提升了受众对品牌的好感度，让他们在一种充满趣味化的营销场景中主动接受广告。

场景化营销的核心在于根据人们所处的时间、地点、环境和状态的差异性，提供与之相匹配的信息、商品或服务，从而满足其显在或潜在的需求。线下场景化营销对广告创意有着更高的要求，广告创意需要综合考虑品牌调性、商品特点，以及承载广告的媒体属性等多个方面，这就对品牌商和媒体平台提出了更高的能力要求。

3. 媒介型创意，用线下媒体引爆线上话题

在策划事件营销时，很多人往往会单独从内容上寻找灵感，但在当前的营销环境下，内容型事件营销已经很难再挖掘出能够引起大热的创意了。同时，随着人们兴趣点的提升，

相同或相似的事件营销创意很难再吸引他们关注。在这种情况下，品牌商可以考虑借助线下媒体的特殊性来策划事件营销，即以媒介型创意来开展事件营销。

开展以线下媒体为创意策划基点的事件营销，品牌商需要做好的关键工作就是选择与品牌营销信息相契合的线下媒介，将营销信息以合适的方式展现在线下媒介上，并在网络上形成话题，引发激烈讨论。

案例链接

虚拟与现实交互，网易云打造“留声记忆”沉浸式地铁车厢

在庆祝我国改革开放40周年之际，网易云音乐联合新华社客户端在杭州地铁1号线定安路站和北京地铁4号线宣武门站举办了主题为“留声40年：那些改变你我的故事”音乐主题影像展。同时，在两列留声专列上也精心设计了六个时代金曲沉浸式场景车厢（见图6-17、图6-18），使乘客不出地铁便能借助音乐的旋律回味改革开放40年的发展历程，唤起乘客别样的“留声记忆”。

图6-17　中国风主题车厢

图6-18　电音主题车厢

同时，在地铁内设置了“点亮人生”互动体验（见图6-19），以AR的方式引发了用户更深层次的共情感受。此外，网易云音乐还联合人工智能团队策划了“AR心灯世界”互动体验项目（见图6-20），用户只要点亮“心灯”，就能随机听到10余位不同年代、不同领域的名人讲述他们自己与音乐、与时代的故事。

图 6-19 “点亮人生”互动体验

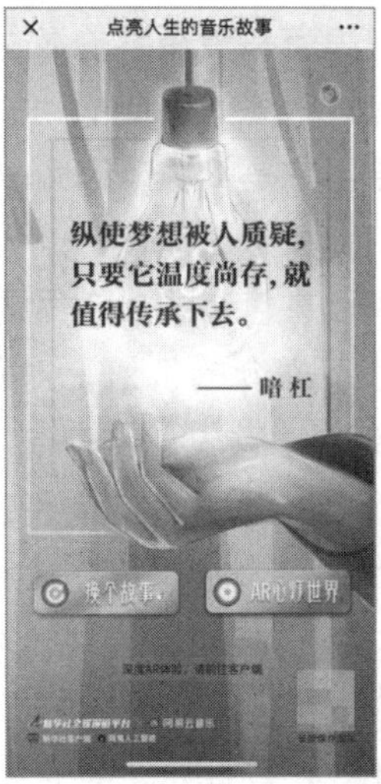

图 6-20 “AR 心灯世界”互动体验

此前，新华社客户端曾联合网易云音乐、网易新闻开展了“1978—2018 我和年代金曲不得不说的故事”线上征集活动，鼓励用户分享自己的音乐故事。这次主题活动展从中挑选出 50 余个精彩的音乐故事在列车和地铁站内进行展示，唤起了乘客别样的“留声记忆”。

相同的音乐却因为人们在不同境遇下形成的差异化理解而被赋予了更加丰富的意义，凝聚了更加强大的生命力。用户分享的真实而极具情绪感染力的 UGC 将用户回忆中的情感进行了放大，成为连接品牌与用户的最好介质，从而推动了此次活动的二次传播。

这个全场景沉浸式的互动体验活动将网易云音乐品牌的情感关怀深入到人们的生活场景，具象了“音乐的力量”，有效实现了用户的情感认同，提升了用户对品牌的好感度。

下面结合这个案例，从两个角度来解析线下媒介事件营销的策划方法。

（1）选择与品牌目标受众有一定的一致性的线下媒介

在选择线下媒介时，需要考虑品牌传播的需要与品牌的目标受众两个因素，所选择的线下媒介覆盖的受众要与品牌的目标受众有一定的一致性。

地铁是城市化的产物，它不只是一种交通工具，更与“奋斗的疲惫和孤独”的感受连在一起。地铁里承载了太多人的梦想和希望，但他们又是如此孤单。我们曾经是地铁乘客中的一员，所以能够深切地理解这种孤独的脆弱感。

在地铁相对封闭的空间中，人们的注意力更容易集中。当人们步履匆匆踏入地铁时，不同风格的年代场景布置一下子就让时光慢了下来。当年那个抱着吉他在树下唱歌的白衣少年，和小伙伴一起抱着唱片对着偶像海报傻笑的自己，还有正当壮年在迪厅里蹦迪的父母等，所有的景象犹如电影画面一般，随着地铁的前进一幕幕地划过脑海，人们会在音乐的气氛渲染中回味过去的时光。

但需要注意的是，有时并不需要过分要求线下媒介所覆盖的受众与品牌的目标受众高度一致，因为虽然媒介所覆盖的一部分受众可能不是品牌或商品的使用者和体验者，但他们具有成为品牌和商品传播者的潜力。在社交媒体营销爆发式发展的现在，商品的传播者与商品的使用者具有同等重要的地位。例如，当推广一款女性眉笔时，不必强求所选择的线下媒介的主要用户是女性，因为只要有恰当的广告创意，线下媒介的男性使用者也完全可以成为商品的传播者，他们可能会将该商品分享给自己的女性朋友。

（2）将营销信息包装成热门话题事件

充分挖掘线下媒介的价值，对营销信息进行包装，将其转变成具有话题性的事件。在上面这个案例中，新华社客户端将线上用户分享的音乐故事在线下地铁内进行展示，这本身就是一个极具话题性的事件。很多人在乘坐地铁的过程中拍照留念，并将照片分享在微博、朋友圈中，进而在线上引发了新一轮的互动，这也推动了此次营销在线上的二次发酵。

因此，以线下媒体为创意策划基点的事件营销的基本传播逻辑，就是结合品牌特点选择合适的线下媒介，设计一个具有话题性的事件，在线下媒介的受众中实现第一轮曝光；然后利用事件的话题性引发初始受众在线上对此事件进行晒图分享，从而引发事件在线上的二次发酵。做好事件营销的难点体现在三个方面，一是品牌商是否能够找到合适的线下媒介，二是品牌商是否能够设计出具有创意的营销策划方案，三是事件营销是否能够激发受众分享和讨论的热情。

6.4.2 社群营销，构建“店+群”的营销体系

社群是指基于移动网络和社交工具，拥有相同兴趣或价值观的人突破时间与空间的限制聚合而成的实时互动沟通的群体。借助移动互联网的优势，社群已经成为企业与用户连接的最短路径和最经济的手段。

1. 经营体系改革，实体门店做好社群营销的必要条件

对于实体门店来说，在传统的运营体制下进行社群营销可能会产生一定的效果，但要想让社群营销更加贴合新零售的运营模式，实体门店运营者需要对实体门店的经营体系进行适当的调整。

（1）调整实体门店的运营体系

目前，很多实体门店采取的仍然是以商品为中心的经营模式，在门店设计布局、部门职能、岗位设置等方面更多地体现商品销售和商品管理。要构建“店+群”的营销体系，就需要对实体门店的运营体系进行调整。

① 调整门店内商品陈列的布局

对实体门店内商品陈列的布局进行调整时，实体门店运营者要坚持“以人为中心”的原则，体现消费者在整个场景中的中心位置，例如，可以通过减少货架加大消费者的活动空间来增强门店的社交属性。

② 调整门店的岗位设置

实体门店运营者可以在门店内设置专门的负责管理和运营客户关系的部门及岗位。该部门和岗位的主要职责就是运用社群抓取有效的消费者，并让消费者产生价值。

③ 打造门店的 IP 属性

消费者自主产生的传播是最有价值的传播，所以实体门店运营者要积极引导消费者在

门店内拍照，并在社交媒体上进行分享，以提升门店在移动互联网环境下的营销能力。

（2）构建以移动传播为主的传播体系

在移动互联网环境下，实体门店要构建以移动传播为主的营销体系，要结合当下移动互联网环境的传播特征，构建涵盖公众号、短视频等多种传播渠道的新营销体系。

此外，实体门店还要设置专门的传播部门。传播部门要具备较强的内容生产能力，也就是说，传播部门生产的内容不能只是让人阅读以后就算了，还要激发目标消费群体的分享欲望，刺激他们对这些内容进行主动传播。

（3）调整企业的组织管理模式

在传统的连锁零售模式中，总部的标准化、统一化的管理是其主要特征。虽然标准化、统一化的管理模式能够提高企业的管理效率，但这样的管理模式大大限制了各个实体门店的创新活力，最终造成了“千店一面”的局面。

在新零售环境下，消费者的消费需求更加个性化。面对不断变化的消费环境，创新能力成为检验企业核心竞争力的主要标志之一。因此，零售企业需要调整和变革企业组织管理模式，为实体门店和各级管理者、各级员工创造更充分的创新空间，提高门店运营管理的灵活性，以适应市场的不断变化。

2. 实体门店做好社群营销的四个步骤

社群的本质是在互联网的基础上做进一步的连接，即连接人与信息，连接人与人，连接人与商品。通过让社群成员对社群产生信任，从而降低广告成本、搜索成本和交换成本。对于实体门店来说，开展社群营销的基本步骤如图 6-21 所示。

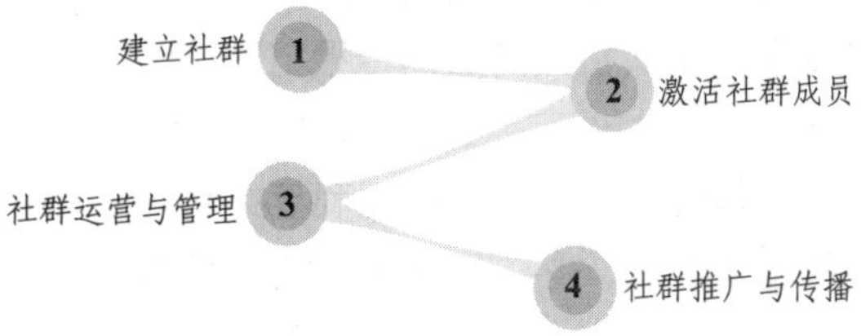

图 6-21　实体门店开展社群营销的基本步骤

（1）建立社群

建立社群是做好社群运营的重要基础。实体门店本身就拥有稳定的客群，所以具备非常好的建群条件。

实体门店不能采取粗放的方式来建立社群，即在不考虑成员的属性、消费能力、消费需求的情况下，简单地将所有的人都拉到群里。因为这样的社群运营起来会非常困难，最后只会成为灌水群、死群。因此，实体门店在建群时需要深入分析群成员的属性和消费能力。

① 分析社群成员的属性

实体门店运营者可以根据社群成员的属性来建立社群，这个属性可以是性别、年龄，也可以是行业、职业、身份属性（如学生、新手妈妈等）。属性相同的人才更容易拥有共同语言，才更容易形成连接。

针对不同属性的成员建立不同的社群后，要确定不同的社群交流主题，例如新手妈妈社群要以推送育儿经验和婴幼儿商品信息为主，老年人的社群要以推送健康、养生知识和商品信息为主等。

② 分析社群成员的消费能力

社群成员的消费能力直接影响着社群运营策略的制订。例如，如果想在社群中推送一些高品质的商品，消费能力较低的人就会觉得商品的价格太高；如果一味地迁就消费能力较低的成员，总是推送一些低价商品，可能会导致追求高品质商品的成员退群。

分析了社群成员的属性和消费能力之后，实体门店运营者可以采取多种方式吸引消费者入群，例如，在门店内设置群二维码，消费者可以通过扫描二维码入群。

（2）激活社群成员

消费者成功入群后，接下来就要激活社群成员，让其保持活跃度，并对社群产生信任感和依赖感。激活社群成员的方法有以下几种。

① 建立情感连接

实体门店运营者要将社群打造成一个讲情感的空间，让门店与社群成员形成情感连接，用情感来拉近门店与社群成员的心理距离。深入的情感连接是社群的重要特征之一，如果运营者只是在社群中硬邦邦地卖货，就失去了建群的意义，这样的社群必然不会长久。

② 推送商品

实体门店建立的社群最终一定要与商品运营建立连接。在社群中推送的商品一定要符合社群成员的特征和需求，紧抓社群成员的痛点。

实体门店运营者可以采取图文结合的形式推送商品，用文字和图片赋予商品更多的价值增值；也可以使用短视频来推送商品，让商品更具表现力，提升社群成员对商品的关注度，刺激他们自主传播商品，从而扩大商品的传播范围。

③ 发放红包

红包对于社群建设有着很大的作用，巧妙地利用红包可以提升社群成员的活跃度。但是，红包是建立在直接利益之上的，是“弱吸引力”，只能作为激活社群成员的手段，不能过于依赖。

要想借助红包刺激社群的活跃度，需要注意以下两点。一是不要毫无目的地发红包，而要师出有名，例如节日时发放红包，以配合相应的节日气氛；在发红包时写上一句祝福语，让社群成员感受到红包的情感分量，而不是简单地点击获取。有了情感要素的植入，社群成员会更加依赖社群。

二是要选择合适的发放时机，避免深夜发红包，以免对已经休息的社群成员造成骚扰；避免在工作时间发红包，以免影响社群成员的工作效率。对于大多数人来说，晚上 8:00—9:00 是其自由时间段，这个时间段内社群成员可以以最轻松的状态领取红包，并愿意参加话题讨论，所以可以选择这个时间段来发送红包。

④ 分享有价值的内容

内容始终是品牌运营的核心，再好的商业模式，如果没有内容的充实，就始终是“空中楼阁”。对于社群营销来说，“内容为王”依然不过时，拿吴晓波频道、罗辑思维、樊登读书会、“凯叔讲故事”这些知名社群来说，它们一旦缺乏内容创新，必然会造成大量粉丝的流失。因此，创造可以让社群成员真正留下来的优质内容，是让社群保持活跃的必不可少的环节。

有价值的内容并不是照搬网上的热门内容，更不是通过刷屏来博取眼球，而是要精准地触及目标消费群体的需求。社群成员之所以加入某个社群，就是因为他们觉得该社群能够满足其某个方面的需求，能够为自己提供有价值的内容。

因此，在正式打造社群持续输出的内容之前，要对社群成员的需求进行调查和分析。可以在社群中发起投票，看看社群成员最关注哪些主题，然后对这些主题的内容进行重点挖掘。同时，还要关注社群成员的留言，根据他们的建议进行主题调整。唯有让每个社群成员都感到推送的内容是有价值、有意义的，社群才有存在的基础。

⑤ 组织线下活动

实体门店运营者要充分运用好线下实体门店的优势，将社群运营与店铺营销活动结合起来，针对社群成员的特点组织一些有价值的线下体验活动，如新品体验、亲子活动等，拉近运营者与社群成员的心理距离，提升社群成员的活跃度。

⑥ 发挥 KOL 的价值

KOL 是指拥有更多、更准确的产品信息，且为相关群体所接受或信任，并对该群体的购买行为有较大影响力的人。实体门店在开展社群营销时，要高度重视 KOL 的价值，结合自己社群的特点招募 KOL 或培养自己的 KOL，让他们与社群形成紧密的关系，在社群运营中充分发挥价值。

（3）社群运营与管理

“无规矩不成方圆”，任何组织一旦缺乏规则的约束，其秩序就会变得混乱，社群也是如此。没有规则的社群会导致发广告等行为越来越多，人越多就会越混乱，越混乱闲杂人等就越多，势必会形成恶性循环，最终导致社群走向灭亡。

① 设置社群管理员

为了维护社群的秩序，保证社群的正常运转，社群有必要设立管理员，负责社群日常的管理工作。社群管理员需要具备以下特质。

- 拥有良好的自我管理能力，能够以身作则，率先遵守群规。
- 拥有责任心和耐心，能够认真履行社群管理的职责。
- 团结友爱，遇事从容淡定，决策果断，懂得顾全大局。
- 赏罚分明，能够灵活运用社群规则对成员的不同行为做出合理的奖惩。

② 设置合理的群规

合理地设置社群规则是保证社群健康、有序发展的基础，群规是维护社群稳定发展的有效机制。但是，一定要从社群自身的情况来进行设置，甚至一个社群下属的不同分社群，也要根据分社群的特点在规则的设置上有所区别。

③ 设置奖惩规则

奖励与惩罚是管理和运营社群过程中必不可少的手段，设置合理的奖励与惩罚机制有利于提升社群的活跃度，维护社群的良好秩序，为社群成员创造健康的交流、学习环境。

只要群成员针对社群的商品、服务或社群管理模式提出了有价值的建议，管理员就可以给其一定的奖励，如赠送商品、商品试用奖励，甚至是现金奖励。

对于违反群规的成员要予以惩罚，以维护社群的良好秩序，保证社群的健康发展。

④ 设置淘汰规则

社群运营者可能会遇到这些问题：社群成立之初活跃度很高，但一段时间后发言的人越来越少，对于长期不发言、不表态的成员应该如何处理？为了激励成员的成长，组织了各类线上活动，对于总是不响应、不反馈的成员该怎么办？此时，社群运营者应该考虑淘汰机制，通过运用淘汰规则筛选出高价值成员，将低价值、无效的成员剔除，从而提升社群的价值。

（4）社群推广与传播

要想让社群的价值充分发挥出来，一方面要把社群建好、维护好，另一方面要扩大社群的影响范围，将社群推广给更多的人。社群运营者要激励群成员传播和推广社群，不断吸引新成员，以提高社群的影响范围。

6.4.3 构建以消费者为中心的全渠道精准营销

在新零售模式下，全渠道精准营销就是在精准定位商品的基础上，依托大数据与线上线下各类渠道，利用现代化信息工具和社会化媒体，与精准目标消费群体进行个性化的沟通并进行推广的营销方式。

传统零售企业开展全渠道精准营销可以遵循以下基本步骤，如图 6-22 所示。

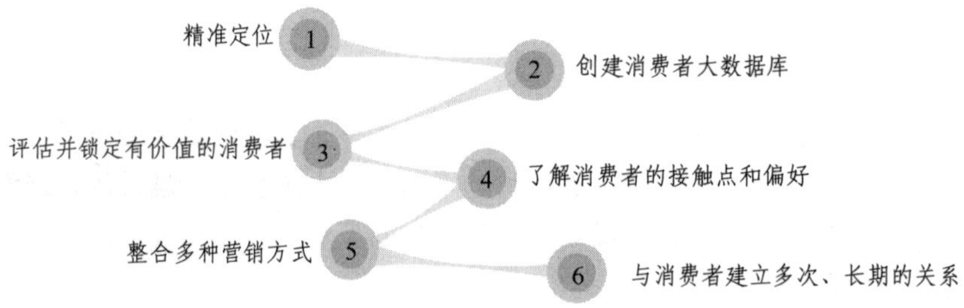

图 6-22 传统零售企业开展全渠道精准营销的基本步骤

1. 精准定位

精准定位包括两层含义，一是精准定位目标消费群体，二是精准定位自身。通常来说，消费者的购物逻辑是先确定商品品类，再选择商品品牌。因此，精准定位目标消费群体是开展全渠道精准营销的第一步。在精准定位目标消费群体的基础上，品牌商和企业还要搞清楚自己的商品或品牌代表了哪种品类，即弄清楚“我是谁”这个问题。

在精准定位这个问题上，小米手机的做法值得借鉴。小米手机对自身的定位是“互联网手机”新品类，其目标消费群体是追求“新奇酷”的人群。

2. 创建消费者大数据库

数据是精准营销规划顺利实施的重要保障。只有收集并分析消费者数据，才能全面了解消费者的需求和消费行为特征，进而开展精准营销。真正有用的数据不是简单的一组消费者名单或记录，而是消费者曾经购物的详细情况，或者是潜在消费者的需求与详细情况。通常来说，消费者在各个渠道上产生的浏览、询价、购买、售后等信息都是数据库的重要组成部分。

3. 评估并锁定有价值的消费者

面对庞大的消费者数据库，品牌商和企业并非要对每一个消费者都展开营销，而是应对消费者的价值进行评估，按照消费者的购买情况确定其财务价值，将消费者分为意见领袖、优质大客户、中小客户、意向或目标客户和潜在客户等基本类型，然后分别针对每种类型的消费者量身定制不同的营销方案并逐步实施。

4. 了解消费者的接触点和偏好

在执行精准营销之前，品牌商和企业还要弄清自己在何时、何地、什么环境下、采用何种方法才能接触到消费者并与消费者产生互动。为此，品牌商和企业需要做好以下两个方面的工作。

一是品牌商和企业需要了解并评估消费者会通过哪些渠道和方式接触到自己，这些渠道可能有 App、数字广告、传统广告、线下商店、邮件和小程序等。

二是品牌商和企业需要了解消费者偏爱哪种传播方式和传播渠道。消费者的购物过程是很复杂的，特别是在全渠道营销中，其行为更加复杂。因此，品牌商和企业不仅要知道自己的消费者是谁，还必须了解他们在购物过程中的行为轨迹，以及他们的购物目标和消费行为会如何因渠道而异。

只有这样做，才能根据每个接触点的特征以及消费者的偏好制订出最佳的营销与传播的组合方式。

5. 整合多种营销方式

做好以上四项工作后，就要整合尽可能多的营销渠道，如微博、微信、论坛、App、电视广告和短视频等。除了要整合各类营销渠道外，做好各个渠道的内容营销也很重要。互联网时代强调“内容为王”，只有那些商品有亮点、内容有情感且个性化、价值观能够引起受众共鸣的内容，才更容易引起广泛的关注与传播。

传统的大众营销方式是不分人群、单向性、非互动式的，主要依靠“野蛮轰炸”完成营销信息的传播；而全渠道精准营销是针对精准价值型消费者而展开的互动式、双向性的营销，它是一种潜移默化式、口碑式的传播，两者有着本质的区别。

6. 与消费者建立多次、长期的关系

精准营销的本质是一种关系营销。品牌商和企业与一个消费者产生一次交易关系并不意味着精准营销的成功，只有与消费者形成多次交易，并建立起长期的交易、互动关系，将消费者转化为自己的忠诚客户和品牌、商品的口碑传播者，才意味着精准营销的成功。

案例链接

合生元“妈妈 100”，会员制精准营销

对于消费群体十分鲜明的奶粉行业来说，开展精准营销是各个品牌商和企业必须要做的事情。但是，奶粉品牌商和企业要想既通过精准营销润物细无声地让消费者感受到自己的诚意，又能从中获取大数据以了解消费者的真实需求，从而制订出更好的商品开发策略和市场营销策略，并不容易。奶粉行业巨头之一的合生元，为奶粉品牌商和企业开展精准营销做了一个很好的示范。

（1）构建会员平台

合生元搭建了“妈妈 100”会员平台，然后利用门店 POS 机发展了大量会员。通过向会员发放会员卡，让会员积分、兑换商品，既将会员粘在了平台上，又搜集了大量的会员信息和购买行为数据，建立起了完善的会员数据库，为精准营销奠定了基础。

（2）精准营销

面对庞大的会员客户群，合生元“妈妈 100”采用自身构建的会员数据分析模型对消费者的需求和消费行为进行分析，然后为不同类型的消费者定制个性化的精准营销方案。针对不同类型的消费者、新客户回头购买和消费者交叉购买，合生元有着不同的营销策略。

为了更好地为会员提供精准服务，合生元还开启了一对一的营销沟通模式，即合生元各地品牌大使与消费者建立一对一的会员关系，品牌大使能够通过合生元“妈妈 100”会员平台查询到各自所负责的会员的购买记录，并能根据其喜好通过微信、电话、短信等方式与其进行一对一的沟通。品牌大使还可以通过微信向会员推送符合其需求的育儿资讯，更精准地服务会员。通过这一模式，合生元的精准营销得到了进一步完善，并且让消费者真实地感受到了“私人定制”的营销服务。

（3）客户关怀

依托会员大数据库，合生元会员营销团队会对消费者的消费心理需求进行深度分析。母婴类消费者有两个明显的特征，一是高关注，妈妈们对育儿过程非常关注，如孕妇的生理和心理变化，宝宝出生后买什么奶粉、吃什么辅食、穿什么服装、玩什么玩具；二是高互动性，很多新手妈妈缺乏育儿经验，虽然有些妈妈会看很多育儿方面的书籍，但还是不能完全解决她们在现实中遇到的问题，所以她们需要通过与医生、育儿顾问或其他妈妈进行互动来解决这些问题。

在开展精准化会员营销的过程中，合生元通过深入分析和了解会员的生理需求和心理需求，在“妈妈 100”会员中心为会员设置了“百分妈妈课堂”、问专家、育儿杂志等模块（见图 6-23），不仅为会员提供了各种育儿经验，还能让会员与育儿专家进行互动，让妈妈们更好地解决育儿问题，更好地选择育儿商品。

图 6-23 “妈妈 100”App 界面

此外，“妈妈 100”会员中心会针对不同的会员，设置不一样的活动和优惠，充分让消费者感知合生元是在为“我”服务。

（4）互动营销

合生元更加注重与消费者进行互动，尤其是与消费者面对面互动。在线上，“妈妈100”会员中心建立了线上社区，会员可以在线上社区进行各类互动活动。在线下，“妈妈 100”在门店为消费者提供了与育儿顾问面对面交流的机会，帮助妈妈们解决在育儿过程中遇到的各种疑难问题。此外，合生元在线下还开办了妈妈培训课程，面对面地向妈妈们讲授营养知识、护理知识和儿童心理早教知识，帮助她们解决育儿方面的困惑。

思考与训练

1．做好跨界营销的基本原则是什么？

2．开展以线下媒体为创意策划基点的事件营销需要注意哪些问题？

3．如何做好内容营销？结合本章所学知识，分析“罗辑思维”是如何开展内容营销的？

4．实体门店开展社群营销的基本步骤什么？

第 7 章 数据化运营——创建零售与数据结合的新形式

通过阅读本章内容，你将学到：

- 零售企业构建数据化运营模式的基本步骤
- 用大数据绘制消费者画像的步骤
- 智慧门店解决方案的基本构成模块
- 零售企业常用的运营数据分析指标和经典的数据分析方法

数据化运营是指品牌商和企业运用大数据的手段对业务进行运营，通过数字化转型提升自身业绩的过程。新零售的“新”是以“人”为核心进行的体验升级改造，新零售与数据化是不可分离的，传统零售企业想要实现向新零售的转型就必然要走上数据化经营这条道路，通过运用互联网技术对消费者的行为数据进行记录，对门店进行智慧化的综合管理，帮助门店提升经营效能。

7.1 大数据，新零售模式发展的坚实助力

在当前的市场环境下，大数据已经成为各个企业竞争力的重要组成部分，新零售与传统零售最大的区别就在于，新零售能够将数据与商业逻辑深度融合，用数据赋能零售业发展。具体来说，大数据对零售业的价值主要表现在三个方面。

1. 分析和管理消费者

品牌商和企业可以通过广泛搜集和分析各类消费数据，了解目标消费群体的消费心理和需求，绘制精准的目标消费群体画像，并将此作为开展客户关系管理、实施精准营销的有效参考，从而提升整体服务水平和效率。

很多情况下，消费者与品牌商和企业之间是一种非常松散的关系，消费者在品牌商和企业那里完成一次消费后，基本上就意味着客店关系的结束。而在新零售中，则更加强调品牌商和企业与消费者之间的连接。依靠大数据技术，品牌商和企业可以从不同角度、不同层面对消费者进行分析和研究，对消费者进行有效的管理，从而降低消费者流失率，提

升消费者的忠诚度。

2. 消费预测

借助大数据和云计算技术，品牌商和企业可以对交易过程、物流配送、商品使用、售后互动等环节进行数据化建模，从而预测目标消费群体未来的消费行为。同时，品牌商和企业可以根据数据模式进行营销方案测试，分析在不同变量下，哪一种方案所获得的投资回报率最高，从而提高运营效率，降低运营成本。

3. 个性化精准营销

品牌商和企业收集到精准的消费者数据，并对数据进行分析和研究后，可以依据数据分析结果对消费者进行个性化精准营销，做到在适当的时机，采取适当的方式，向适当的消费者推荐最适合他们的营销信息和最有可能购买的商品。

例如，知名服装零售商优衣库通过收集和分析消费者的消费信息，如消费者是经常去实体门店购买还是经常在线上购买，消费者经常购买哪些款式的服装，消费者的消费频率是多少等，然后可以精准地向相应的消费者推送优惠券和活动信息。

7.2 数字化转型，向新零售转型的必由之路

数字化时代的到来对品牌商和企业提出了巨大的挑战，向数字化转型成为品牌商和企业在激烈的市场竞争中获得优势的关键。

7.2.1 企业实现数字化转型升级的基本要求

向数字化转型升级涉及从根本上彻底地转变运营战略和技术。要想实现向数字化的转型升级，品牌商和企业需要培养五种能力。

1. 创新业务模式的能力

在数字化时代，品牌商和企业要培养自身设计并实现新的业务模式的能力，品牌商和企业必须不断地探索新的盈利方式、新的营销推广方式等各种创新型业务模式。

2. 与消费者深度互动的能力

品牌商和企业要具备与消费者进行深度互动的能力，不仅能在商品的销售、营销和服务过程中与消费者进行互动，还能在商品设计、供应链管理、人力资源管理等方面与消费者实现互动，让消费者在购物过程中获得参与感。

品牌商和企业既可以通过创建自己的虚拟社区来与消费者进行互动，也可以利用消费者已经创建的社区与其进行互动。

案例链接

小米——打造极致参与感，和用户做朋友

在创立之初，小米就定位于“走群众路线”，通过为用户营造参与感，打造“100个梦想的赞助商”，并借助社会化媒体形成了早期种子用户爆发。

刚开始做 MIUI（小米科技有限责任公司旗下基于 Android 系统开发的第三方手机操作系统）时，小米借助论坛做口碑，在各个论坛上选择了 100 个超级用户，让他们参与 MIUI 的设计、研发与反馈，也就是所谓的“100 个梦想的赞助商”。雷军每天会抽出 1 个小时对微博上的评论进行回复，每个工程师每天要回复 150 个帖子，而且在每一个帖子的后面都会有一个状态，显示这个建议被采纳的程度，以及解决问题的工程师 ID，这就让人们产生了被重视的感觉。

中期，小米还积极地与“米粉”交朋友。在用户投诉或不满时，客服有权根据自己的判断自行向消费者赠送小米手机贴膜或其他小配件。小米还会赋予用户成立“荣誉开发组”的权利，让他们试用未发布的开发版产品，甚至参与绝密产品的开发，为其创造了极大的荣誉感和认同感，让他们投入更大的激情参与产品的升级。

与其他论坛纯线上的交流不同，小米有一个强大的线下活动平台——同城会。同城会每两周举办一次，小米官方根据后台分析的不同城市的用户数量决定同城会举办的顺序，并在论坛上发布宣传帖让用户报名参加。每次“同城会”邀请 30～50 个用户到现场与工程师进行当面交流，这极大地增加了用户的黏性与参与感。图 7-1 所示为小米社区举办的某次同城会活动。

图 7-1 小米社区举办的同城会活动

除了为用户营造参与感外，小米还设立了回馈众多米粉的节日——“米粉节”。在“米粉节”这天，小米会发布全新产品，还会对往期产品进行大促销，利用极其诱人的促销折扣吸引粉丝疯抢产品，创造了一个又一个销售奇迹。

3. 跨渠道整合能力

跨渠道整合是指在多渠道运作模式下，品牌商和企业可以让消费者在社交网络、网站、线下实体门店等各个接触点实现随时切换。例如，消费者可以先在手机上对比商品的价格，然后到线下门店进行试穿或试用，最后再回到线上完成交易。

在整个购物过程中，消费者在各个渠道中的期望非常一致和明确，他们希望品牌商和企业能够了解自己的需求，能够为自己提供高品质的商品和服务。品牌商和企业在线上、线下全渠道内为消费者提供统一质量的商品和服务，有利于提高消费者的满意度，提升其对品牌的忠诚度。

4. 数据分析能力

品牌商和企业要实现向数字化转型，就必须具备数据分析的能力。通过开展数据分析，品牌商和企业能够获得科学的分析结果，并让其指导运营。在运营过程中，品牌商和企业是根据事实做出各种决策，而不是根据直觉或个人经验做出决策。

5. 培养数字化员工队伍的能力

员工是保证企业正常运营的关键因素之一，所以培养数字化员工队伍是品牌商和企业实现数字化转型的重要保障。

随着员工队伍日益移动化和全球化，通过移动工具和在线工具实现各部门、各个员工之间的协作已经成为企业内沟通、企业与合作伙伴之间沟通，以及企业与消费者之间沟通方式中的基本组成部分。

7.2.2 创建、利用、整合三步走，构建企业数据化运营模式

品牌商和企业可以从三个层面来构建数据化运营模式，如图 7-2 所示。

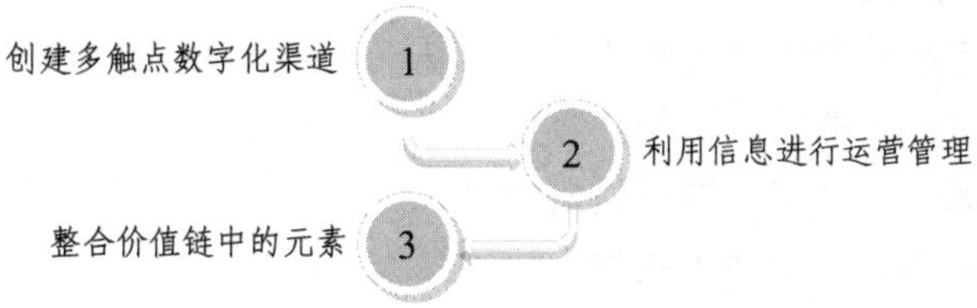

图 7-2 构建数据化运营模式的三个层面

1. 创建多触点数字化渠道

品牌商和企业要想培养自身的数字化能力，首先需要创建能够让消费者通过多种渠道参与互动的接触点，这些接触点可以是社交媒体接触点，如微信、微博等；也可以是品牌商和企业的官方网站和 App，如盒马鲜生通过让消费者使用 App 和支付宝付款来培养消费者用数字化的方式参与互动的习惯。

2. 利用信息进行运营管理

在运营转型的下一个层面，品牌商和企业要懂得利用信息进行运营管理。品牌商和企业需要将各个渠道、各个业务单位，以及各个合作伙伴的信息进行整合，并将整合后的信息用于指导自身运营。

3. 整合价值链中的元素

品牌商和企业要以消费者接触点为核心对运营模式进行重构，优化交易价值链中的所有元素。

仍以盒马鲜生为例，盒马鲜生的整个运营流程实现了以数字化为支撑，做到了线上

与线下的有效联动。盒马鲜生综合运用大数据、移动互联网、智能物联网、自动化等技术及设备，通过让“人”“货”“场”三者之间达到优化匹配来提升运营效率。盒马鲜生的供应链、销售、物流履约链路完全实现了数据化运营，在商品到店、商品上架、商品分拣、商品打包、商品配送等各个环节中，作业人员通过智能设备来开展工作，在保证高效的同时极大地降低了出错率。

7.2.3 做好四项工作，有效实现数据赋能

在新零售商业模式中，大数据和云计算的应用为品牌商和企业提升自身竞争力提供了有力的支持。向数据公司转型，将数据赋能发挥到极致，是品牌商和企业实现新零售转型的必要条件。品牌商和企业要想充分地运用好数据，将数据赋能的效应发挥到极致，就需要做好以下四个方面的工作。

1. 创建大数据云平台

品牌商和企业可以通过各种合法渠道、运用各种工具采集到大量数据，如消费者的社会属性数据、生活习惯数据和消费习惯数据等，并将这些数据进行存储，云平台就是一个数据存储仓库。

品牌商和企业要将自己从各处收集到的各类数据及时地传输到云平台进行存储，形成自己的数据资产，以便后期对其进行分析研究，用于指导自身运营。

2. 保持算法迭代更新

算法是指解题方案的准确而完整的描述，是一系列解决问题的清晰指令，它代表着用系统的方法描述解决问题的策略机制。算法是大数据管理与计算的核心主题，以厨师烹饪食材来比喻，在大数据应用中，数据就是食材，而算法就是烹饪这些食材的厨艺，厨师只有不断提高自己的厨艺，才能做出更加美味的食物。同理，品牌商和企业只有不断对算法进行迭代更新，才能让基于大数据分析的结果更加精准、科学。

3. 构建精准的消费者画像

在大数据时代，人们的一切行为似乎都变得“可视化”了。随着大数据技术的不断发展与深度应用，品牌商和企业越来越重视利用大数据来深度挖掘消费者的需求，开展精准营销，于是消费者画像应运而生。

作为品牌商和企业进行大数据运营的基础，消费者画像全方位、立体化地勾勒出了一个消费者的信息全貌，为品牌商和企业进一步精准、快速地分析消费者的需求、消费习惯等重要信息提供了足够的数据基础，帮助品牌商和企业快速精准定位目标消费群体，掌握目标消费群体的消费行为特征。

4. 采取精准营销策略

构建消费者画像，有助于品牌商和企业清晰地了解消费者需求，进行精准营销，再根据精准营销追踪消费者反馈的信息，最终形成数据闭环。

大数据的价值不是事后分析，而在于事前预测，“精准推荐”是大数据赋能零售业的核心所在。对于品牌商和企业来说，开展精准营销的意义主要有两个方面，如图 7-3 所示。

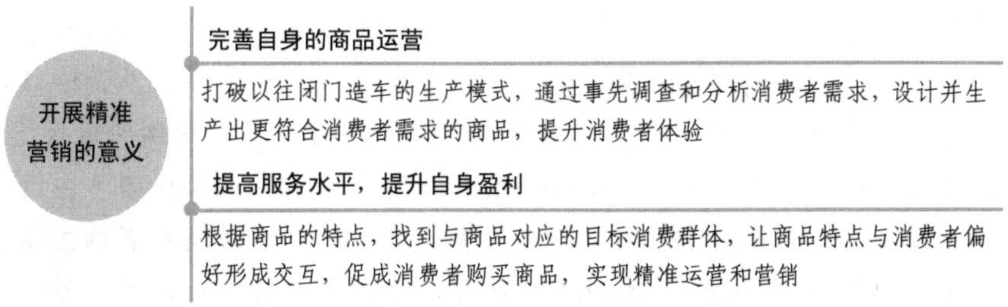

图 7-3　开展精准营销的意义

案例链接

用数据算法卖衣服的 Stitch fix

Stitch Fix 是美国著名的销售时尚服装的电子商务平台，它创办于 2011 年，总部位于旧金山。Stitch Fix 公司的创始人卡特里娜·莱克结合自己的专业背景，组织了一群数据科学家、IT 工程师、时尚造型师和零售业精英，开创了这家公司，用算法的模式为消费者寻找他们喜欢的服饰。

Stitch Fix 的制胜之道在于其商业模型采用了前所未有的数据科学，不仅是服装推荐系统，Stitch Fix 的物流、库存管理、库存采购、产品设计、需求估算等都用到了算法。

消费者在 Stitch Fix 上购买商品的基本流程如下。

第 1 步：登录 Stitch Fix 网站，填写一个关于个人时尚偏好的调查问卷，如尺码、颜色、样式等，如图 7-4 所示。

图 7-4　消费者时尚偏好调查

第 2 步：Stitch Fix 的专业时尚造型师会人工挑选 5 套服饰组合搭配并免费寄给消费者，消费者支付 20 美元的造型费。

第 3 步：消费者在家试穿，把自己喜欢的商品留下，把挑剩的商品用 Stitch Fix 提供的免费回邮服务退回去。

第 4 步：Stitch Fix 自动将消费者保留的商品欠款从消费者的信用卡中扣除。

消费者可以选择让 Stitch Fix 在每星期或者每月的固定时间给自己邮寄新的衣着搭配，也可以在自己有需要的时候再联系他们。

在整个过程中，Stitch Fix 最特别的地方就在于其能够根据算法判断消费者想要购买哪种风格的衣服。

在消费者注册账户时，Stitch Fix 会问非常多的问题，其中会涉及消费者的体形体态、穿衣偏好，以及消费者经常活动的场合等。Stitch Fix 也会邀请消费者登记 Linkedin（全球知名的职业社交网络平台）、Instagram（一款以分享图片和视频为主的移动社交应用）和 Facebook（美国著名的社交网站）等社交账号。通过消费者的主动告知和对消费者社交账号上信息的挖掘，Stitch Fix 就可以为消费者打上丰富的标签，构建出清晰的消费者画像，从而建立对消费者的基本认知。

在构建消费者画像的同时，Stitch Fix 也会收集与商品相关的各种数据，如颜色、条纹、形状等，将一件衣服从不同的维度打上丰富的标签，形成商品画像，然后通过消费者画像和商品画像来建立标签数据库，这也是 Stitch Fix 开发智能算法的基础。

Stitch Fix 的数据科学家们会根据消费者画像和商品画像建立一个稀疏矩阵（横列是所有消费者，竖列是仓库中的所有商品，每个单元格填写的是与消费者所对应商品的相关系数，大部分还是未知的，所以称为稀疏矩阵），然后根据一些明确的数据（消费者注册时填的资料，以及购买商品时的一些历史反馈）来预测一款商品与消费者之间的相关系数，从而预测这款商品的风格是否是这位消费者喜欢的。

除了运用算法之外，Stitch Fix 还雇佣了一些时尚造型师，通过他们的专业判断最后确定为消费者邮寄哪些商品。同时，这些造型师也能在算法的基础上更深入地了解消费者的需求。Stitch Fix 平台会记录一些重要的数据，例如，时尚造型师为某个消费者选择了哪些服装搭配，这些服装有哪些共同点和不同点，最后再追踪消费者对这些服装的反馈并形成数据记录。这些数据记录都会帮助 Stitch Fix 了解时装造型师是怎么做决策的，从而帮助 Stitch Fix 更深入地了解消费者的需求，为他们寄送符合其风格的服装。

7.2.4 零售企业数字化转型“五步曲”

零售业的数字化发展已经从线下信息化、线上电子商务化，进入线上线下全渠道数字化的新阶段。

在消费端，中产阶级和“80 后”“90 后”年轻人成为主要购买力，追求商品品质和个性化是他们的核心诉求。在渠道端，传统商场逐渐被集购物、餐饮、娱乐等于一体的新型购物中心所替代，线下客流会被再分配。同时，越来越多的品牌商开始全渠道运营，将线下线上深度融合。在新零售时代，用数字化进行内生增长和外延扩张将成为每个零售企业的必修课。

零售企业进行数字化转型的基本步骤如图 7-5 所示。

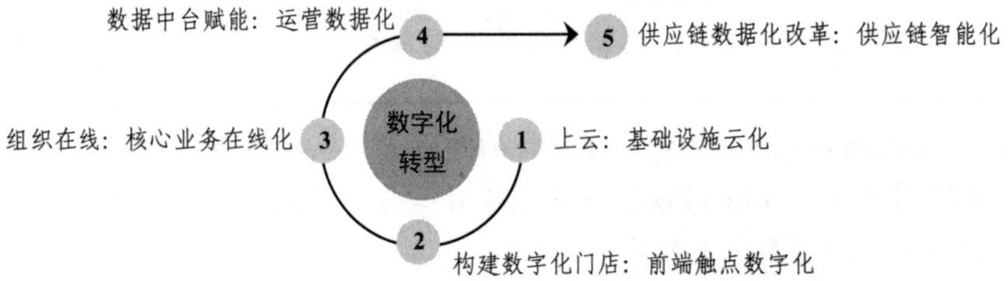

图 7-5　零售企业进行数字化转型的基本步骤

1. 上云：基础设施云化

对于零售企业来说，使用云平台将基础设施云化是提升业务运转效率、降本增效的有效措施。

云平台支持敏捷开发（即以消费者的需求进化为核心，采用迭代、循序渐进的方法进行软件开发），对于周转率高的行业来说，能够有效提高业务运作效率。以服装行业为例，它具有高周转、上新快、业务场景多的特点。服装企业将基础设施云化后，可以在云上构建新零售 IT 架构，有利于实现业务的快速运转和创新，用数据智能支撑最优决策，从而满足服饰业“唯快不破”的基本规则。

使用云平台是零售企业降本增效的有效措施。根据中国连锁经营协会和德勤在 2019 年 4 月联手发布的《连锁零售企业上云指引》报告中的统计数据，部分企业上云后，硬件成本降低超过 45%，软件成本降低超过 35%，集成成本降低超过 53%，实施成本降低超过 70%，运维成本降低超过 75%。

2. 构建数字化门店：前端触点数字化

在新零售时代，线上线下渠道在交易环节已经实现整合，零售企业的供销系统也已经打通，全渠道整合已经成为零售行业发展的必然选择。在全渠道整合的背景下，洞察消费者的消费行为特征是零售企业发展的“定海神针”，将前端触点数字化则是零售企业获客和对消费者进行精准画像的前提。

借助物联网中台构建数字化门店，打通线上线下数据是前端触点数字化的一个重要举措。数字化门店解决方案将为传统门店赋能，例如，门店可以借助商圈周边的物联网设备及云端代码做精准投放，实现引客进店。消费者进店后，店内工作人员可以通过使用物联网设备及会员数据加速消费者的购买转化。同时，数字化门店还能为品牌形成全域消费者画像模型。

3. 组织在线：核心业务在线化

很多传统零售企业都存在着从业人员多，线上线下事务分裂，直销分销事务繁杂、协调困难，企业营销进程不透明，获客难等痛点，这些问题大大降低了零售企业的运营效率。

随着零售企业门店运营、商品交易、支付等业务的在线化，企业需要实现组织在线、沟通在线，这样有利于提升消费者的购物体验，同时也能有效提高企业的运营效率。

借助数字化运营和管理平台，零售企业可以有效实现云端移动化办公，让人员管理、组织运营流程维护、工作流协同、培训等各个环节实现上下游在线化连接，使企业组织在线、沟通在线、协同在线、业务在线、生态在线，实现企业经营管理的在线化、数字化。

4. 数据中台赋能：运营数据化

零售企业在经营过程的各个环节都会产生大量的数据，如何整合多个部门之间的数据，如何有效管理数据并将其加以开发利用，是每个零售企业都会面临的问题。目前，使用数据中台是一种比较有效的整合和管理数据的方法。

数据中台的赋能能够帮助零售企业拉通散落在各个 IT 系统角落里的数据，同时，数据中台能够为零售企业提供数据产品与服务，让数据如水一样在零售企业的运营中自由流通，帮助零售企业形成最优决策。具体来说，数据中台对零售企业的赋能主要表现在六个方面，如图 7-6 所示。

1 零售企业可以在数据中台上构建包括选址、货品分析、人员分析等一系列的场景和应用

2 零售企业可以在全渠道、上下游生态链中实现用数据来指导运营，全面进入零售数字化

3 在和消费者的触点上，零售企业可以借助多媒体渠道和物联网设备，通过全域数据进行效果可量化的精准营销，实现营销数字化

4 零售企业可以通过全域数据沉淀的消费者画像及洞察进行精准广告投放或品牌设计，实现品牌数字化

5 零售企业可以利用数据中台中的历史数据开展会员奖励体系、会员招募体系及会员裂变机制等设计

6 数据中台能够为零售企业的智能客服、语音客服的沟通语言提供“个性化语料”，帮助零售企业实现会员管理数字化

图 7-6　数据中台赋能零售企业的表现

5. 供应链数据化改革：供应链智能化

前端触点数字化、核心业务在线化、运营数据化后所产生的大量数据会在数据双中台形成融合，再加上全站上云后的算力，这些都将会倒逼企业进行供应链数字化改革，促使企业最终实现端到端的智能化。换句话说，数据智能能够驱动零售企业实现线上、线下渠道的精细化运营，从而实现全局物流优化、智能补货、智能货品调度，最终构建快速、柔性的智能化供应链。

通过构建智能化供应链，企业可以以较低的成本与消费者保持持续的互动，对自身不断地进行优化升级，从而更好地满足消费者的需求。具体来说，智能化供应链对零售企业运营产生的有利影响主要表现在以下几个方面，如图 7-7 所示。

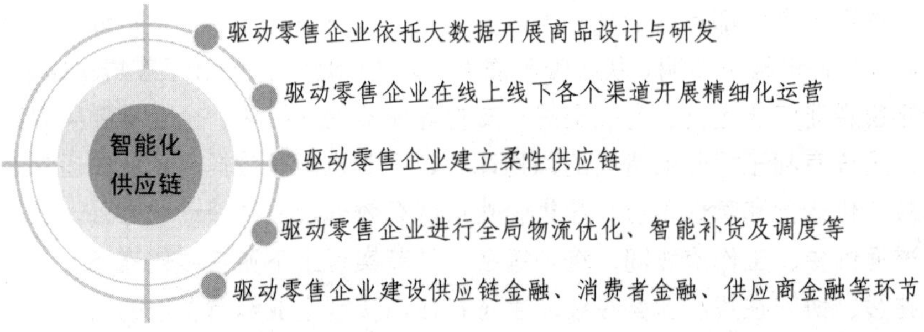

图 7-7　智能化供应链对零售企业运营产生的有利影响

案例链接

让数据开口，波司登通过“上云”解决库存问题

波司登是羽绒服领域的领军企业之一，在全国设有几千个零售网点，产销规模巨大。很多传统老牌企业在新零售到来时面临的挑战比新企业还要大，对波司登来说也是如此。

事实上，整个服装行业都陷入了一种“奇怪”的缺货困境：一方面门店缺货，另

一方面门店的库存却又很多。这是因为对于一家有着几千个门店的品牌商来说，要想很精准地预测在什么时间把什么货挪到什么地方是一件非常困难的事情。货是有的，但货源没有在正确的时间出现在有消费需求的地方，货源充足的地方可能卖不完，货源不充足的地方有人想买却买不到。高库存“冻”住了企业的现金流，高缺货又严重影响了消费者的体验。

于是，在经过多方讨论和考察后，波司登决定与阿里云合作，利用互联网中间件技术搭建一个全新的“零售云平台”。在零售云平台中设有库存中心，通过库存中心，波司登将原本分散在各地的仓库、门店的库存数据，以及与线下割裂开的线上库存数据全部整合在一起。运营者无须再去各个分散的系统中查数据，通过零售云平台全都可以一览无余。

阿里云为波司登量身定做的零售云平台不仅包括库存中心，还包括全局共享的用户中心、交易中心和订单中心等。也就是说，依托零售云平台，波司登将整条交易链上的“人”“货”、交易信息汇聚成一个能够即时动态变化的“水池”，上层的业务模块和业务流程可以随时调用池中的“水资源”。

凭借基于库存中心的自动补货系统，波司登将库存转移到后方，在试点区域采取了不设置经销商仓库，而由系统自动为经销商门店和直营门店补货的策略。依托零售云平台的智能补货系统，波司登有效地减少了因缺货造成的损失。

7.3 消费者画像，用大数据绘制消费者虚拟代表

传统的营销方式获客不够精准，造成了大量人力、财力的浪费。在新零售时代，做好营销工作很重要的一点就是精准地定位目标消费群体，要能给消费者精准“画像”，以低成本快速、精准地找到目标消费群体。通过大数据技术获得消费者信息数据，搭建出由点到面完善、丰富的消费者画像，通过消费者画像分析消费群体的消费行为轨迹，进而实现快速、精准的营销。

7.3.1 消费者画像的类型

早期的消费者画像结构比较简单，类似于个人档案信息，可用性比较差，无法准确地体现消费者的特征。而随着大数据技术的发展，数据量爆发式的增长，以及大数据分析技术的不断发展，品牌商和企业能够捕捉到更多的消费者行为数据，构建更加全面、精准的消费者画像，此时的消费者画像的价值也更高。典型的大数据时代的消费者画像主要包括两类，一类是消费者的消费行为与需求画像，另一类是消费者的偏好画像。

1. 消费者的消费行为与需求画像

在电子商务高速发展的当今时代，消费者在网上购物会留下大量的数据痕迹，这就为企业了解消费者的消费行为和需求提供了有效的渠道。企业通过搜集消费者的网购数据，对消费者的个体消费能力、消费内容、消费品质、消费渠道、消费频率等信息进行建模分析，可以为每个消费者构建一个精准的消费行为与需求画像。

2. **消费者的偏好画像**

随着互联网技术的发展，越来越多的人习惯于在网络上开展各种活动，从而形成了网络虚拟社会。网络虚拟社会是现实社会在网络上的映射和延伸，一个人在网络上经常浏览的新闻、视频，常听的歌曲等都能在一定程度上体现一个人在现实生活中的偏好。

随着网络技术和社交媒体的快速发展，消费者画像随着社会化大数据信息的激增也变得越来越丰富，越来越精细。通过搜集消费者偏好信息并对其进行分析，零售商家能够了解消费者的行为偏好，进而用消费者行为偏好画像开展精准定向广告投放，例如，以标签、消费者偏好画像为基础，为消费者投放符合其兴趣和爱好的商品信息或资讯等。

7.3.2 构建消费者画像的基本步骤

在互联网大数据驱动新零售的格局下，品牌商和企业需要快速实现数字化转型升级，构建消费者画像，实现引流获客。构建消费者画像的基本步骤如图 7-8 所示。

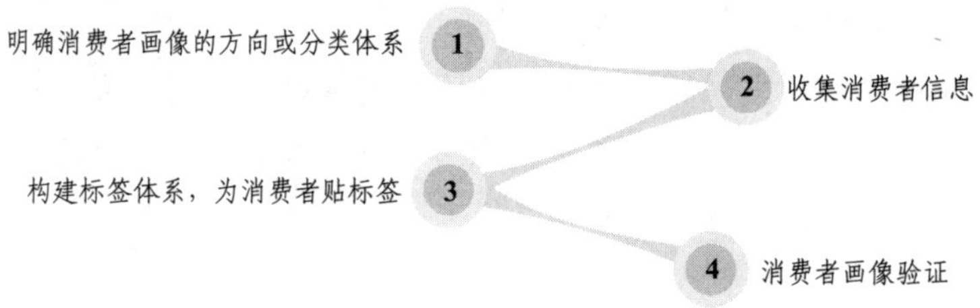

图 7-8　构建消费者画像的基本步骤

1. **明确消费者画像的方向和分类体系**

在进行消费者画像之前，品牌商和企业首先需要明确几个问题，即给哪些消费者画像，给这些消费者画什么像，给这些消费者画这个像的目的是什么，消费者画像的分类和预期结果是怎样的，这些问题并不是由大数据系统自动产生的，而是由品牌商和企业的运营者提出来的。如果品牌商和企业没有明确开展消费者画像的目标和依据，而是漫无目的地去搜集数据，无疑会做很多无用功，浪费人力和资源。

虽然在有足够多的数据做支持的前提下，品牌商和企业可以运用相关软件系统自动生成消费者关键信息画像，但为了提高消费者画像的体系化和应用性，建议品牌商和企业采取人工和软件系统相结合的方式进行消费者画像，即人工设计消费者画像的方向和分类体系，然后再运用相关软件系统进行数据搜集、建模和分析。

明确消费者画像的方向和分类体系是进行消费者画像的第一步，就像打地基和房屋初始设计，有了方向做指导，后续的数据收集与分析工作才能有的放矢。

2. **收集消费者信息**

明确了消费者画像的方向，接下来就是收集消费者的相关信息。品牌商和企业要做到比消费者还了解他们自己，这样才能对他们口袋里的钱怎么花出去产生影响。

（1）需要收集的消费者信息的主要内容

品牌商和企业在收集消费者信息时，应当以消费者为主体，而不是以自己的业务为主体。要站在消费者的角度，审视哪些信息可能与交易有关系。一般来说，品牌商和企业待收集的消费者信息主要有三种，如图 7-9 所示。

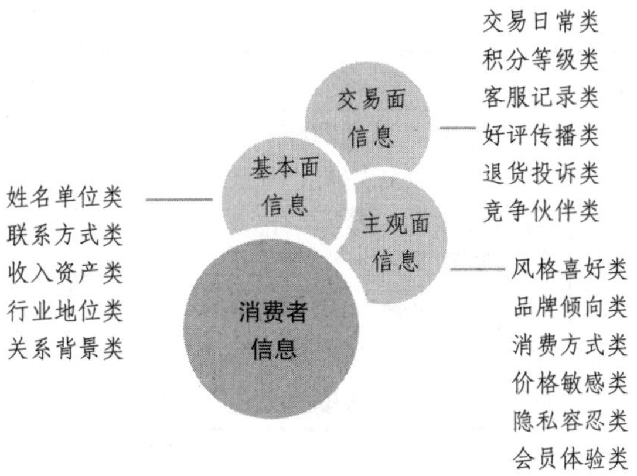

图 7-9　需要收集的消费者信息的主要内容

（2）收集消费者信息的渠道

收集消费者信息的渠道分为直接渠道和间接渠道两种。其中，直接渠道是指品牌商和企业内部的数据库。品牌商和企业内部的数据库中存储着大量的消费者信息，因此品牌商和企业从自身内部的数据库中即可获得丰富的消费者信息。通过间接渠道收集数据就是从品牌商和企业外部获得有效的消费者信息。

收集消费者信息的主要渠道如表 7-1 所示。

表 7-1　收集消费者信息的主要渠道

收集消费者信息的渠道		说明
直接渠道	通过市场调查获取消费者信息	品牌商和企业的调查人员可以通过电话调查、问卷调查、面谈等方式获取消费者的第一手资料，也可以借助仪器来对被观察消费者的行为进行观察并加以记录，从而获取有效信息
	在提供服务的过程中获取消费者信息	在品牌商和企业为消费者提供服务的过程中，为了满足自己的需求，消费者通常会直接且毫无避讳地向品牌商和企业表达自己对商品的看法或期望，对服务的评价和要求，对品牌商和企业竞争对手的看法，以及身边朋友的需求和购买意愿等，所以品牌商和企业可以借助为消费者提供服务的过程来增加对消费者的了解，并收集有效的消费者信息
	从消费者投诉中获取消费者信息	品牌商和企业将消费者的投诉意见进行分析与整理，并建立消费者投诉档案，为改进服务、开发新商品提供基础数据资料
	在终端获取消费者信息	在终端通过与消费者进行面对面的接触来收集消费者信息，例如，通过激励消费者办理会员卡，让其提供自己的基本情况，如联系方式、地址、性别、年龄等信息，品牌商和企业可以借此获取消费者的购买信息，如消费者购买商品的品牌、数量、档次、消费金额、购买时间、购买次数等，这样就可以大致了解消费者的消费水平、消费风格，以及对商品价格和促销活动的敏感度等
间接渠道	网络搜索	品牌商和企业可以借助搜索引擎、网上黄页、手机短信、行业网站等平台和方式来搜集消费者的相关信息。这种渠道的优点是覆盖面广，信息量大，但搜集到的信息准确性和可参考性较低，在使用之前需要经过详细的筛选

续表

收集消费者信息的渠道		说明
间接渠道	老客户	老客户通常与品牌商和企业已经形成了良好的互信关系，愿意分享一些看法和信息，因此品牌商和企业可以通过与老客户之间的沟通来搜集消费者的信息。这种渠道搜集来的信息比较具体，而且具有较强的针对性，但往往带有老客户自身的主观情感
	专业机构	有些专业的咨询公司会向外界提供专业的分析报告，这些信息有些需要付费，有些是免费的，品牌商和企业可以与这些专业机构保持联系，以获取有效的消费者信息

3. 构建标签体系，为消费者贴标签

消费者画像的核心工作是为消费者贴标签。标签是体现消费者的基本属性、行为倾向、兴趣偏好等某一个维度的数据标识，是一种概括性很强的关键字，可以用于简洁地描述和分类人群。例如，学生、“90 后”“80 后”、白领、单身等。

一个标签通常是人为规定的高度精练的特征标识，例如，年龄段标签：25～35 岁；地域标签：北京。一个规范、科学的标签一般具有两个特征，如图 7-10 所示。

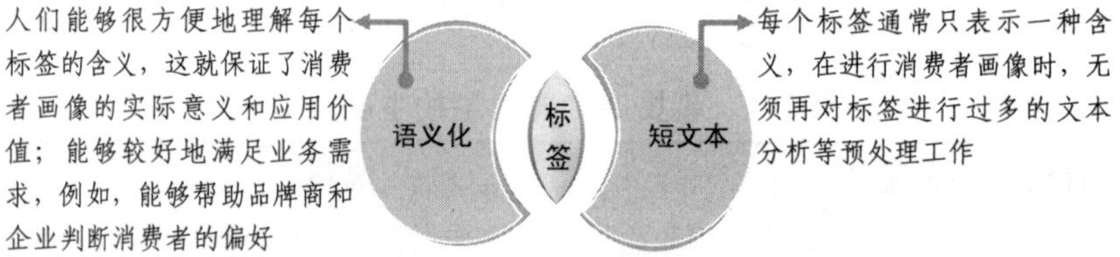

图 7-10　标签的特征

一般来说，为了全面、立体地描述消费者的特性，品牌商和企业可以从基础属性、社会/生活属性、行为习惯、兴趣偏好/倾向及心理学属性五个维度来构建消费者标签体系，具体的标签内容如表 7-2 所示。

表 7-2　构建消费者标签体系的维度及标签内容

维度	标签内容
基础属性	性别、年龄、地域、教育水平、出生日期、收入水平、健康状况等
社会/生活属性	职业、职务（如工程师、职员、管理者等）、婚姻状况、社交/信息渠道偏好、房屋居住情况（如租房，还是自有房）、车辆使用情况（如有车，还是无车）、孩子状况（如是否有孩子，孩子的年龄段等）
行为习惯	常住的城市、日常作息时间、常用的交通方式、经济/理财特征、餐饮习惯、购物习惯（如购物渠道、品牌偏好、购买的商品品类等）
兴趣偏好/倾向	浏览/收藏内容偏好（如浏览视频、文章的类型，浏览电视剧、电影的类型等）、音乐偏好（如音乐的类型、歌手等）、旅游偏好（如跟团游、自驾游、国内游、出境游等）
心理学属性	生活方式（如作息规律、喜欢化妆、喜欢素食、关注健身等）、个性（性格外向、文艺青年、特立独行、敢于尝新等）、价值观（如崇尚自然、勇于冒险、关注性价比、关注品质等）

确定了标签体系后，就可以为消费者贴标签了。同一个消费者可以贴多个标签，也就是说，消费者画像可以用标签的集合来表示，且各个标签之间存在着一定的联系。图 7-11 所示为消费者画像示例。

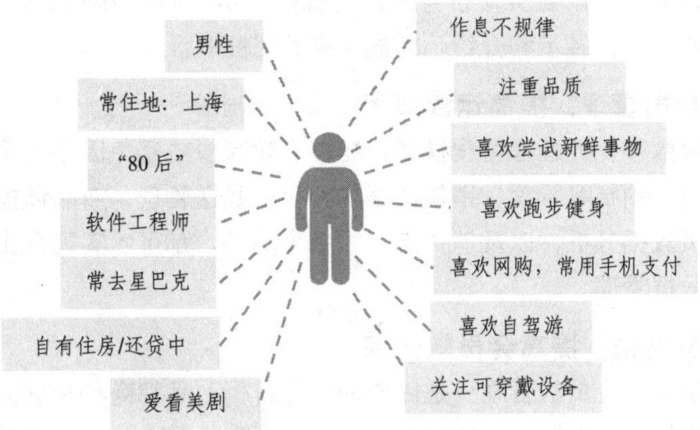

图 7-11　消费者画像示例

品牌商和企业在给消费者贴标签时，需要注意两点：一是该标签是通过大数据分析而得出的，二是这些大数据要具有针对性。例如，品牌商和企业不能通过某个消费者的某一次购买行为或者搜索行为，就断定该消费者是某种偏好人群，而要根据消费者多次的购物行为、消费占比、大部分人群占比等综合信息来进行判断。

4. 消费者画像验证

消费者画像验证，就是验证给消费者贴的标签是否准确。这里所说的准确有两种类型：一种是有事实标准的，如性别可以用标准的数据集验证模型的准确性；另一种是没有事实标准的，如消费者的忠诚度需要品牌商和企业通过一些有效的测试方法（如 A/B 测试）来进行验证。

7.4　智慧门店，用数据化运营模式提升门店运营效率

新业态和新场景的不断涌现，促使传统零售企业不得不加快转型的步伐。带着“满足消费者新需求，为消费者创造新体验”的使命，智慧门店应运而生，而它似乎成为解救传统零售的出口。

7.4.1　智慧门店，提升运营效率的强心剂

智慧门店是随着新零售发展而来的，它系统地简化了消费者的购物流程，提升了门店的经营效率。通过智慧门店系统，消费者在线上扫码即可购买商品，无须排队。品牌商和企业通过一个系统即可完成结算、库存和营销等一系列过程。具体来说，智慧门店具有以下优势。

1. 体验提升，智能硬件技术带来的附加价值

从消费者的角度来说，智慧门店给其带来的新奇体验是让他们走出家门的主要原因。这些新奇的体验大多来自诸如人脸识别、智能大屏营销、扫码购等智能硬件和技术，例如，采用人脸识别技术为商品配置类似于身份证的身份标识号码（Identity Document，ID）；通过智能大屏对商品进行展示和介绍，并展示推荐搭配等。

2. 全流程数据管理，提高运营效率

智慧门店采取数字化的运营管理模式，能够有效减少或避免因手工操作造成的错误。在智慧门店中，商品的档案管理、销售数据的分析、配送管理、商品调拨、自动配送、会员档案管理、会员数据分析，以及消费支付等各个环节，都可以实现全业务数据的共融互通，实现全流程数据管理。

3. 精准会员营销，提高会员转化率

在传统门店中，对会员的管理只是简单的办卡打折，品牌商和企业很难看到会员的其他数据及其复购率情况。而智慧门店可以对会员数据进行整合分析，根据会员数据分析结果重新构建门店和消费者的连接，实现由消费方式逆向牵引生产方式。

运用智能化会员营销平台，品牌商和企业可以构建清晰的消费者画像，然后根据消费者画像和推荐算法向会员推荐符合其需求的优惠券和商品，以及个性化的营销信息，从而实现对消费者的精准营销。

4. 线上线下全渠道互通

智慧门店能够通过对数据的整合、分析与挖掘，帮助品牌商和企业实现运营策略、商品设计制作、供应链、物流交付、线上线下管理全过程的高效协同配合，有效提升运营效率，使品牌商和企业更好地开展“以消费者体验为中心”的全渠道营销，提高消费者的购物体验，提升品牌转化率。

7.4.2 搭建有效的智慧门店系统

所谓“穷则变，变则通，通则达”，一部分有魄力的品牌商和企业已经开始应用大数据和技术创新来搭建智慧门店，实现门店运营效率和业绩的提升。那么，品牌商和企业应该如何搭建智慧门店系统才能让智慧门店充分发挥它的价值，不至于徒有其表呢?

一般来说，一个完整的智慧门店系统由五个模块组成，如表 7-3 所示。

表 7-3 智慧门店系统的构成模块及其功能

模块名称	模块功能
客流分析	对进店访客数、访客店内行动轨迹、访客在店内驻足时间进行统计和分析，并将统计结果与 POS 机（一种多功能终端，可用于非现金结算）或企业资源计划（Enterprise Resource Planning，ERP）系统中的数据进行对接，并汇总成报表，进而形成单个和多个门店在一定周期内的客流量变化曲线，从而了解天气、营销活动、节假日等因素对客流产生的影响，以指导门店运营策略的制订
会员运营	消费者进店后，通过人脸识别匹配消费者信息，判断消费者是新客还是熟客或者会员，为导购开展个性化销售提供参考。针对门店会员，系统可以联动会员信息（如会员购买记录、消费频次、购物喜好等），让导购对会员进行精准销售

续表

模块名称	模块功能
远程巡店	将原有的线下巡店转移到云端，基于互联网流媒体传输技术，借助视频监控设备，管理人员只需登录云端，即可随时随地查看各个店铺的运营状况。此外，管理人员可以通过统一的线上检查管理平台在线配置统一的店铺管理标准体系，定制统一的工作检查表，并实现按需检查，场景关联，通过在线对比就可以找到各个门店之间的差异，从而实现更加高效的连锁门店管理
智能导购	基于人脸识别技术和人工智能技术，通过店内智能展示屏或智能导购机器人与消费者进行有趣、好玩的互动，提升消费者的参与感和体验度。此外，可以借助线上活动分享实现对线下引流，借助线上线下多种营销方式与消费者进行频繁互动，进而提升门店流量和转化率
收银追溯	借助智能收银系统，被扫描过的商品信息都可以显示在视频上，防止出现商品标签被更改、商品漏扫等情况。此外，管理人员可以进行按需检索，当发现结算账目存在问题时，可以直接按照商品信息进行搜索，并调取门店指定视频片段，帮助解决存疑交易

案例链接

安踏，借智慧门店打造“价值零售”

数字化是安踏“价值零售”最关键的组成部分之一。围绕消费者的需求，安踏通过提升数据价值、融合价值、体验价值、文化与团队价值为消费者创造优质的零售体验。2018 年，安踏在武汉、福州和天津开设了三个旗舰型智慧门店，以数字化赋能零售，为消费者带来更加人性化和智慧化的购物体验。

作为安踏数字化产业链的“排头兵”，安踏智慧门店在洞悉消费者的偏好上下足了功夫。通过人工智能（Artificial Intelligence，AI）图像识别技术，消费者进店之后，在店内做出的拿起—试穿—购买等一系列行为都会被感知，安踏运用准确且及时的数据看懂消费者，从而更精准地为其提供服务。

作为安踏在全国设置的第三个智慧门店，天津滨江道步行街的智慧门店采用了更多的智能技术。

（1）进店

门店内设置了多个优 Mall 系统（腾讯开发的一款集定位技术与大数据分析能力于一体，致力于线下商圈数字化运营、精细化管理的智慧门店商品）的高清摄像头，主要作用是精准洞察消费者结构，包括男女性别比例、年龄构成等，从而为门店进行商品总体结构优化做支撑。门店的门口设有两个高清摄像头，消费者一进入门店，系统就能判断出其性别和年龄区间。

（2）逛店

门店顶部分布着多个摄像头，能够时刻捕捉每一位消费者的购物路线和轨迹，从而诊断出店里的冷区和热区，帮助门店进一步优化商品陈列和调整门店动线规划的合理性。

（3）选品

安踏在店内设置了具有智能性的互动屏，利用 RFID 互动技术来判断商品对消费者吸引力的大小。当消费者从互动区域的鞋墙上拿起一款鞋时，压杆互动屏上就会显示该款鞋的相关信息，包括鞋码和推荐搭配等。这样一方面能让消费者更清晰地了解商品的各项信息，另一方面安踏后台可以采集到这款鞋的“拿及率”，然后结合实际售出的数据进行分析，为未来优化商品设计和研发提供信息支撑。

消费者可以在店内选购实物商品，也可以在安踏智能云货架的大屏上通过扫码进入微信小程序商城来选购商品。在云货架上，消费者可以挑选门店中没有的商品，完成付款后，该商品可以被直接送到消费者的家中。

（4）试穿

在试穿区域也设有相应的数据感应器，安踏后台可以通过记录商品的试穿频次和频率来收集现场数据。

（5）结算

在结算方面，安踏智慧门店既设有收银一体化的移动设备，也设有人工收款结算台，消费者可以选择移动支付，也可以选择现金支付。

完成结算之后，消费者的此次消费就进入了安踏后台的客户关系管理（Customer Relationship Management，CRM）系统，消费者在线上线下所有渠道的消费记录、消费特征都将被记录到该系统中，为安踏开展精准营销提供数据支持。

智慧门店能够帮助安踏洞察消费者，转化数据，提升运营效率。从逛、看、试、结四个维度升级人性化和智慧化的体验，同时也让安踏基于大数据来及时改善消费者的线下体验，提升管理效率。通过数据分析实施精准营销，能够提升消费者的到店率。

7.5 运营数据分析，用大数据驱动精细化运营

在数字化时代，人们的每一个举动都会被记录为数字，并转化为数据被存储、被分析、被运用。当大量的数据聚集在一起后，运用科学的分析方法，就有可能得到客观而又准确的统计结论，进而指导各种商业行为决策。

7.5.1 零售业“人”“货”“场”三个维度的数据分析指标体系

无论是线上还是线下，“人”“货”“场”都是零售运营的核心要素。因此，零售企业进行运营数据分析也可以从这三个维度展开。

1. 与“人”相关的数据分析指标

“人”包括零售企业的员工和顾客。与“人”相关的常用的数据分析指标如表 7-4 所示。

表 7-4　与“人”相关的常用的数据分析指标

“人”的类型	数据分析指标	指标含义	备注
员工	成交率	成交率=成交顾客数÷客流量×100%	可用于评价店铺或员工的销售效果，该指标的结果与商品陈列方式、商品销售价格、促销活动等因素都有关系
	销售完成率	销售完成率=销售完成数÷目标数×100%	可用于评价店铺或员工的销售能力
	平均接待时长	平均接待时长=接待所有顾客花费的时间总和÷接待顾客数	可用于评价员工的工作能力
	平均成交时长	平均成交时长=促使顾客完成成交花费的时间总和÷成交顾客数	可用于考察员工的工作效率。在具体应用中，需要将该指标与客单价结合起来，通常来说，用最短的时间成交最高的金额的员工被认为是优秀员工
	投诉率	投诉率=发起投诉的顾客数÷顾客总数×100%	可用于评价员工的服务水平、商品的质量水平、店铺的服务水平等
	员工流失率	员工流失率=某段周期内流失员工总数÷（该周期期初员工总数-该周期期末员工总数）÷2×100%	反映店铺的管理水平、店铺的经营水平、店铺实施的某项政策对员工的影响程度等情况
	工资占比	员工工资占比=企业支付的员工工资总额÷销售额×100%	可用于评价店铺的人力成本情况、店铺的盈利能力、店铺的员工关怀情况
顾客	客单价	客单价=某个时间段内销售总金额÷有交易的顾客数	可用于评价店铺员工的销售能力、店铺内顾客的消费能力、店铺的销售能力等
	件单价	件单价=某个时间段内销售总金额÷销售的商品的总数量	可用于评价店铺内商品的价值、员工的销售能力
	连带率	连带率=销售总数量÷成交总单数×100%	可用于评价店铺的销售能力、店铺内商品的受欢迎程度
	新增会员数	新增会员数=期末会员总数-期初会员总数	可用于评价某个时间段内店铺的经营效果、某项推广活动的效果
	会员增长率	会员增长率=某时间段内新增会员数÷期初有效会员数×100%	可用于评价某个时间段内店铺的经营效果、某项推广活动的效果
	会员贡献率	会员贡献率=会员产生的销售总金额÷销售总金额×100%	可用于评价会员质量、会员的消费水平等
	会员回购率	会员回购率=某段时间内产生交易的老会员数÷期初有效会员总数×100%	可用于评价会员的活跃度、忠诚度

续表

“人”的类型	数据分析指标	指标含义	备注
顾客	会员流失率	会员流失率=某段时间内流失掉的会员数÷期初有效会员总数×100%	可用于评价会员的忠诚度
	会员平均年龄	平均年龄=所有会员年龄总和÷有效会员总数	可用于评估店铺顾客的年龄水平，了解顾客的心理状态、消费需求和消费行为特征

2. 与“货”相关的数据分析指标

“货”指商品，在零售业中，与商品相关的数据分析指标可以分为四个部分，即商品采购环节数据分析指标、商品供应链环节数据分析指标、商品销售环节数据分析指标、商品售后环节数据分析指标，具体数据分析指标如表 7-5 所示。

表 7-5　与“货”相关的常用的数据分析指标

商品所处环节	数据分析指标	指标含义	备注
采购环节	广度	采购的商品品类数，广度比=采购的商品品类数÷可采购的商品总品类数×100%	可以反映商品品类的多样化程度
	宽度	采购的 SKU 总数，宽度比=采购的 SKU 总数÷可采购的商品 SKU 总数×100%	代表了店铺内商品的丰富程度和店铺内商品可供消费者选择的程度。宽度越大表示该店铺内的商品可供消费者挑选的余地越大
	深度	平均每个 SKU 的商品数量，深度=采购的商品总数量÷采购的 SKU 总数	代表了店铺内某类商品可销售的数量
	覆盖度	覆盖度=有某款或品类商品销售的店铺数÷适合销售该商品的总店铺数×100%	适合连锁性质的品牌商和企业使用，可以用来衡量商品铺货率
供应链环节	订单满足率	订单满足率=订单中能够供应的商品数量总和÷订单商品数量总和×100%	可用于评价仓库的缺货情况
	订单执行率	订单执行率=能够执行的订单数量÷订单总数量×100%	可用于评价企业的储运情况
	准时交货率	准时交货率=准时交货的订单数÷可以执行的订单数×100%	可用于评价企业供应链服务的效率
	订单响应周期	订单响应周期=系统中确认收货时的时间-系统中下订单的时间	可用于评价企业的供应链运作效率
	库存周转率	第一种计算方法：库存周转率=出库数量÷[（期初库存数量+期末库存数量）÷2]×100%； 第二种计算方法：库存周转率=销售数量÷[（期初库存数量+期末库存数量）÷2]×100%	从实际运营来看，一般来说，一件商品只会被销售一次，但是如果某件商品被退货，则会出现一件商品被销售多次的情况

续表

商品所处环节	数据分析指标	指标含义	备注
供应链环节	平均库存	平均库存=（期初库存+期末库存）÷2	期初库存是指某个计算段内计算日期开始时的库存；期末库存为某个计算时间段内计算日期结束时的库存。期初库存、期末库存和平均库存是评价库存数量的重要指标
	库存天数	库存天数=期末库存金额÷（某个销售期的销售金额÷销售期天数）	可用于衡量店铺是否有缺货的风险
	库销比	库销比=期末库存金额÷某个销售期的销售金额×100%	一般用于年度指标
	有效库存比	有效库存比=有效库存金额÷总库存金额×100%	一般来说，有效库存是指能够给店铺带来销售价值的库存
销售环节	货龄	商品从生产开始之后的时间	一般来说，货龄越大、库存越大的商品是急需进行价格调整的
	售罄率	售罄率=某段时间内商品的销售数量÷商品的到货量×100%	反映了商品的销售速度
	折扣率	折扣率=商品实收金额÷商品标准零售价金额×100%	可用于评价店铺的利润水平
	动销率	商品动销率=某个时间段内商品累积销售数÷商品库存数×100%	可用于评价商品销售与库存备货之间的匹配度
	当天缺货率	当前缺货率=当天缺货 SKU 总数/当天销售 SKU 的总数	可用于评价商品销售与库存的匹配度
	品类结构占比	品类结构占比=某品类销售额÷总销售额×100%	可用于评价店铺存货结构或店铺进货结构是否合理
	价位段占比	价位段占比=某个价位范围内商品的销售额÷总销售额×100%	可用于评价店铺内商品的定价是否合理
	正价销售占比	正价销售占比=按照正价销售的商品的销售额÷总销售额×100%	可用于评价店铺的利润水平，是员工销售能力和企业管理能力的综合体现
	商品现值	商品当前被消费者认可的价值	与货龄、库存和售罄率有一定的关系
	滞销品销售占比	滞销品销售占比=滞销品销售数量÷商品的总销售量	可用于评价店铺的商品结构、商品的销售情况
售后环节	退货率	第一种计算方法:退货率=某个周期内退货的商品数量÷该周期内销售的商品总数×100%； 第二种计算方法:退货率=某个周期内退货的订单数量÷该周期内达成交易的订单总数量×100%	可用于评价商品质量、店铺和员工的服务水平等
	残损率	残损率=残损商品数÷商品总数×100%	是分析店铺销售利润的指标之一，也是分析供应链工作质量和效率的指标之一

3. 与“场”相关的数据分析指标

“场”包括线下实体门店和线上网店或官方商城，具体来说，与“场”相关的数据分析指标如表 7-6 所示。

表 7-6 与“场”相关的常用的数据分析指标

“场”的类型	数据分析指标	指标含义	备注
线下实体门店	预测额	根据不同的依据形成的预测销售额度	可用于评估销售任务，制订销售目标
	进店率	进店率=进店人数÷路过人数×100%	可用于评价门店对顾客的吸引程度
	试穿率	试穿率=试穿商品的顾客数÷进店人数×100%	可用于评价商品对顾客的吸引力
	成交率	成交率=成交顾客数÷进店人数×100%	可用于评价员工的销售能力、顾客对商品的需求程度
	坪效	实体门店每坪的面积可以产出多少营业额。坪效=某个区域产生的销售额÷该区域面积	可用来评价某个门店或某个流程的销售效果
	人效	人效=某个团队的销售额÷该团队人数	可用于评价某个团队的销售效率、门店的人力成本，帮助门店合理规划人力资源配置
	每平方米租金	每平方米租金=租金÷面积	可用于评价门店的成本、盈利水平
	净开店率	净开店率=（开店数-关店数）÷期初店铺总数×100%	可用于评价实体门店的扩张速度
线上网店或官方商城	浏览量（PV）	店铺各页面被查看的次数	一个用户多次点击或者刷新同一个页面被记为多次浏览，累加不去重
	访客数（UV）	某个时间段内全店铺各页面的访问人数	在所选时间段内，同一访客多次访问同一个页面会进行去重计算
	访问深度	顾客一次连续访问的店铺页面数	可用来评价网店商品或页面对顾客的吸引力
	跳失率	顾客通过相应的入口访问店铺，只访问了一个页面就离开的人数占通过该入口访问店铺的总人数的比例	是衡量网店转化率的重要指标
	添加转化率	添加转化率=把某款商品添加到购物车的人数÷访问该款商品的总人数×100%	可用于评价某款商品对顾客的吸引力，也是评价某款商品订单转化率的重要指标之一
	成交转化率	成交转化率=达成交易的人数÷访问总人数×100%	可用于评价网店的销售水平、某款商品的受欢迎程度

7.5.2 用科学的思维方式指导数据分析

思维方式常常能影响到人们解决问题的方法。因此，为了让数据分析的结果更加科学、可靠，在进行数据分析时，需要讲究一定的思维方式。

1. 对比思维

没有对比就没有优劣。单独看一个数据并不能得到多少有效的信息，而将其与其他数据进行比较，才更容易得到有用的信息，所运用的思维就是对比思维。表 7-7 列举的是某品牌网店 2019 年 12 月 12 日和 2019 年 12 月 13 日的订单成交记录，单从成交金额的角度来说，该品牌网店 12 月 12 日的成交情况比 12 月 13 日的好；而从拍下支付率的角度来说，12 月 13 日的拍下支付率要比 12 月 12 日的好。

表 7-7 某品牌网店 2019 年 12 月 12 日和 2019 年 12 月 13 日的订单成交记录

时间	拍下总金额（元）	拍下—付款金额（元）	成交总金额（元）	成交会员数	拍下订单数	拍下—付款订单数	拍下支付率（%）
2019 年 12 月 12 日	1023	437	437	4	8	4	50.0
2019 年 12 月 13 日	591.5	328.8	328.8	3	5	3	60.0

将不同的数据进行对比，是开展数据分析最基本的思路，也是最重要的思路。例如，监控店铺交易数据、对比两次营销活动效果等，这些过程就是在做对比。品牌商和企业拿到的数据如果是独立的，其就无法判断数据反映出来的变化趋势，也就无法从数据中获取有用的信息。

2. 拆分思维

如果一些数据在某个维度可以进行对比，就可以选择对比的方式对数据进行分析。通过对比分析，找到导致这个结果出现的背后原因，例如，为什么 2019 年 12 月 12 日的成交金额会比 2019 年 12 月 13 日的高，是当天购买的人数多，还是因为购买的人数少但会员购买的商品价格高呢？此时就需要用到拆分思维，将一些数据拆分为更加细分的数据，从细节之处寻找原因。

例如，在网店中，成交总金额=成交客户数×客单价，而成交客户数=访客数×转化率。拆分之后的数据更加细致，品牌商和企业就可以从客单价、访客数、转化率等细节之处来寻找造成这种现象的原因。

3. 降维、增维思维

在进行数据分析时，品牌商和企业一般只需要关心对自己有用的数据即可。如果某些维度下的数据与此次数据分析的目的无关，品牌商和企业就可以将其剔除，从而达到“降维”的目的。

“增维”和“降维”是相对的，有降必有增。当使用当前的维度不能很好地解释某个数据时，品牌商和企业就需要对该数据做一个运算，多增加一个维度。这个增加的维度通常被称为“辅助列”。

例如，在网店运营中，在分析某个热搜词的热搜度时，运营者可以从两个维度对该数据进行分析，一个是搜索指数，另一个是当前商品数。这两个指标一个代表需求度，一个代表竞争度，有很多运营者用搜索指数除以当前商品数得到倍数，用“倍数”来代表一个词的竞争度（倍数越大，说明该热搜词的竞争度越小），这种做法就是在增维。

总之，“增维”和“降维”就是运营者在对数据的意义有充分的了解后，为了方便进行数据分析，有目的地对数据进行转换运算。

4. 假设思维

当尚未得出数据分析的结果时，运营者可以使用“假说”的方法，先假设有了结果，然后运用逆向思维来推导原因。从结果到原因，即探索要有怎么样的原因，才能导致这种结果。通过不断地假设原因，可以知道要想导致这种结果出现，自身现在满足了多少条件，还需要多少条件。

如果导致某种结果出现的原因有多种，那么运营者也可以通过“假说”这种方法从众多原因中来找到导致这种结果出现的最重要的那个原因。当然，除了结果可以假设外，过程也是可以假设的。

7.5.3 熟悉经典分析法，不怕分析没思路

零售企业常用的数据分析方法有同比/环比分析、趋势分析法，以及相关性分析法。

1. 同比/环比分析法

同比，一般情况是指今年第N月与去年第N月相比较。同比主要是为了消除季节变动的影响，用于说明本期发展水平与去年同期发展水平对比而达到的相对发展速度，如2019年11月的销售额与2018年11月的销售额相比。

环比是报告期水平与前一时期水平之比，表明现象逐期的发展速度，如2019年10月的销售额与2019年9月的销售额相比。

同比分析和环比分析的核心是围绕时间周期的对比进行分析的，同一个指标既能做同比分析，也能做环比分析。

在实际操作中，是选择同比更合理，还是选择环比更合理，取决于指标本身。如果指标本身存在明显的周期性，此时如果采取环比分析的方法，其分析结果的有效性将会大打折扣。

例如，由于春节假期的影响，每年的2月都是网店的淡季，此时如果用3月的销售数据与2月的销售数据做环比分析，那么得出的结果超过九成都会是大幅增长，这样的环比分析也就没有多大的价值。而同比能够有效地消除周期性因素对数据的影响，用今年3月的数据与去年3月的数据做比较，用今年4月的数据与去年4月的数据做比较，两个对比对象的周期存在着相似性，最终的统计结果也就更能说明问题。

2. 趋势分析法

趋势分析法又称比较分析法、水平分析法，它是通过对财务报表中各类相关数字资料进行统计，将两期或多期连续的相同指标或者比率进行定基对比和环比对比，得出增减变动方向、数额和幅度，以揭示企业财务状况、经营情况和现金流量变化趋势的一种分析方法。

定基动态比率，即用某一时期的数值作为固定的基期指标数值，将其他的各期数值与

其进行对比，其计算公式为：定基动态比率=分析期数值÷固定基期数值。例如，以 2017 年为固定基期，分析 2018 年、2019 年利润增长比率。假设某店铺 2017 年的净利润为 100 万元，2018 年的净利润为 120 万元，2019 年的净利润为 150 万元。则该店铺 2018 年的定基动态比率=120÷100=120%，2019 年的定基动态比率=150÷100=150%。

环比动态比率，是以每一分析期的前期数值为基期数值而计算出来的动态比率，其计算公式为：环比动态比率=分析期数值÷前期数值。仍以上例资料举例，该店铺 2018 年的环比动态比率=120÷100=120%，2019 年的环比动态比率=150÷120=125%。

一般来说，趋势分析适用于对商品核心指标的长期跟踪，如点击率、拍下订单金额等。做出简单的数据趋势图，并不算是趋势分析，趋势分析更多的是需要明确数据的变化，以及分析导致数据发生变化的原因。对于趋势线中明显的拐点，发生了什么事情，品牌商和企业要能给出合理的解释，无论是外部原因还是内部原因。

3. 相关性分析法

相关性分析，是指对两个或多个具备相关性的变量元素进行分析，从而衡量两个变量因素的相关密切程度。相关性的元素之间只有存在一定的联系，才可以进行相关性分析。

相关性不等于因果性，也不是简单的个性化，相关性所涵盖的范围和领域几乎覆盖了我们所能见到的方方面面。在客户数据分析中，经常需要使用相关性分析来判断两个因素之间是否存在联系，以确定数据假设是否能被用于业务中。

7.5.4 数据分析工具让数据分析事半功倍

Excel 是最基本也最常见的数据分析工具，其功能非常强大，几乎可以完成所有的统计分析工作。如果能明确分析需要用到的数据量在 10 万以内，那么无论是数据处理、数据可视化还是统计分析，Excel 都能支持。

通过 Excel 进行的数据处理包括对数据进行排序、筛选、去除重复项、分列、异常值处理，使用透视表进行分析等。数据可视化是指利用 Excel 提供的图表将数据进行可视化展示，包括柱状图、条形图、扇形图、折线图、瀑布图（见图 7-12）、散点图（见图 7-13）、气泡图、面积图、曲面图和雷达图等。使用 Excel 进行统计分析时需加载“分析工具库”，它能够提供丰富的统计分析功能，基本覆盖了统计学的大部分基础领域，如描述统计、假设检验、方差分析以及回归分析等。

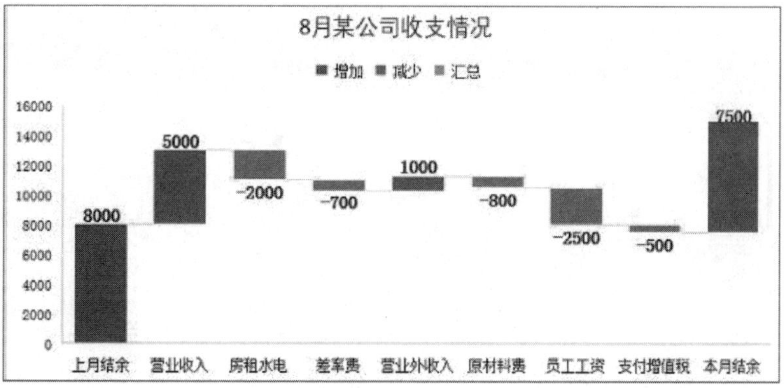

图 7-12 瀑布图

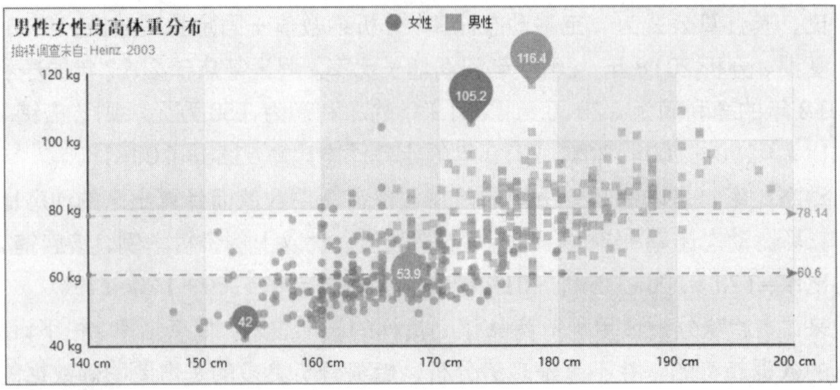

图 7-13　散点图

除了 Excel 之外，还有 SQL、Hive、Python、Google Analytics、GrowingIO、Fine BI、Power BI 等各类数据分析工具，每种工具各有优缺点，品牌商和企业在选择数据分析工具时应视情况、视侧重点来定。当然，选择一款合适、得力的分析工具，能够大大简化数据分析的繁杂工作，提高数据分析的效率与质量。

思考与训练

1．传统零售企业应该如何做好数字化转型与升级？

2．对于零售企业来说，通过"上云"实现数字转型的基本步骤是什么？

3．给消费者画像的基本步骤是什么？

4．零售业常用的与"人"相关的数据分析指标有哪些？在进行数据分析的时候，需要注意运用哪些思维方式？

第 8 章

体验建设——消费者体验是新零售的 CEO 工程

通过阅读本章内容，你将学到：

- 零售终端在零售企业运营中的重要性
- 实体门店营造氛围的经营逻辑
- 运营快闪店的策略
- 打造互动式体验消费场景的策略
- 运用 VR/AR 技术打造沉浸式购物体验的策略

随着消费升级，消费者的需求呈现出多元化和个性化的特点，消费者越来越重视消费体验。如今，以消费带体验的传统商业逻辑即将耗尽弹药，以体验带消费的零售思路逐渐成为新的方向。以消费需求为导向，加快实体商业场景体验升级的观点，正逐渐成为行业内共识。为消费者创造最好的消费体验成为企业在新零售环境下的重要竞争力之一。

8.1 零售终端，突破消费者体验的最佳渠道

在新零售模式下，“消费者体验”和“数据驱动”是两个重要的关键词。消费者体验包括丰富的交互、精准的服务、便捷的支付等，它们的运作会产生海量的数据，同时数据在为其运作提供有力的支撑，两者相辅相成，形成了新零售的重要元素。

从消费者的角度来说，线下是其形成消费体验的重要场景。因为对于线上交互来说，目前只能实现视觉与听觉两种感受的体验交互，人类的触觉、嗅觉、味觉及情感等高级的立体体验是无法在线上得以实现的。因此，对于一些需要由导购引导进行销售的商品和可以形成丰富使用体验的商品，线下是其打造消费者体验的重要渠道。

从企业的角度来说，零售业分为线上渠道和线下渠道。对于线上渠道来说，企业开设网店，开展营销推广、客户管理等活动都需要依托于第三方来进行，交易规则、支付方式等机制也由第三方来制订，企业线上渠道的客户数据通常掌握在第三方手中。如果企业想采取措施提高客户体验，则需要第三方的同意和支持。在这种情况下，企业在线上渠道处

于被动地位。

通过以上分析可以看出，线下是打造消费者体验的最佳渠道。传统的零售企业可以通过提升零售终端系统数据处理与业务应用能力为消费者创造在线上无法得到的超值体验，从而吸引消费者从线上回归到线下，回到人与人面对面的交流情境中。

目前，线下实体门店的价值再度回归。作为商品流通环节的末端，实体门店是商品流转得以实现的重要环节。在这个环节中，品牌能够向终端消费者传递很多信息，如品牌的经营理念、服务能力等。线下实体门店能够为消费者提供更具体验感的服务，让消费者参与其中。线下的消费场景具有即时性的特点，消费者付款后可马上获得商品，无须等快递配送，且消费者可以亲眼看到、亲手摸到商品，对商品更加放心。而在移动支付、智能设备等各类新技术的带动下，零售终端作为线下销售点入口及消费者体验最先触点，显得尤为重要。

在线下实体门店价值重显的当下，零售企业应努力将零售终端打造成零售渠道的高效工具。与传统零售终端系统不同，新零售时代的零售终端系统应集商品销售支持、场景化营销、库存管理、客户管理、报表分析、员工管理等功能于一体，实现客户数据与业务数据的高度结合。

在需要导购引导进行商品销售的零售领域，导购与消费者的每次互动都会产生宝贵的数据，所以门店也是收集客户数据的重要入口。零售终端系统具有强大的消费者数据收集功能，它可以帮助线下门店收集营销数据，例如，在美妆销售领域，通过将智能终端系统与部分硬件、应用进行整合，可以让消费者身份、肌肤测试与消费者使用商品的数据在美妆品牌的零售终端形成关联，让美妆品牌全面掌握消费者的肌肤变化数据与商品体验过程，从而为美妆品牌开展精准营销提供更多有效的数据参考。

在新零售发展浪潮下，传统零售企业只有努力满足不同消费者的需求，以消费者体验为中心进行数据驱动，才能顺利地实现新零售转型。“工欲善其事，必先利其器”，零售企业门店终端系统的升级调整将成为决定传统零售企业竞争能力的重要因素之一。

案例链接

终端“创意”展示创造优秀品牌

Camper（看步）是西班牙知名鞋履品牌，于1975年诞生于西班牙马略卡岛。作为拥有百年历史的家族式企业，Camper以丰富的传统制鞋工艺为基础，致力于打造时尚、独到、新颖的鞋履产品。

除了生产充满时尚感的鞋履产品外，Camper还长期致力于打造创意门店，其前沿的门店终端设计一直被消费者津津乐道。位于德国维特拉的Camper门店结合了线上、线下购物的优势，形成了一个集虚拟、感知和公众互动于一体的多功能销售平台。

这家门店采用了美国建筑师理查德·巴克敏斯特·富勒标志性的穹顶设计，门店外观如同一个蒙古包。室内空间由轻型复合板材料建成，还搭建了一套互动墙体系统，全面涵盖各种功能，其中包括产品陈列间、仓储间、迎宾台、柜台、更衣室和顾客休闲吧等，如图8-1所示。此外，该门店还实现了个人体验与数字化共享模式的无缝衔接，如个人手机、平板电脑、互动系统、产品信息终端和3D足部扫描等，让消费者在购物的同时从视觉和听觉上体验探索发现的乐趣，并增强与品牌的互动。

图 8-1 位于德国维特拉的 Camper 门店内部设计

8.2 实体门店功能转变，从陈列商品到营造氛围

在消费升级的趋势下，消费者逐渐从“为商品而消费”升级为“为生活而消费”，他们期望在消费过程中获得个性化的体验式服务，消费者的这种消费需求对零售企业提出了更高的要求。零售商要从满足消费者的需求出发，以创新的服务和体验凝聚消费者，这就促使零售商要改变传统的经营思维，从经营商品向经营消费者关系转变。

消费者的消费需求及零售商的经营理念发生变化，使得实体门店的功能由陈列商品转向营造氛围。面对消费者越来越多地体现出的对个性化商品和增值服务的需求，很多零售商相继推出了新的商品展示概念。以美妆行业为例，实体门店展示中的“商品陈列导向”逐渐升级为“氛围体验导向”，凡此种种，都是为了给消费者营造一种差异化的店铺氛围，满足其个性化的体验式服务需求。

纵观整个零售行业的发展脉络，直接与消费者接触的实体门店从一开始的单纯注重商品的大面积陈列，逐渐延展至商品品类及展示区域多维度、多角度的规划。在实体门店的设计中，视觉、听觉、嗅觉、味觉、触觉这五感体验的设计越来越受到重视，零售终端升级的核心聚焦到消费者的消费体验上。

在过去，实体门店的作用只是陈列商品，缺乏与消费者在交易前后的互动和交流。而在新零售模式下，实体门店可以从消费者体验的角度出发，利用智能互动技术打破原有的静态展示商品的模式，与消费者产生动态、深入的交流。此外，实体门店还可以通过构建故事化的场景，让品牌渗透到消费者的购物地图中，从而让消费者对商品、品牌形成全方位、多维度、深层次的认知，让他们习惯乃至忠于品牌，最终助力品牌传播及品牌销售业绩的提升。

案例链接

慢食打造差异，“逛吃学”引领创新

Eataly 是意大利的一个美食超市，主打“慢食+自然”的生活理念，推行“餐厅+超市”的经营模式。超市创新式地将食品超市、厨房生产、休闲餐厅和烹饪培训有机地结合在一起，从细节入手，加强与消费者的交流互动。

Eataly 综合了超市和餐厅两种属性，在门店的布置上非常讲究。食材展示区的旁边就是厨房，既确保了食材的新鲜度，又能向购买商品的消费者现场演示食材的料理方法，一举两得，如图 8-2 所示。

图 8-2 Eataly 超市食材展示区旁边的厨房

超市部分的设计则非常亲和消费者，一般超市的入口和出口设在不同的楼层，消费者只有逛完整个超市才能去结账，而 Eataly 则反其道而行之，消费者一进入超市就能看到结账柜台。场内简明的橱柜展示设计，典型的欧洲复古集市布置，给消费者营造出一种时光悠长的美妙感觉，契合了 Eataly“慢食”的生活理念。在餐厅里，一眼就能看到鲜肉冷藏柜，让食客立即感受到食材的新鲜程度。享用肉食怎能没有好酒相伴呢？于是，Eataly 在冷藏柜旁还放置了酒类柜台，消费者体验做得非常完整。

Eataly 创造了独特的“逛吃学”，门店内部还配有书店、咖啡店、甜品糕点铺等一系列休闲设施，消费者在购物之余可以品尝咖啡、翻阅食谱，或者享受美食、观看电视节目，真正实现了“购物”与“饮食”的高度融合。

Eataly 在全球范围内都颇受欢迎有两个重要原因，一是超市的设计和餐厅的食物的确令人惊喜，二是 Eataly 倡导的慢生活、慢食的生活方式深受大城市中生活节奏极快的人们的喜爱。在 Eataly，不需要在点单柜台前匆匆看几眼就选定今天的晚餐，不需要吃着汉堡的同时手里还拿着碳酸饮料，Eataly 的消费者可以在慢悠悠地逛超市的同时，选择自己中意的食材和菜谱，然后选择一个中意的餐桌，悠闲地享受一顿令人心旷神怡的美食。

8.3 快闪店，制造一场撩人心弦的“游击战”

快闪店，英文名为 Pop-up shop，指的是品牌商在商业繁华地区设置的地点不固定、开店时间较短的临时性店铺。与传统店铺不同，它是品牌商开设的“游击店”——它往往只做几天到几个月的生意，利用人们的好奇心和对于转瞬即逝的事物的迷恋，并以不一样的创意和体验式的场景服务吸引消费者，进而达到营销的目的。

8.3.1 明确目的，快闪店的常见类型

目前零售业态正在发生巨变，在当下的市场环境中，品牌商比任何时候都需要思考“时

机”这个话题。品牌商必须在合适的时间以恰当的方式出现在正确的地方，快闪店让品牌商与消费者的互动在空间和时间上更具灵活性，而不用局限于特定的场所。

概括来说，品牌商开设快闪店的目的主要有以下几种。

1. 市场试水，为新品/新店造势

随着时代的进步，快闪店的内涵也在变化，它不再只是一个短期售卖限量商品的店铺，还承担了营销和试水的功能。

品牌商可以通过开设快闪店的方式来宣传和推广自己的新品，这样不仅能用最低的成本来试探市场对新品的接受程度，还能形成较好的引流推广效果，有效提升市场对新品和品牌其他商品的关注度。

案例链接

香奈儿可可炫光俱乐部，音乐与彩妆的时光交织

为了庆祝全新可可小姐炫光唇膏上市，香奈儿于2019年4月至5月在广州天环广场创意呈献了一间以音乐为主题的限时彩妆体验店，该店也成为闪耀全城的时髦地标。

香奈儿可可炫光俱乐部以20世纪80年代的迪斯科为灵感，为参与者打造了一段炫光与旋律交织的梦幻闪耀之旅。俱乐部的入口隐藏在可可唱片店里，以可可炫光唇膏亮丽唇色作为封面的黑胶唱片搭配复古造型感十足的双卡收音机，如图8-3所示，让参与者有种穿越时空的感觉，仿佛瞬间回到20世纪80年代。

在音乐与炫光的世界里，香奈儿可可小姐炫光唇膏是闪耀的主角。整排的新款香奈儿可可小姐炫光唇膏按色号依次排列在化妆台上，如图8-4所示，独特的透明管帽设计，让参与者可以一眼锁定自己心仪的唇色。参与者还可以提前预约香奈儿一对一彩妆服务，由专业化妆师现场打造专属自己的炫光妆容。在香奈儿可可炫光俱乐部，还可以体验可可小姐香水系列、香奈儿男士系列彩妆，以及其他香奈儿明星产品带来的纷繁趣味。

图8-3　香奈儿可可炫光俱乐部

图8-4　香奈儿可可小姐炫光唇膏

2. 增加品牌曝光度，传达品牌理念

越来越多的品牌商选择以快闪店作为营销工具，以达到短期内聚集较高人气、形成热点的目的。快闪店的独特装饰，有趣、好玩的线下体验，再加上前期的宣传力度，能够为品牌聚集足够的焦点和话题热度。而人们在快闪店体验时，往往会拍照留念并在自己的社交圈中分享体验，这样会进一步扩大品牌传播的范围，更利于提高品牌的知名度。

案例链接

想念面馆，“想念”与面条的“味蕾碰撞”

面条作为生活中最常见的食材，平淡似乎是我们对它的一贯认知。但是想念面条品牌和网络零售巨头京东携手，通过开设面条快闪店——想念面馆，将新潮的互联网营销思想倾注进了面条里。

想念面馆有个任性的规定——不接受一人单独进餐，只接受三两人以上相伴，如图 8-5 所示。面馆做出这样话题性十足的规定，是为了鼓励人们放下手机，走出家门，将心中对亲友的想念落地成实际的见面，传递了“亲友常聚，感情常叙”的情感诉求。此外，想念面馆将品牌名称“想念”和商品“挂面”，与快闪店所传递的“想念不如见面”的主张完美地融合在一起，既能引发消费者的共鸣，形成易于传播的话题，又不会让消费者感到突兀和反感。

情怀也是想念面馆走红的一大原因，墙壁上的想念语录就是最好的见证（见图 8-6），直戳人心的文案在不经意间传递了品牌理念。

图 8-5　想念面馆店内规定

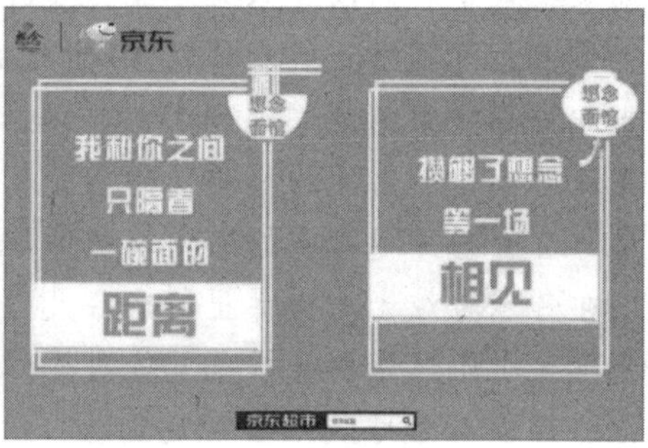

图 8-6　墙壁上的想念语录

此外，为了激发消费者对“想念不如见面”的深刻感受，增加现场的互动性，想念面馆在店面内设置了想念语录征集环节，鼓励消费者主动分享自己关于亲情、友情和爱情的走心语录，让想念不再遗忘。

场景化的面馆切中消费者的痛点后，参与者分享的走心语录很容易就勾起更多人的美好回忆，于是，在场景刺激和走心语录的双重感动下，消费者拍照、发朋友圈就成了水到渠成的事情，这种自主传播，进一步扩大了想念面馆的影响范围。

3. 打造体验式场景，增强与消费者的互动

随着时代的发展，人们的消费观念也在不断发生变化，接受新鲜事物的能力越来越强，在消费时更加追求个性、体验和价值。品牌商通过快闪店的形式，以体验式的场景让消费者对商品进行观摩、聆听和试用，能够让消费者实际感知商品或服务的品质或性能，并给他们带来更多的新鲜感和乐趣。

案例链接

知乎“不知道诊所”，让知识生动起来

长期以来，大众对知乎存在“精英”“高冷”的刻板印象，为了打破这种现象，知乎先后在线下开设了“知乎粮”“知食堂”和“不知道诊所”等快闪店，向大众展示知

乎有趣、多元的另一面。

知乎创意体验馆“不知道诊所”正是“让知识生动”的实践。知乎逼真地还原了诊所的场景，集合当下年轻人最关心的时尚、美食、心理、电影、摄影、学习等领域，在“不知道诊所”内设置了“内科”“口腔科”“心理科”“五官科”“放射科”“外科”等，将知乎上专业、多元的内容以一种有趣、互动的方式展示出来。体验者可以到“挂号处”挂号，然后去对应的“诊室”看“病”。每个“诊室”里都有各行各业的专家达人，帮助体验者解答心中的困惑与不解。体验者与专家达人进行面对面的交流并获取“药方”，然后前往“取药处”取药完成“诊疗”。图 8-7、图 8-8 所示分别为“不知道诊所”的“挂号处”和“取药处”。

图 8-7 “不知道诊所”的“挂号处”

图 8-8 “不知道诊所”的“取药处”

知乎打造“不知道诊所”，正是用知乎的方式来帮助人们解答“不知道”，治愈好奇心。利用“诊所”的创意表现形式，结合丰富、有趣的互动环节进行场景还原，扭转了大众传统认知中对“知乎”的刻板印象，用新颖、有趣的方式实现了对知识的重新定义。

4. 饥饿营销，刺激人们的购买欲

品牌商和零售企业可以利用快闪店开店时间短的特点，推出限时限量的商品或赠品，再制造强烈的营销话题效应，进而刺激人们的购买欲。从本质上来说，这也是饥饿营销的一种方式。

案例链接

天猫“双十一”“爆款清单”，破解你的“选择困难症”

2018 年 10 月 26 日～11 月 11 日，天猫爆款清单项目组在杭州嘉里中心打造了一条街，以“拾光宝盒街”“十空隧道”“十代红人”三大主题区贯穿整个现场，打响了为“‘双十一’爆款清单预热”的线下快闪活动。

（1）拾光宝盒街——再现“油麻地”风情

在装扮上呈现出浓浓的香港怀旧风格的拾光宝盒街主打美食体验，为消费者提供了多种精致、美味的人气美食，消费者在拾光宝盒街内（见图 8-9）大快朵颐的同时，还能见到西门子、尊尼获加、老板电器（见图 8-10）、凯伍德等品牌，任何一个品牌的商品都具有超高的性价比。此外，拾光宝盒街上还有每日烘焙课、曲奇饼干 DIY、微蒸烤三合一现场烹饪等各种各样的互动活动，这样“一步到胃”的体验方式大大刺激了顾客的购买欲。

图 8-9　拾光宝盒街

图 8-10　拾光宝盒街上的老板电器品牌

（2）十空隧道——预见未来智慧生活

“十空隧道”（见图 8-11）主打智慧生活，在这里能够看到由科沃斯、海信等品牌带来的黑科技商品。例如，科沃斯推出的会走迷宫的扫地机器人，消费者可以在现场通过 App 控制扫地机器人，让其在迷宫内穿梭，最终找到出口；还有海信推出的智能电视，体验者可以以提问的方式测试海信电视的智能水平，感受 AI 科技给生活带来的便利，如图 8-12 所示。无论是科沃斯扫地机器人，还是海信智能电视，都是通过一系列极具针对性的趣味互动体验，让顾客更加直观地了解商品的功能与特点，进而进一步刺激他们的购买欲。

图 8-11　十空隧道

图 8-12　顾客体验海信智能电视

（3）“十代红人”——互动直播推荐尖货

“十代红人”是直播互动区，从 11 月 3 日到 11 月 11 日，每天 5～6 个小时，各大主播轮番上阵，以多种多样的形式为消费者推荐尖货，如图 8-13 所示。在直播界面上会不定时弹出商品的购买链接，让观看直播的消费者足不出户就能跟着主播实时扫好货。而在“十代红人”现场进行体验的消费者，不仅能够近距离体验主播推荐的各式商品，还能在手机淘宝的爆款清单专区内随机抽取 1～1111 元不等的彩蛋红包。

“十代红人”联合各大品牌及网络主播推出的这场线上线下无死角的互动直播秀，打通了新零售的一个有效渠道。即使消费者在购买商品时难以做出决定，也能在极具带货能力的主播推荐的商品中选到符合自己心意的商品。

图 8-13 “十代红人”直播现场

8.3.2 科学选址，黄金地段造就“地利”“人和”

零售界一直流传着这样一句话：“开店最重要的三件事是选址、选址和选址。”由此可见选址对于开一家实体门店的重要性。对于开设快闪店来说，选址也非常重要。

1. 快闪店选址的原则

空间和场地影响着快闪店的呈现效果，那么如何才能让自己品牌的快闪店出现在合适的场地呢？

（1）分析场地的人流与客流

选择人流量大的地方作为开店地址是保证快闪店人流量的最简单的方法。但需要注意的是，人流不等于客流，例如，一些办公楼林立的中央商务区，虽然这些地区每天都有着非常惊人的人流量，但大多是奔波在上下班路上的上班族，在匆忙的上下班路上，他们很少会对街边的小店投来好奇的目光。因此，在进行快闪店选址时，一定要先对目标地址进行深入的调查，了解其人流量、人流高峰时间段、人流类型等情况。

（2）场地周边的交通情况

快闪店周围的交通要便捷，这样既便于品牌的忠实用户能够快速到达快闪店，又利于让更多的普通人发现快闪店。一般来说，通往快闪店的交通线路越多越好。此外，还要留意快闪店选址附近是否有足够的停车位，以满足自己开车来的消费者的停车需求。

（3）活动预算

不同的场地，租金自然也不同。在确定场地之前，要先了解该场地的租金水平，评估其是否在自己可接受的范围之内，是否是活动预算可以承受的。活动预算不仅会影响快闪店的选址，还影响着快闪店的方方面面，所以在选址时一定要进行谨慎、全面的研究和分析。

（4）场地周边的商铺情况

在为快闪店选址时，很多人会遗漏一个重要的细节，那就是场地周边的商铺情况。快闪店需要在与周边品牌的竞争中找到平衡点，即开设快闪店的品牌既不能与周边品牌过于相似，也不能与其格格不入。如果快闪店中的商品与周围大多数商铺销售的商品类似，毫无疑问，快闪店会很容易融入这个区域，能够快速吸引到目标消费群体的关注；但同时快闪店也面临着竞争过于激烈的挑战，从而使快闪店的效果被弱化。

（5）场地的建筑风格

在选址时，还要考虑快闪店周围的建筑风格，快闪店的视觉呈现要与其周围的建筑风格保持和谐。例如，如果在一个古建筑群里开一家特别时尚、新潮的快闪店，虽然会给人们制造一定的视觉冲击，但其所形成的时尚冲击感也会破坏古建筑群形成的古典、静谧的氛围，有可能会引起一些人的反感。

快闪店想要成功，既不能选择一个特别平庸的地点，又不能选择与周围环境难以融合的地点，怎样“做自己”又不遭人嫌弃是每个品牌在开快闪店时都必须认真考虑的问题。

2. 常见的快闪店选址

常见的快闪店选址有以下几种。

（1）特色市集

市集是一种比较传统的零售场所，现在它又重新焕发出光彩。为了吸引顾客的关注，各类市集的主办方也是各显本领，努力打造极具特色的市集场所。这些独具特色的市集已经成为一种聚会，人们带着好奇而欢快的心情前来参加，活动场所内到处弥漫着欢乐的氛围。

对于品牌商来说，将快闪店开设在特色市集上，操作起来比较简单，且成本较低，只需将自己的摊位设置得醒目一些，并摆上自己的商品，即可与目标消费群体展开轻松的对话。很多时候，传统的吆喝在市集中能够产生非常好的效果。

（2）综合商场和购物中心

综合商场和购物中心本身就是零售业态，具有人流量大的特点。消费者来这些地方，或者是休闲，或者是购物，或者是体验某些品牌商品的使用效果，他们处于一种轻松、悠闲的状态，这有利于保证快闪店有足够的客流。

此外，综合商场和购物中心也需要一些富有活力的优质品牌来帮助其导流，它们在与新品牌合作的态度上往往更为开放。因此，如果品牌有特定的目标消费群体，在综合商场和购物中心比较容易直接找到对品牌有需求的消费者，可以考虑选择在综合商场或购物中心开设快闪店。

案例链接

李宁 Ning Space 潮流空间，在运动潮流上领跑

2018 年 8 月，中国李宁快闪店 Ning Space 潮流空间登陆深圳万象天地购物中心。快闪店的整体设计风格完全打破了空间和时间的规则，让李宁品牌骨子里的运动体育精神和潮流文化交相辉映，碰撞出无限可能的灵感火花，如图 8-14 和图 8-15 所示。同时，在现场还设有互动屏，每一位顾客点击互动屏都可以获得一枚专属徽章，这枚徽章将成为体验 Ning Space 的入场券。

图 8-14　Ning Space 潮流空间

图 8-15　展示在“吊环”上的鞋

除了专属徽章外，这家快闪店里还充满了黑科技，神奇的照片墙可以通过红外线捕捉顾客的肢体动作，自行生成一个由各类图标组成的人形。另外，Ning Space 还为顾客设置了潮流试衣间，试衣间内的镜子和灯光打造出的光影世界充满了未来科技感。

深圳万象天地作为深圳的时尚地标、潮人聚集地，其主要消费人群与李宁品牌的目标消费群体很契合。作为当代潮牌，此次李宁品牌快闪店登陆深圳市场，与顾客进行亲密接触，极大地增强了李宁品牌与人们的互动性，增强了消费者对该品牌的信任感和好感。

（3）市中心繁华地段

一个城市的中心地区往往是最繁华的地段，每天都会有大量的人流。品牌商选择在这样的地方开设快闪店，除了能够获得大量的销售机会外，还可以让快闪店得到更好的宣传。

（4）特色场所

除了市集、大型购物中心、市中心繁华地段可以作为开设快闪店的场所外，一些特色场所（如画廊、公园、楼顶露台、酒吧，甚至是废弃的仓库等）也可以作为快闪店选址的地点。不过在这些地方开设快闪店，比较适合以制造话题、策划公关活动为目的的品牌。此外，选择这些场所开设快闪店需要有足够的前期预热宣传，以吸引更多消费者的好奇心。

8.3.3 造势、发酵与引导，快闪店的“三步走”策略

快闪店是一种“即时开张，随机撤退”的品牌游击店，也可以将其理解为一种短期经营的时尚潮店。通常来说，快闪店借助的是自身品牌的影响力，或者是品牌通过异业合作，构筑一个具有特殊意义或鲜明特征的主题营销活动，借助情感认同、想法表达、身份识别、价值驱动、商品测试等话题迅速地聚拢人气。那么，怎样才能打好这一场精心策划又撩人心弦的“游击战”呢？可以从这三个方面入手，即造势、发酵与引导。

1. 造势：做好预热准备

在快闪店活动开始前，通过在线上发起新鲜、有趣的话题性事件，先在社交媒体上对活动进行预热，来一波品牌造势，提高人们的好奇心和参与的积极性。最佳的推广时机是快闪店开业 3 周前，这时可以在社交网络上投放各类宣传软文；快闪店开业 1 周前，再进行第二次预热推广，让这个话题彻底在网络上火爆起来。

提前做好预热准备是做好快闪店活动的关键，如果不能为快闪店活动制造足够的热度，快闪店就无法获得足够的关注度，这很有可能会直接影响线下快闪店的活动热度。因此，要想开好快闪店，其首要条件是一定要有新鲜、有趣的话题吸引人们来线下参与。

2. 发酵：布置个性化场景，引发话题自动传播

如果说预热是通过前期的铺垫和噱头吊起人们对快闪店的好奇感，那么快闪店开店期间的推广则需要主打快闪店的内容与口碑，营造出一种“哇，这么多人去这家快闪店，我也要去”的氛围，因为人们都是有从众心理的。

快闪店必须要有特点，如个性化的场景、有趣的互动体验等，这样才能吸引人们来参与。快闪店通过这些极具创意的设计和互动话题来激发人们对快闪活动的自发传播，例如，在香水品牌 Daisy 的快闪店内，人们可以通过社交分享来获得货币，只要在社交网络上发

布自己和快闪店的照片，就能“购买”免费的香水。

对于快闪店来说，让话题发酵也非常重要，话题发酵的效果甚至能直接影响快闪店活动的传播效果。好话题能够提升消费者对品牌的好感度，让品牌在消费人群中形成自动传播。

3. 引导：导客引流，精准营销

快闪店通过新鲜、有趣的活动，既可以将线下消费者导流转换为网上流量和订单，也可以将线上消费者吸引到线下消费、参加主题活动。快闪店通过精准营销，最终实现提高商品销量的目的。

案例链接

天猫回忆超市，让人气与订单双爆

2017 年“六一”前夕，天猫在北京的北锣鼓巷开了一家“天猫回忆超市”快闪店（见图 8-16），掀起了一波童年时代的回忆潮。该店只在 2017 年 5 月 30 日—6 月 1 日这三天营业，因为这是天猫为“六一”儿童节策划的专属营销活动，同时又恰逢端午节小长假，这样可以保证吸引到更多的游客前来体验。

快闪店里摆放了满满的几十年前的爆款零食和怀旧物品（见图 8-17），商品的价格也被天猫全部调到了 20 年前的物价，勾起了很多人的怀旧情绪。天猫回忆超市一开张就吸引了数以万计的“猫粉”，其上线仅两小时便传出线上线下同时断货的消息。

图 8-16　天猫回忆超市

图 8-17　天猫回忆超市内的怀旧商品

天猫的这次活动就是把既新鲜又富有情怀的话题直接在线上引爆，让很多人怀着对童年怀旧的心情来到线下体验，而无法到线下店铺体验的消费者也可以在线上订购天猫回忆超市里的商品，且线上下单当日即可送达。天猫的这种线上可消费、线下可到门店体验的营销方式颇具新意，同时也证明了天猫对快闪店的用心，所以达到了人气和订单双爆的效果。

8.3.4　开好快闪店的五个关键点

在新零售时代，快闪店已经成为很多品牌商热衷的一种新的营销手段，但开好快闪店绝非一件简单的事情。在开快闪店时，需要把握好以下五个关键点。

1. 选择合适的地址

合适的地址就是指快闪店所处场所的环境要与品牌的目标消费群体的特点相契合，例如，对于奢侈品或时尚品牌来说，将快闪店设在有一定消费能力的时尚人群经常出没的地点是最佳选择；而对于具有一定文艺气息的品牌来说，在一些艺术区做相关的快闪活动是不错的选择。

2. 创意主题是关键

新奇、有趣是快闪店明显的特征，充满创意的活动主题是做好快闪店的必备条件，快闪店的主题可以与商品/品牌相关，也可以与节日、社会热点相关。

无论是香奈儿的可可炫光俱乐部，还是京东的想念面馆、知乎的“不知道诊所”，都是洞察了现代人的某种诉求而开展的。因此，只有充分了解现代人的消费习惯与消费追求，站在他们的角度来观察与分析问题，才能创造出符合其消费心理的活动主题。

3. 布局设计吸睛

在确定主题之后，即可进行快闪店的布局设计。快闪店的“颜值”是吸引人们关注的重要因素，所以在设计快闪店时，可以根据其所处地点的风格做出相应的调整，例如，将古老建筑本身的墙体运用到快闪店的设计中，使其显得更为复古。

此外，对于要在不同城市做巡回的快闪店来说，其设计元素要统一，而且要具有一定的延续性，还要方便拆装和重复利用，以使快闪店在视觉效果和成本上达到最优。因此，在对不同城市做巡回的快闪店进行布局设计时，一定要考虑到不同城市的文化特色，如果快闪店的设计过于突出某个城市的特色，就很难将其应用到别的城市中，从而造成快闪店在创意设计及资金投入上的浪费。

4. 坚持“限时限量”的快闪精髓

“物以稀为贵”，人们之所以关注快闪店，就是因为他们热衷的是快闪店所带来的“机不可失”的体验和“与众不同”的快感。如果品牌商贪图快闪店的营销效果，想要通过延长快闪店的运营时长形成持续的效果，或者是快闪店内号称“特别”的商品并不独特，快闪店就容易变成常规的店铺，人们会对其失去新鲜感，也就不愿意买账。

5. 注重社交分享，促进二次传播

快闪店如果不能配合网络营销，那么它所能产生的营销效果就会很有限。因此，除了依赖粉丝和参与者对快闪店进行自发传播之外，品牌商还要主动采取措施进一步刺激人们通过微信、短视频等社交媒体分享自己的体验，从而扩大快闪店的影响范围。

案例链接

优酷&阿里文学&气味图书馆，让内容落地文艺体验场景

2018 年 6 月 22 日—6 月 24 日，优酷和阿里文学联手气味图书馆，分别在北京三里屯和西单大悦城开展了一场主题为“腹有诗书气自华”的快闪活动。

（1）以优质句子为内容核心

快闪店以优酷及阿里文学自身优质内容资源为源头，从中提炼出最具代表性的优质句子作为核心内容输出，以充满文艺气息的气味图书馆门店为载体，让具有代表性的精品内容触达更多的年轻用户群体，如图 8-18、图 8-19 所示。

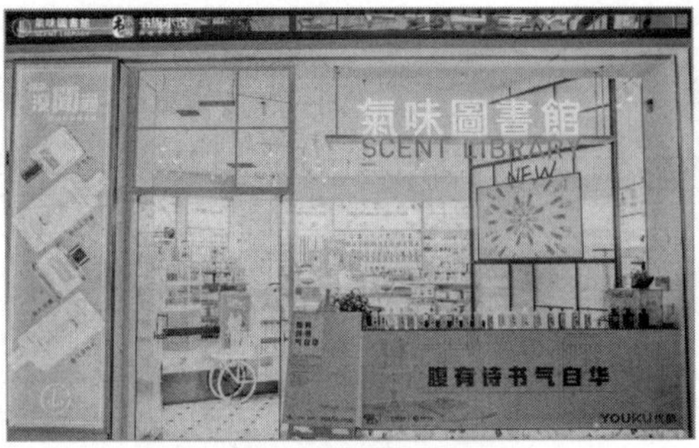

图 8-18　气味图书馆场外

图 8-19　气味图书馆内陈列的物品

快闪店内融入了优酷文化节目元素和阿里文学的图书元素，用优酷文化节目留言墙、“文化香”调制区、阿里文学道具书等打造了一个有观点、有态度的文化人聚集地。参观者置身其中既能感受到读书所带来的内涵和修养，也能感受到优酷文化类节目和阿里文学所蕴含的文化厚度和魅力。

（2）线上预热，为活动造势

在活动开始之前，优酷在其官方微博发布了一则关于“态度”的视频，表达了文化在人生中的重要作用。视频在向目标消费群体指出他们所面临的困境的同时，为他们提供了解决方案——优酷文化节目和阿里文学平台，从而将线上流量导入快闪店。

（3）围绕内容开展多种互动

在店内，不仅陈列的书本上印有优酷及阿里文学平台上的优质句子，就连互动的方式和衍生品设计也是以优质句子为核心来进行的，每一个环节都融入了优酷和阿里文学的优质内容。例如，参观者可以用方言说出自己最喜欢的句子，通过在社交媒体上进行分享和传播，引发更多网友对内容的关注和模仿，从而在网络上形成用户原创内容（User Generated Content，UGC）。

再如，店内为参观者设置了互动留言墙，参观者可以在墙上留下自己创作的句子。此外，店内设计的联名香水、T 恤、透明塑料手袋等衍生品上也印制着优质句子（见图 8-20），它将成为传递年轻人情感和态度的一部分。

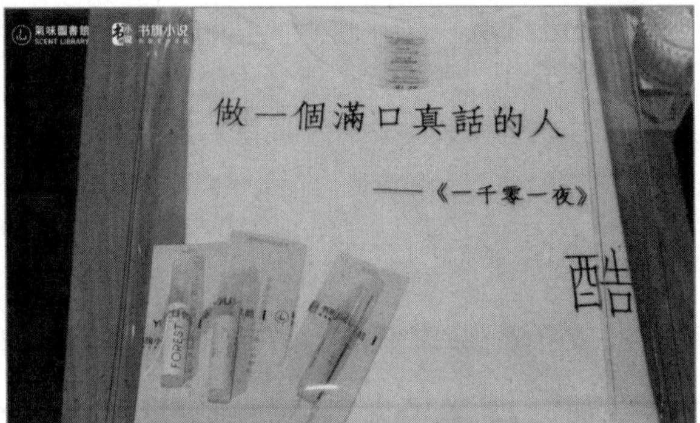

图 8-20　印制着优质句子的衍生品

（4）社交分享，引发线上二次传播

在快闪活动进行过程中，优酷每天都会上线一则展示参观者在店内参加互动环节的视频，从而让快闪活动在线上形成二次传播。

同时，一些擅长制作娱乐内容的 KOL 也纷纷在社交媒体上分享快闪活动的图文和视频信息，从而将快闪店内有趣的内容和文艺氛围传达给更广泛的线上粉丝群，最终让此次快闪活动触达更多的年轻用户。

优酷、阿里文学和气味图书馆联合举办的这次快闪活动为观点的交流和思想的碰撞提供了一个优质的场所，通过联合出击，用嗅觉体验将泛文化这一抽象概念具象化，为参与者献上了精彩、难忘的用户体验，帮助更多的年轻人走近优酷文化节目和阿里文学平台，感受文化的魅力。

8.4 打造互动式体验消费场景，为消费者提供新奇又贴心的服务

在新零售环境下，消费者的需求开始向体验方向过渡。需求即市场，进行体验升级是传统零售实现转型升级的必经之路，为消费者创造互动式体验消费场景是增强品牌和商品竞争力的有效方式。

互动式体验消费场景具有娱乐性强、集客能力强的特点，它能让消费者在一种充满乐趣的氛围中感受商品的价值，从而让商品的价值真正地深入人心。体验式营销方式突破了传统上“理性消费者”的假设，认为消费者消费时是理性与感性兼具的。消费者在互动过程中感受到商品的效果和价值，自然而然就容易产生消费冲动。同时，消费者通过互动体验对品牌形成的良好印象不仅能成为该品牌旗下其他商品的销售动力，还能成为品牌形成口碑营销的有效渠道。

新零售模式强调以消费者为中心，所以品牌商和企业在运营过程中一定要考虑消费者的消费心理需求，以互动式体验来激发他们的购买欲望。具体来说，打造互动式体验消费场景可以从以下几个方面来着手。

1. 商品现场试用

百闻不如一见，百见不如一试，为消费者提供商品试用服务，让消费者通过对商品的试用体验，切身感受商品所带来的愉悦感和功能上的价值。

2. 创造新奇、愉悦的娱乐体验

将商品或品牌的理念融入娱乐中，以一种娱乐化的体验方式让消费者在消费过程中感受新奇和愉悦。

人们喜欢追求新奇和愉悦的心理感受，在当今节奏快、压力较大的生活环境下，人们对新奇、愉悦感受的追求更加迫切。如果品牌商和企业能够抓住人们的这一心理需求，通过各种方式为消费者创造新奇、愉悦的体验，让他们能够放松身心，就很容易获得消费者的好感，从而取得营销上的成功。

案例链接

vivo“解救好奇心”，用创造力激活新零售

为了加深消费者对 vivo 品牌及 vivo 旗下商品的认识和了解，vivo 品牌方于 2019

年 6 月在广州、武汉、重庆、长春等 9 个城市的 15 个新开业的品牌体验店中联合发起“解救好奇心”活动。图 8-21 所示为该活动的线上活动海报。

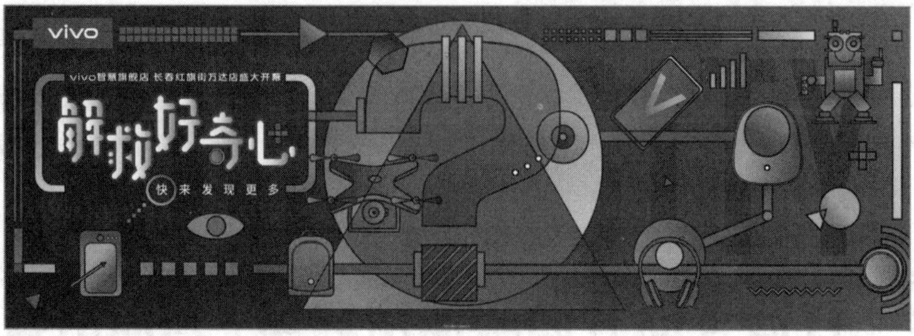

图 8-21 “解救好奇心”线上活动海报

“解救好奇心”活动以“更多科技产品带来的全新生活方式”作为核心概念，围绕大数据体验，通过线上线下联动的创意互动体验，从精神层面向消费者传递充满创造力的生活方式，帮助消费者解锁好奇心，感受生活的美好。

在线上，vivo 上线了“解救好奇心”活动专属的测试型 H5（一种用第 5 代 HTML 语言制作的数字产品），将好奇心的测试结果分为“认知型”“多样型”“社交型”“感知型”和“科学型”，并分别关联相应的 vivo 品牌下的商品。测试型 H5 以趣味互动的形式让消费者在一种新奇、愉悦的体验过程中加深了对 vivo 品牌及其商品的了解，在扩大品牌影响力的同时，也实现了向线下引流，吸引消费者前往 vivo 品牌体验店进行切身体验。

在线下打造“解救好奇心”创意快闪店，为消费者提供有趣、个性化的互动体验场景。“探索之池”、互动“出击”等互动游戏让消费者暂时忘却生活和工作带来的压力，体验这些场景带来的快乐。“好奇心攻略墙”上的文案看似随意，其实每一句都颇具内涵，直击人心。另外，还有“巨型耳机”“好奇心根据地”等互动场景，都会引发消费者的驻足互动。

在“解救好奇心”活动中，无论是线上传播的海报、视频和 H5，还是线下的快闪体验店，都给消费者带来了互动式体验。vivo 通过互动式体验传播品牌态度，寓教于乐，在延续 vivo 所坚持的科技感十足的品牌基因的同时，抛弃了传统枯燥乏味的开业仪式，通过更加贴近消费者的方式为他们制造参与感，让消费者从被动接受转变为主动参与，不仅将 vivo 科技、年轻、时尚的品牌印象深深地印在消费者心中，还高效地完成了客户的引流与转化，实现了门店的销售目标。

3. 构建“五感”场景体验

五感是指视觉感、听觉感、味觉感、嗅觉感和触觉感，是人们感知世界的普遍方式。美国著名营销大师马汀·林斯壮首先提出了五感营销理论，即通过具象的色彩、声音、气味、味道、质感勾勒出一幅美好的画面，让消费者感受到商品，从而产生购买欲望，进而产生消费行为。

传统的场景式营销是通过构建生活场景植入广告来实现营销目的的，而五感体验营销是引导消费者在情感和理智上对品牌和商品产生意识共鸣。对于一个人来说，其所获得的感官体验是不可替代的，这种体验不是在一种被动的情形下形成的，而是在一种“身不由己”的情形下获得的。由于事先没有心理准备或者没有得到暗示，五感会让人产生惊喜的感受，形成措手不及的记忆。因此，在新零售时代，无论体验如何升级，最根本的要求都是要激活消费者在五感上的原始知觉。

（1）视觉感

在五感中，视觉感是最核心的感受，也是消费者对品牌和商品产生第一印象的来源。颜色、线条、光线、造型等都是可以激发视觉感的元素。人们总是更加喜欢和向往美观的事物，充满魅力的外观是让商品或店铺吸引消费者靠近的第一要素，也是基本要素。因此，品牌商和零售企业可以利用光、色、形状等元素来为消费者打造别具视觉体验的空间，从而加强消费者对商品和品牌的记忆。

（2）听觉感

音乐的旋律、节奏也可以对消费者的心情产生影响，所以品牌商和企业可以在场景中设置与其主题相适应的音乐，以此来强化消费者对品牌的记忆，或者延长消费者在场景中停留的时长。

视频是视觉与听觉的结合，用心的品牌商和企业还会在店内设置与空间主题相契合的视频，从而营造出空间的故事效果、动态效果。

（3）味觉感

食品、饮品行业特别适于打造味觉感。现在食品、饮品的种类相当丰富，要想让自己的商品从众多商品中脱颖而出，首先要练好内功，在商品上进行创新，生产能带给消费者不一样的味蕾感受的商品，然后就是让消费者感受到这种不同的味道，并形成记忆，从而让品牌在消费者的心中留下印记。

（4）嗅觉感

香味是最容易被人长期记忆的元素，所以利用香味加深消费者对场景的记忆是不可或缺的一种手段。香味可以使消费者在场景中获得放松，对女性消费者来说，其效果尤其显著。

（5）触觉感

品牌商和零售企业通过让消费者触摸商品进行感知，使其进一步了解商品的材质和温度，从而对商品产生进一步的理解和感受，这是于无声处打动消费者的最佳方法。例如，销售高级材质服装的店铺可以通过让消费者触摸不同的面料，让他们用触觉比较法来获得认知。通过让消费者触摸普通面料和高级面料获得不同的感受，从而加深其对商品价值的理解，这样消费者才会愿意支付更高的费用来购买更好的商品。

案例链接

Aveeno 打造“五感时光沉浸式体验馆”，深化品牌内涵

现在零售行业已经进入消费者主权时代，在消费分层化、需求个性化、购买便利化、影响社群化的新消费环境下，如何通过更加有效的方式将优质的商品和全新的育儿理念传递给以“80 后”“90 后”为主的新手父母，已经成为各个母婴品牌的必修课。

2018 年 9 月，美国知名婴儿护肤品牌 Aveeno 联合天猫、聚划算打造了一个“五感时光沉浸式体验馆”，让参观者直观地体验 Aveeno“爱，润而不腻”的品牌内涵。

燕麦一直是 Aveeno 护肤产品的主要成分，体验馆以一颗巨大的燕麦为造型（见图 8-22），营造出一种燕麦粒从天而降的视觉效果，强大的视觉效果加深了燕麦与 Aveeno 品牌的联系，也体现了 Aveeno 对产品品质、品牌力量始终如一的坚持。

图 8-22 Aveeno“五感时光沉浸式体验馆”

在体验馆中，Aveeno 品牌用奇趣丰富的五感沉浸式体验，从触觉、味觉、嗅觉、听觉、视觉五个感官维度出发，让参与者直观体验“刚刚好”的母爱，从一个感性的角度诠释了 Aveeno 品牌“滋润不黏腻”的产品特性，同时也让参与者感受到品牌对宝宝“润而不腻”的温馨关怀。

触觉体验：通过让参与者亲自试用 Aveeno 的金牌主打产品，让其感受产品滋润亲和又丝毫不黏腻的特质。

触觉体验：通过让参与者免费品尝特邀营养师调制的燕麦饮品，让其从饮品刚刚好的甜度中感受母亲对宝宝“刚刚好”的关爱的尺度。

嗅觉体验：通过让参与者亲自制作自己和宝宝专属的自然香氛香包，让其感受恰到好处的贴心与亲密所营造的亲子关系。

听觉体验：通过在步道里播放自然燕麦田中麦浪沙沙的声响，让参与者感受产品中蕴含的舒心呵护的自然力量；此外，参与者还可以在落地键盘上弹奏音乐，奏出专属自己的自然乐章。

视觉体验：体验馆内设有 AR 特效墙，可以根据人与墙之间距离的不同呈现出不同的视觉效果。参与者可以通过控制 AR 特效墙来体验不同的视觉效果，感受亲子关系中刚刚好的亲密距离。

8.5 VR/AR+零售，融合虚拟与现实，打造沉浸式购物体验

对于一个新事物来说，如果它能够为人们带来一种全新的生活方式及服务理念，或者是帮助人们解决某种痛点，或者是提升某个领域的服务品质，那么必将引发一场产业革命。在零售领域，虚拟现实（VR）和增强现实（AR）技术与零售业的融合将会使零售业产生颠覆性的变革。

8.5.1 VR/AR，零售业变革与升级的有效助力

新理念、新技术的应用，往往会对传统行业产生巨大的冲击，并必然催生出新的业态。新技术在最初的应用阶段通常会产生轰动效应，VR/AR 技术也是如此。

VR 技术是在计算机上生成一个三维空间，并利用这个空间为使用者提供关于视觉、听觉、触觉等感官的虚拟环境，让使用者仿佛身临其境。

AR 技术是一种能够将虚拟信息与真实世界进行巧妙融合的技术，通过运用多媒体、三维建模、实时跟踪及注册、智能交互、传感等技术和手段，将计算机生成的文字、图像、音乐、视频、三维模型等虚拟信息进行模拟仿真后，应用到真实的世界中，让两种信息互相形成补充，从而达到对真实世界“增强”的效果。

在零售行业，这两项技术可以给消费者带来更好的体验，所以被视为有着很好的前景。VR 技术适合为零售商开展销售规划设计提供辅助，而 AR 技术则多用于提升消费者购物体验。

1. VR 技术辅助零售商开展销售规划

在辅助零售商开展销售规划设计方面，VR 技术的作用主要表现在以下两个方面。

（1）店铺设计测试

对于零售商来说，规划店内布局是一件非常麻烦的事情，因为设计者无法将布局设计结果进行直观、立体的呈现，更不能展示这种布局所形成的效果。利用 VR 技术就可以实现店内布局设计的可视化，以及人流方向的可视化，这样零售商可以通过进行 A/B 测试找到最佳的店铺布局设计方案。

（2）虚拟巡店

使用 VR 技术还可以帮助管理层实现“虚拟巡店”。借助 VR 技术，管理者无须亲自到店铺内，即可对各个店铺进行巡查，了解商品的实时销售情况。

2. AR 技术提升消费者购物体验

在提升消费者购物体验方面，AR 技术的作用主要表现在以下三个方面。

（1）帮助消费者展示商品使用效果

在某些消费场景中，消费者很难想象到商品的实际使用效果，这种情况在一定程度上会对其购买行为产生影响，甚至会导致消费者最终放弃购买该商品。而使用 VR/AR 技术为消费者真实展示商品的使用效果，不仅能让消费者对商品产生直观的使用感受，增加他们的购买信心，也能让商家突破门店面积的展示限制，进行更多的商品推广，最终形成消费者和商家共赢的局面。

在购物场景中，尤其是在服装试穿、化妆品试用等环节中，VR/AR 技术有着巨大的应用价值和发展潜力。VR/AR 技术的应用不仅可以帮助消费者节省大量的时间和精力，还能为他们提供更好的试穿和试用体验，例如，Magic Mirror（魔镜）功能可以帮助消费者快速了解服装的试穿效果，形成直观的试穿感受。

（2）提供沉浸式的购物体验

从消费者踏入实体门店，或者打开线上商店的那一刻起，如果能够强化消费者在店铺内的参与度，形成沉浸式的品牌体验，品牌商和企业就有可能与消费者建立深入的情

感联系。

VR/AR 技术的出现打破了传统的商业界限和物理定律，它不仅可以呈现出虚拟的环境，还能将娱乐体验融入零售业务中，从而增加消费者的参与感。在电子商务领域，VR/AR 技术也能让网上购物的体验更加真实，更加具有吸引力。例如，阿里巴巴打造的“Buy+”频道借助 VR 技术构建极具沉浸感的虚拟购物场景，让消费者足不出户就能近乎真实地体验在线下门店购物的感觉。

（3）提供更多的商品信息

在零售场景中，AR 技术通常用于展示更多的商品信息。消费者通过扫描图片或使用 AR 应用程序，能够了解到更多的商品详情，如商品的来源、制作过程、评价、详情参数等。将该技术应用到实体门店，不仅能够有效地保持购物环境的舒适和整洁，还能为消费者提供更加全面、更有价值的与商品相关的信息。

案例链接

星巴克智慧门店，全新 AR 体验

星巴克臻选上海烘焙工坊是星巴克打造的一个新零售“智慧门店”，它依托 AR 技术，打造出了一座与线下门店体验联动的“线上工坊”，为消费者呈现趣味盎然的数字体验。

消费者打开手机，通过 AR 扫描功能即可轻松开启沉浸式体验之旅，探索星巴克“从一颗咖啡豆到一杯香醇咖啡”的故事。在制作咖啡的过程中，消费者可以将智能手机指向店内各个自己感兴趣的位置，包括处在中心位置的巨型铜制烤箱，相关的文字介绍和图像就会在屏幕上显示出来，帮助消费者了解咖啡的烘焙过程，如图 8-23 所示。

消费者还可以唤起“隐藏”的在线菜单查询功能，并通过 AR 技术直观地了解咖啡吧台、冲煮器具等每一处细节，体验到更多咖啡“诞生”的乐趣，如图 8-24 所示。

图 8-23 通过扫描巨型铜制烤箱获取信息

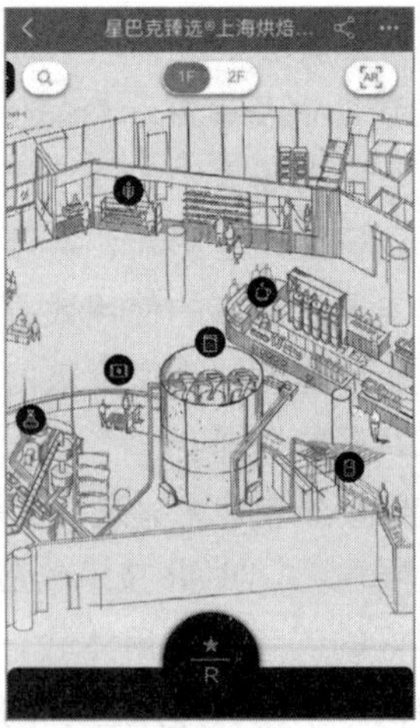

图 8-24 在线菜单查询功能

融合现实与虚拟的 AR 技术让星巴克臻选上海烘焙工坊重构为一家新零售的咖啡工坊。对于星巴克来说，定制化的 AR 应用可以引导消费者探索门店内的巨大空间，

拉近消费者和商家的距离，店内的各种商品也更加透明，有助于更好地促使消费者进行消费。

8.5.2 新机遇，零售企业如何布局VR/AR生态圈

VR/AR技术在零售领域的应用让广大消费者实现了体验式消费，也将为零售产业提供一个前所未有的发展机遇。

1. 将VR/AR技术融入零售店铺需考虑的三个问题

零售商在将VR/AR技术运用于商品、服务的过程中，需要考虑以下三个问题。

（1）选择VR技术，还是AR技术

VR技术与AR技术是完全不同的两种技术。VR技术是为人们创造一个虚拟的世界，消费者通过使用相关硬件设备在场景中获得身临其境的体验感。AR技术将经过模拟仿真设计的虚拟的事物、场景置于真实的世界中，人们借助终端设备可以进行观看和体验。对于零售企业来说，采取不同的技术会对其营销布局产生不同的影响。

（2）在店铺内应用，还是在店铺外应用

随着VR技术和AR技术的不断发展与成熟，未来的零售商可能无须面对究竟是选择在店铺内应用VR/AR技术，还是选择在店铺外应用VR/AR技术的问题。但是，在当下VR/AR技术的发展阶段，选择在店铺内应用VR/AR技术和选择在店铺外应用VR/AR技术，将会形成完全不同的体验场景。

在店铺内应用VR/AR技术的常见方式是在传统的购物场景中，运用VR/AR技术为人们创造沉浸式的购物体验。例如，在服装销售区域或试衣间为消费者提供"试衣魔镜"，当消费者站在虚拟试衣镜前时，可以自动显示其试穿新衣后的三维图像。消费者甚至不用移动就可以更换服装款式，轻松、直观地感受不同款式服装的试穿效果。

在店铺外应用VR/AR技术的常见方式是零售商运用相关技术制作线上VR店铺，使人们在家中或一些碎片化的场景中就可以体验在线下购物的场景。

（3）是否将自身的商业模式与VR/AR技术挂钩

多数企业更愿意探索一些能够为自身创造利润的新技术或新模式，因此，在应用VR/AR技术的过程中，需要考虑是否要运用VR/AR技术创造一种商业模式，从而获得更多的价值回报。

VR/AR技术并非最近几年新兴的技术，但在最近几年获得了快速的发展，与该技术相关的创业公司也获得了众多投资者的青睐。同时，阿里巴巴、京东、亚马逊等电商巨头也都在积极布局VR购物模式，以构建全新的购物场景。一些有实力的品牌商和企业应尽快抓住这个可能引发零售市场格局发生巨变的新机遇，以免日后陷入被行业先行者颠覆的局面。

2. 国内外零售巨头在VR/AR领域的战略布局

在当前消费需求不断升级的背景下，单纯的线下实体门店或线上店铺难以满足消费者越来越多样化的购物需求，线上与线下相融合的全渠道生态模式才是未来零售产业的主流形态。作为全新的购物方式，VR购物或AR购物无疑为刺激消费者的购买欲望提供了强有力的支撑，国内外零售巨头纷纷在VR/AR领域进行战略布局。

（1）阿里巴巴在 VR/AR 领域的布局

作为互联网及零售企业的阿里巴巴，自 2016 年以来，在 AR/VR 领域的行动异常频繁，例如，投资 Magic Leap（一家位于美国的研究增强现实技术的公司）及其他 VR/AR 公司，成立 VR 实验室，开发 AR 应用平台，以及推出 Buy+、VR 直播购物等。2018 年，淘宝与微软进行合作，进军运用混合现实技术（Mixed Reality，MR）的购物领域，在第三届造物节上推出了“淘宝买啊”。

案例链接

“淘宝买啊”，构建超现实购物体验

在 2018 年的第三届“淘宝造物节”上，淘宝在西湖边搭建了一座 300 平方米的“未来购物街区”。依靠全息影像，采用混合现实（MR）技术，消费者目光所及之处，商品信息即被智能识别，涵盖商品的价格、销量和用户评论、使用攻略等全方位信息，如图 8-25 所示。在“淘宝买啊”的世界里，每一件商品都是全息的、立体的，各种信息一目了然。

图 8-25 “淘宝买啊”展示的全方位信息

消费者使用淘宝 App 扫描工作人员手中的二维码后，手机随即呈现 MR 购物产品“淘宝买啊”界面。消费者站在指定位置测试瞳距，与智能头显设备进行匹配，匹配完成后，消费者就可以带上智能头显设备在真实的空间场景内看到“跳脱”出来的虚拟商品和动画。

借助“淘宝买啊”，可以实现“所看即所得”，消费者目光触达的地方，商品信息即被智能识别。在体验过程中，消费者可以通过手势、目光等进行体验互动，点中的商品会自动加入淘宝购物车。

“淘宝买啊”有风格馆、御书房和次元铺三大体验馆，每个体验馆具有不同的风格。例如，在风格馆中，体验者可以通过扫描商品，用 MR 呼唤出淘宝红人或淘宝主播，他们会以全息方式出现在体验者面前，并亲自为其介绍该商品。

阿里巴巴的“淘宝买啊”提升了消费体验，在混合现实的世界中，淘宝不再是一个 App，而真正变成一种生活方式。消费者戴上智能头显设备，唤起“淘宝买啊”，眼前的世界就会被数字信息“加持”。“淘宝买啊”的最大特质在于“改变交互”“增强体验感”，消费者不仅能够体验线上购物，还能与现实场景、虚拟场景同时互动，这正是淘宝正在布局的未来消费形态。

（2）京东在 VR/AR 领域的布局

从 2017 年开始，京东也在加快布局“虚拟购物”的步伐。2017 年 5 月，京东发布了“天工计划”。“天工计划”是京东在 2017 年针对 AR/VR 领域发起的最重要的一项活动，旨在聚合行业各方的创新力量，链接京东内部各事业部、营销平台、品牌日活动等，帮助京东提升为用户实时输出个性化体验、为品牌商提供整体创意解决方案的能力。

“天工计划”1.0 面向 AR/VR 领域，以人工智能和三维（3-dimension，3D）建模为主要工具构建新购物场景。在这个阶段，京东 AR 为接下来推出的 AR 视界积蓄了核心技术，也让京东完善了自己的 3D 引擎。

2017 年 12 月，京东“天工计划”升级至 2.0 阶段。在这个阶段，推出了京东 AR 视界、京东试试的产品，也成立了京东天工 AR 开放平台。京东不仅实现了商品的 3D 展示，提升了用户体验，更走向开放，将能力向合作伙伴输出。

2018 年 5 月，“天工计划”升级至 3.0。在京东“天工计划 3.0”发布会上，京东再次强调了未来零售革命的核心——无界零售，同时指出未来无界零售将能达到人企无间——做到供需融合、协同共创、精准零售；货物无形——商品、服务、数据、内容都能通过虚拟手段来完成；场景无限——购物场景无限，购物终端无限，购物方式形态无限。在 3.0 阶段，京东 AR 将赋能实现了完善化，全面拥抱无界零售，用积木式的拼搭赋能合作伙伴，共同迈进无界零售时代。

（3）亚马逊在 VR/AR 领域的布局

亚马逊一直在改变公司的发展方向，扩展新市场。从一个网上书店发展到现在，亚马逊已经成为技术巨人之一，几乎所有可以想到的行业都有它的足迹，VR 和 AR 领域同样有它的足迹。

① 推出 Amazon Sumerian

Amazon Sumerian（亚马逊开发的一个能创建和运行基于浏览器的 3D、AR 和 VR 应用程序的工具）能够让用户无须学习编写程序和熟悉 3D 建模等复杂的工具，就能创建逼真的 VR 环境和场景。它是一款基于浏览器的应用，用户可以使用简单的点击式界面创建 VR、AR 和 3D 场景，也可以使用平台上预先存在的模板轻松创建 VR、AR 场景。

此外，用户还可以将自己设计的 3D 模板上传到数据库中，做出符合自己需求的 VR、AR 场景。用户上传 3D 模板后，就可以在 Amazon Sumerian 的空白画布上拖放房子、人物或任何其他物体，构建自己心目中的 VR、AR 场景。

② 开发 AR 应用

亚马逊在移动端推出 Part Finder（零件查找器）功能，该功能主要针对零件的识别，其主要是利用 iPhone 的摄像头和 AR 技术来测量目标对象的形状、尺寸等，帮助消费者从商品目录中匹配商品。

如果消费者想要购买一款螺丝钉，但不知道如何描述，就可以打开 Part Finder，将螺丝钉样品放在桌子或白纸上，再将摄像头对准它，在商品识别过程中，亚马逊会提示消费者如何摆放，以提高识别的准确率，如图 8-26 所示。

识别成功后，系统会根据识别的结果显示更详细的分类选项（有相应的图片指导）。例如，螺丝钉是平口螺丝钉，还是十字口螺丝钉等，消费者可以直接通过选择来缩小搜索范围，如图 8-27 所示。这一应用使人们能够更加方便地在网上寻找各种零件。

图 8-26　利用 Part Finder 识别商品

图 8-27　更详细的分类选项

③ 销售 VR 应用程序

2018 年 7 月，亚马逊与 HTC 达成新合作伙伴关系，亚马逊旗下的数字商城开始销售 VR 应用程序和 VR 游戏。也就是说，消费者能够直接在亚马逊上购买 Viveport 的应用程序，并可以将购买到的应用程序无缝添加到自己的 Viveport 内容库中，这也从侧面表明亚马逊对 VR 的兴趣正在日渐增加。

3. 提高 VR/AR 技术在线上家居用品销售中的应用效果

目前，很多电商平台已经将 VR/AR 技术运用于商品展示中，让传统以图文进行展示的商品变得更立体、更直观。

对于家具这种比较“特殊”的商品而言，因为涉及实际的商品尺寸、商品整体设计感以及商品摆设的场景效果等多重因素，按照以往的传统观念，人们往往更倾向于去线下实体门店购买。相比线下实体门店的近距离感知，线上采购家具的最大痛点是既看不见实物，更摸不着。面对线上销售家具所存在的这一痛点，越来越多的家居用品电商也开始借助 VR/AR 技术来辅助自己开展线上销售。

案例链接

Wayfair，让消费者成为室内设计师

Wayfair 是美国著名的家具家居电商网站。2016 年，Wayfair 推出了一款基于 AR 技术的购物应用程序——Wayfair View。这款应用程序可以让消费者在家中查看数以千计的商品的实际使用效果，然后下单购买。这款应用程序在智能手机和平板电脑上都可以使用，消费者无须额外配置其他设备。

消费者使用该应用程序时，智能手机或平板电脑上的摄像头会自动打开，家中的场景会显示在手机或平板电脑的屏幕上，然后消费者就可以将自己在 Wayfair 网站上看

中的商品“拖”到屏幕上所显示的家中的任何位置，还可以对商品进行旋转或移动，以达到最佳的布局效果，如图 8-28 所示。

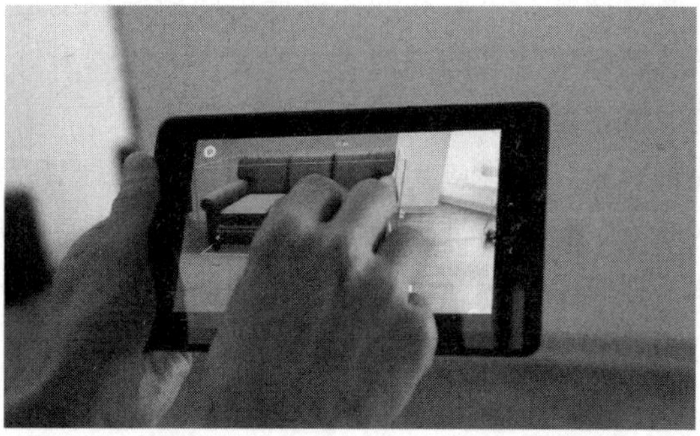

图 8-28　使用 Wayfair View 对商品使用效果进行可视化操作

2018 年年底，Wayfair 又推出了一款名为 Wayfair Spaces 的应用程序，使用这款应用程序时需要佩戴 AR 眼镜。在这款应用程序中，设计师将 Wayfair 网站销售的大量家居商品设计成不同的室内搭配方案，并“装”进盒子中供消费者查看并使用。消费者戴上 AR 眼镜后，眼前就会浮现出很多方盒子，通过操作手柄可以将方盒子中的虚拟家具“拖”到自己家中合适的位置。消费者可以从同一个室内搭配方案中拖出多件家具进行搭配，也可以从多个室内搭配方案中拖出家具进行搭配。因此，消费者可以非常直观地知道某一款家具或装饰品是否适合自己家的环境，或者与自己家的环境更匹配的家具或装饰品是哪一款。

可以说，Wayfair 推出的这两款应用程序比较完美地解决了线上家居用品销售存在的痛点，让消费者可以在购买商品之前深度了解商品的外观及其与家庭环境的协调度。而且 Wayfair Spaces 应用程序还为消费者提供了成套的家具搭配方案。物美价廉的家具、设计师设计的搭配方案，以及可视化的家具在家中的摆放效果，这些能大大增加消费者的购买欲望。

随着技术的不断发展，VR/AR 技术走进寻常百姓家在不远的将来终会实现。家居电商要想应用 VR/AR 技术促进线上家居用品的销售，还需要从以下三个方面继续探索和发展。

（1）提高用户体验的交互性

家居电商之所以采用 VR/AR 技术作为传统图文商品介绍的重要补充，一是为了向消费者提供近乎真实的家居用品的观感和体验，二是为了向消费者展现商品与各类家庭装饰风格和其他家居搭配的协调度。

前一个目标要求家居电商能够借助 VR/AR 技术让商品与消费者实现互动，后一个目标则要求家居电商能够借助 VR/AR 技术让商品与消费者家中的环境、与消费者喜欢的其他商品和装潢风格实现互动。因此，家居电商要想借助 VR/AR 技术实现良好的销售业绩，就应该为消费者提供交互性更强的用户体验。

（2）由 PC 端转向移动端

随着智能手机的普及，越来越多的人习惯于在手机上购物。在电子商务交易中，移动端产生的交易额不断上升。采用 VR/AR 技术销售商品的家居电商应该投入更多的时间和精力用于开发 VR/AR 技术在移动终端上的应用，以适应线上购物移动化的趋势。

（3）突破应用程序局限，触达社交媒体

家居电商通常都是在自己提供的应用程序内将商品以 VR、AR 的形式向消费者进行展示。但需要注意的是，愿意搜索、下载和使用家居电商所提供的应用程序的人通常是该品牌的忠诚者，其他对品牌忠诚度较低的消费者可能会因为觉得麻烦而放弃使用。因此，家居电商要想获得更大的发展，就不应该局限于品牌忠诚者。

家居电商应该将视野放大，走出应用程序的局限，将借助 VR/AR 技术呈现的内容直接投放到社交媒体上，这样不仅可以降低消费者必须下载应用程序才能使用的要求，也有利于扩大品牌的受众群体，提高品牌曝光度。此外，由于社交媒体具有超强的扩散能力，很容易在网上引发话题讨论，有利于商品推广和树立品牌形象。

8.5.3 新挑战，VR 线上零售店铺落地的三个关键点

VR 技术是对零售业产生强烈冲击的一种新兴科技，它带来的沉浸式体验正被各行各业所看好。与此同时，VR 购物也为人们带来了一种全新的购物体验，在不久的未来或许会成为新零售行业中的一大特色。

VR 技术应用中的关键点在于“体验”和“交互”。在传统的电子商务模式中，营销是将商品的信息通过各种方式和手段灌输给消费者，消费者是按需索取，被动接受，在整个交易过程中，场景化的营销效果并不明显。但 VR 技术在线上零售领域的使用不仅打破了线上场景化营销中体验和交互不足的壁垒，还有效地提升了线上场景化营销的效果。

如何才能将 VR 技术更好地应用在线上零售营销中，让商品和服务更贴合不同消费者的需求？其实将 VR 技术应用于线上零售模式，主要需要解决好以下三个关键点。

1. 沉浸式场景的搭建

在线上零售中应用 VR 技术，需要搭建一个虚拟的沉浸式场景，让消费者身临其境地体验其中的内容。搭建的场景可以是真实的场景，也可以是虚拟的场景。

目前，零售商搭建沉浸式场景所采取的比较常见的方式是将线下的商场或场景直接通过 VR 技术进行还原，在 VR 搭建的场景中将商品以添加热点或添加标注点的方式进行解析，并为商品添加购买外链和解说导购，这其实是一种 100%真实还原线下场景的 VR 店铺。使用这种方式会面临着一个问题，就是线下的商品陈列方式会经常更替，商品也会产生更替，如果一直保持线上 VR 场景店铺与线下同步更新，将会耗费大量的资金。

在搭建沉浸式场景上，零售商可以考虑参考京东的模式，即将商品关联到一个场景化的实景中。也就是说，在某个场景所展示的所有商品都是在这个实际场景中能够用得到的，消费者在浏览、购买这件商品时，很容易会想到买了这款商品后自己如何去使用，甚至摆放在家里的哪个位置。

案例链接

京东 VR 全景体验馆，让美好生活“所见即所得”

2018 年“双十一”，京东打造了一个可供消费者实现畅游购物体验的 VR 全景体验馆，通过打造店铺全景画面，在已设定的场景中植入热卖商品（见图 8-29），通过锚点点击跳转至商品详情页（见图 8-30），以这种场景化的方式来增强消费者的购物代入感。

图 8-29 京东 VR 全景体验馆搭建的消费场景

图 8-30 商品详情页

进入 VR 全景体验馆后，消费者通过场景体验即可直观地感受到“家”里的真实情况，通过点击设定在场景中的家居、数码、办公等品类的热卖商品，还可以及时了解商品信息，并可以直接下单购买商品。

VR 全景购物是一种颠覆传统购物体验的购物模式，而京东的 VR 全景体验馆正是对 VR 全景带来的全新导购方式的一种全新尝试。

相对于家装软装、厨房用具等有固定场景的商品类目，搭建这种场景化消费的 VR 实景是比较容易的，但对于无实际需求场景或实际需求场景较少的商品类目来说，搭建场景化消费 VR 实景是比较困难的。这种情况下，零售商可以采取设计虚拟需求场景的方式来搭建场景化消费 VR 实景。因为对于消费者来说，无论是现实存在的场景，还是虚拟的场景，他们在 VR 场景中所看到的都是虚拟的沉浸式空间场景，所以零售商可以利用虚拟建模的方式来搭建数以万计的消费场景。

例如，某个零售商的目标消费群体是喜欢长期足不出户的男性，该零售商就可以尝试搭建一个男性卧室的消费场景：在桌子上放置电子产品，在床上摆放某动漫形象的抱枕，在餐桌上摆放某品牌的自助小火锅。虽然这些商品看似不相关，但对于这类消费者来说，它们都是生活中需要用到的商品，所以这些商品很容易激发这类消费者的购买欲。

2. 合理的交互体验

没有交互体验的 VR 场景是没有灵魂的，所以考虑好搭建消费场景的方式后，就需要思考如何设计 VR 零售线上店铺的交互体验的问题了。在线上消费场景中，VR 场景交互体验的设计包括两个方面，一是消费者采取何种设备与 VR 场景发生交互，二是消费者如何与商品和商家发生交互。

对于消费者采取何种设备与 VR 场景发生交互这个问题，零售商可以采取让消费者佩戴 VR 头盔的方式来获得交互体验。但 VR 头盔并不是普通消费级的商品，消费者不会专门配备，所以采取佩戴 VR 头盔制造交互体验的方式存在一定的局限性。而京东的 VR 全景体验馆是通过在商品上放置明显的闪动标注点来让消费者点击获取商品详细信息并购买，这样更利于手机终端消费者的使用。

对于消费者如何与商品和商家发生交互这个问题，零售商需要进行合理的规划与设计，例如，是通过点击引发交互，还是通过手势引发交互？商品信息的触发是做成明显的提示效果，还是完全隐藏起来？触发生成的二级界面是视频、3D 商品展示，还是商品购买界面？引发消费者与商品和商家发生交互的方式既不能太复杂，也不能太单调。当然，如果能在其中加入一些与商家互动的元素，那就再好不过了。

3. 醒目的使用引导

除了场景搭建和体验交互设计外，做好 VR 零售线上店铺还有一个关键点，那就是引导提示的设计。

在日常生活中，当一个人在一个陌生的城市中寻找某个地方时，往往需要观看路牌或导航；当一个人使用一款新的媒体设备时，往往需要阅读使用说明书。路牌、导航和使用说明书大大降低了人们应对陌生环境和使用新鲜事物的难度，同样的道理，为 VR 零售线上店铺添加简明扼要的使用引导能有效降低人们浏览 VR 场景的难度，帮助人们快速了解如何在 VR 场景中浏览和购买商品。

对于第一次进入 VR 场景的消费者来说，场景中的各种展示和操作都是比较陌生的，如何查看商品、交互体验如何点击、商品信息如何保存等是许多消费者面临的实际问题。因此，在设计 VR 零售的线上店铺时，还需要设计醒目的使用引导或提示来帮助消费者完成 VR 体验，否则我们精心设计的 VR 场景和非常有趣的交互体验可能会让来访的消费者找不到，或者不知道如何使用。

思考与训练

1．品牌商开设快闪店的目的有哪几种？
2．如何为快闪店选址？开好快闪店的五个关键点是什么？
3．如何为消费者构建“五感”式购物场景体验？
4．企业要想搭建 VR 线上零售店铺需要注意哪些问题？

第 9 章

重构会员体系——数字化时代的智慧管理方案

通过阅读本章内容，你将学到：

- 构建会员等级体系、会员权益体系的方法
- 设置差异化会员权益的方法
- 做好付费会员管理的策略
- SCRM 与传统 CRM 的区别，以及运用 SCRM 的策略
- 做好客户资产管理的策略

会员体系是维持商家与消费者之间良好关系，进而提升消费者复购率、提高消费者忠诚度的有效工具，它能将商家、消费者以及商品三者紧密地连接在一起。通过建立会员体系，商家可以更加有效地掌握会员的资料，了解会员的兴趣爱好和消费习惯，挖掘会员的意向需求，进而为不同的会员提供优质的个性化服务。

9.1 会员体系，指导客户运营的有效工具

会员体系的本质是通过一系列的运营规则和专属权益来提升客户对品牌的忠诚度，并让客户反哺品牌的各项业务，最终将客户一步步培养为品牌的忠实粉丝。一个完善的会员体系有助于品牌商和零售企业深度挖掘客户价值，提升品牌的传播范围和影响力，促进品牌的效益转化。因此，会员体系是指导品牌商和零售企业进行客户运营的有效工具，对客户运营起着非常重要的作用。

9.1.1 会员体系的多角度划分

按照不同的分类标准，可以将会员体系划分为不同的类型。目前，市场上常见的会员体系类型如表 9-1 所示。

表 9-1　常见的会员体系类型

分类标准	会员体系类型	说明	示例
是否需要付费	免费会员	消费者成为会员无须付费，只要符合相应的条件即可成为会员	淘宝网普通会员、支付宝会员等
	付费会员	消费者需要支付一定的费用才能成为会员	京东 PLUS 会员、阿里 88VIP 会员、腾讯视频会员等
是否有成长体系	无差别会员	所有会员享受的权益都一样	阿里 88VIP 会员
	等级会员	根据一定的条件将会员划分为不同的等级，不同等级的会员享受不同的权益	QQ 会员根据成长值划分等级
下设会员产品的数量	单一会员	整个商品中只设有一种会员商品	腾讯视频只有腾讯 VIP 会员
	多元化会员	整个商品中设有多个会员商品	优酷设有优酷 VIP 会员和酷喵 VIP 会员

不同的品牌在不同的发展阶段可以按照不同的角度将不同的会员体系组合在一起，从而形成具有自身特色的会员体系。例如，京东的会员体系是一种复合型会员体系，包含京东会员和京东 PLUS 会员，其中京东会员属于免费会员和等级会员，而京东 PLUS 会员属于付费会员和无差别会员。图 9-1 所示为京东会员级别设置，图 9-2 所示为京东 PLUS 会员专享权益。

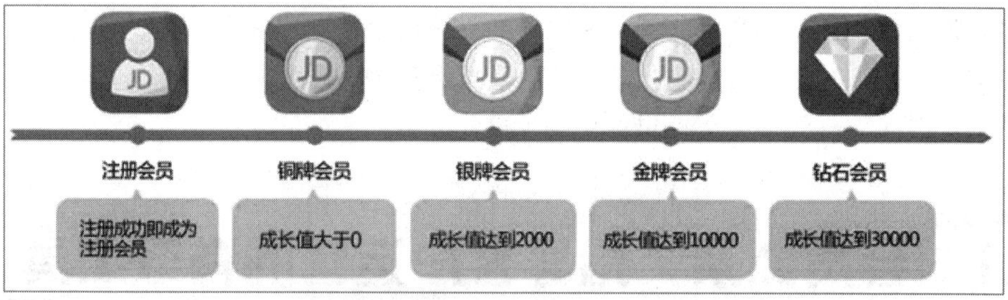

图 9-1　京东会员级别设置

图 9-2　京东 PLUS 会员专享权益

9.1.2 会员等级体系，会员身份的进一步细分

会员等级体系是对会员身份的进一步分层，在保持公平、公正的前提下，按照一定的规则刺激会员完成指定行为，从而实现自我满足和权益享受。

1. 成长值：划分会员等级的依据

成长值是划分会员等级的标准，也是衡量客户行为价值的标准。目前，大多数会员等级都是依据成长值来进行划分的。客户完成指定任务后即可获得一定的成长值，不同的成长值对应不同的会员等级。

在会员等级体系中，通常是通过成长值的增减来刺激和引导用户完成价值行为的。

（1）成长值的增加

免费会员通常完成指定任务后即可获得相应的成长值，这些任务包括成长任务（每天只能参与一次）和日常任务（一天内可以反复完成），如图 9-3 所示。

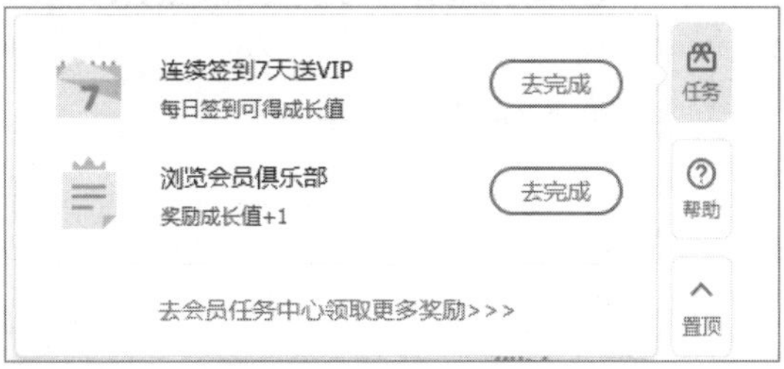

图 9-3 成长值任务

目前，电商平台免费会员成长值的增长规则是比较全面的。影响会员成长值的因素主要包括消费行为、活跃行为和信誉评级。对于电商平台来说，影响其运营效果最关键的因素是交易额和能够促进交易的内容。因此，在影响会员成长值的三个因素中，消费行为和活跃行为更为重要。

案例链接

淘宝会员淘气值的设置

淘宝会员的淘气值由购物分、奖励分和基础分三部分组成，如图 9-4 所示。其中，基础分一般都是 400 分。购物分会根据会员近一年购买金额的波动而变化，它是依据经典的 RFM 模型建立的，R（Recency）代表最近一次消费时间，F（Frequency）代表消费频次，M（Monetary）代表消费金额。奖励分会根据会员的互动情况形成波动，如图 9-5 所示。

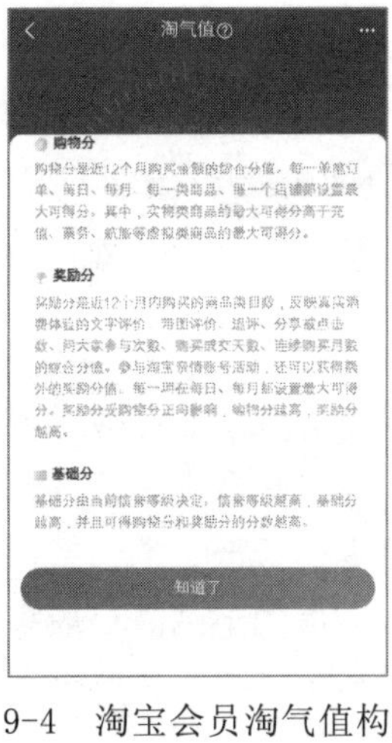

图 9-4 淘宝会员淘气值构成

图 9-5 淘宝会员奖励分值情况

付费会员既有任务成长值，又有会员成长值加成，即付费会员产生一定的付费行为，即可获得相应的成长值奖励（例如，开通付费会员即可获得一定的成长值奖励），同时付费会员完成相应的任务也可以获得一定的成长值。

案例链接

爱奇艺 VIP 会员成长值的设置

爱奇艺 VIP 会员成长值的计算公式为：成长值=开通/续费成长值+观影成长值+任务成长值—非会员下降值。图 9-6 所示为爱奇艺 VIP 成长值设置。

购买套餐	开通/续费赠送成长值			过期会员
	学生会员	黄金会员	钻石会员	
年卡	1200点 / 次	2000点 / 次	3000点 / 次	下降6点 / 天 直至成长值降为0
季卡	/	200点 / 次	300点 / 次	
月卡	30点 / 次	60点 / 次	90点 / 次	
自动续费		每月多赠送30点		

图 9-6　爱奇艺 VIP 成长值设置

其中，年卡开通成长值是指会员每次购买年卡套餐时，根据不同身份赠送对应的成长值。自动续费开通成长值是指在开卡奖励的基础上，根据会员开通自动续费的时长（月赠送 30 点/月，季赠送 90 点/季，年赠送 360 点/年）赠送成长值。

（2）成长值的减少

成长值有增加就必然会有减少，这样才能让其生命周期形成一个完整的闭环。成长值的减少是一种负向激励，品牌商和零售企业通过减少成长值来刺激会员持续产生价值。

成长值的减少通常有三种方式，如图 9-7 所示。

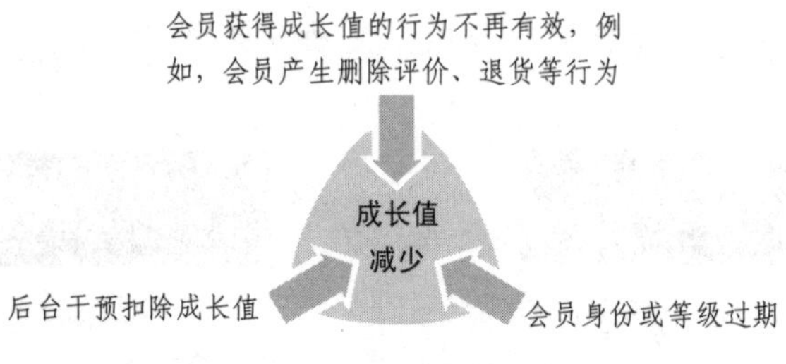

图 9-7　成长值减少的方式

2. 等级层次划分：会员细分

等级层次划分是将会员进一步分层，为会员提供差异性的商品或服务。通常情况下，会员等级层次可以采用金字塔式结构，即处在底部的会员数量占比最高，会员数量占比按照会员的等级逐渐递减，处在金字塔顶端的会员数量占比最低。

划分好会员等级层次后，还需要确定每个等级成长值的范围。一般来说，会员等级越高，升级就越难，所需的成长值就越多。以京东会员为例，成为银牌会员的成长值需要达到 2000，成为金牌会员的成长值需要达到 10000，而成为钻石会员的成长值则需要达到 30000。

9.1.3 会员权益体系，激励会员升级的动力

会员权益是会员体系中最核心的部分，是刺激用户成为会员并不断升级会员等级的动力。没有会员权益的会员体系是有名无实、虚有其表的。

一般来说，权益体系分为三类。第一类是所有会员的权益都是一样的，这是最简单的一种权益体系，如阿里 88VIP 会员权益和京东 PLUS 会员权益；第二类是单维度会员权益体系，即按照会员等级来区分会员所能享受的权益，如表 9-2 所示；第三类是多维度会员权益体系，也就是等级制下多会员类型的权益体系，例如，会员等级分为两个层级，会员类型分为两种，那么权益就有 4 种，如表 9-3 所示。

表 9-2 单维度会员权益体系

会员等级	会员权益 1	会员权益 2	会员权益 3	会员权益 4
VIP1	√	√		
VIP2	√	√	√	
VIP3	√	√	√	√

表 9-3 多维度会员权益体系

会员等级	注册会员	VIP 会员
VIP1	权益 1	权益 2
VIP2	权益 3	权益 4

认识了设计权益体系的原则和权益体系的类型，那么会员权益应该如何来表现呢？目前，常见的会员权益的表现形式如表 9-4 所示。

表 9-4 常见的会员权益的表现形式

会员权益的类型	具体表现
商品类	新品优先体验、商品免费试用、限量抢购等
服务类	退款优先处理、退货免运费，物流特权，专属客服等
活动类	会员专享价，会员生日福利，专项活动等
优惠类	商品折扣、减满，优惠券，多倍积分，好礼兑换，邀请好友返现金，线下优惠等
会员联盟	享受其他合作企业的会员权益

案例链接

丝芙兰，用价值感提升会员黏性

丝芙兰是全球知名的化妆品零售品牌，在全球拥有超过 1000 家门店。丝芙兰以消

费量划分会员等级，设置分层权益。

丝芙兰（中国）官网的会员体系设置如表 9-5 所示。

表 9-5　丝芙兰（中国）官网的会员体系设置

会员等级	门槛	会员权益
丝芙兰粉卡	无须任何消费，只要用户有意成为丝芙兰的预备会员即可申请	① 定期收到丝芙兰的新品资讯，第一时间了解美妆潮流； ② 有机会收到活动及其他优惠信息，掌握丝芙兰的最新活动信息
丝芙兰白卡	在丝芙兰任意门店或官网购物，即可成为丝芙兰白卡会员	① 定期收到丝芙兰的优惠活动资讯； ② 会员每次购物都能获得积分，消费 1 元积 1 分； ③ 积分有效期为 1 年，积分到期前，累计积分至 1500 分，即可立即升级为黑卡会员，并获赠 9 折券一张（有效期为 6 个月），还可享受会员生日礼、8 折特卖等黑卡会员专享礼遇
丝芙兰黑卡	白卡会员积分每累计满 1500 分或在过去 12 个月内满 4 次消费，自动升级为黑卡会员	在享受白卡福利基础上，还可享受以下福利： ① 在生日月（在过去 12 个月有过任意消费）可前往丝芙兰门店领取一份免费的专属生日礼，还可获得一张价值 50 元的生日礼券； ② 生日月订单享受一次双倍积分礼遇； ③ 受邀免费参加美肤美容课程
丝芙兰金卡	会员入会超过 1 年，并且在过去 12 个月内积分累计满 12000 分，即可升级为丝芙兰金卡会员	在享受黑卡福利基础上，还可享受以下福利： ①（在过去 12 个月有过任意消费）在生日月可前往丝芙兰门店挑选一份总价值超过 320 元的品牌礼盒； ② 可获得一张价值 100 元的生日礼券； ③ 生日月订单享受一次双倍积分礼遇； ④ 在丝芙兰（中国）官方网站购物可享受免费礼品盒包装服务，购物满 100 元即可免运费； ⑤ 专享 8 折尊美周； ⑥ 重大节庆日的专属礼遇； ⑦ 金卡会员 9 折优惠券可在丝芙兰全球范围内的门店使用

对于时尚爱好者来说，买到新品的速度比享受价格更重要，而丝芙兰针对头部用户的这种核心诉求，为高级会员提供了新品优先下单权益。由于丝芙兰的会员身份需要维持年消费量，为保持新品优先下单和 8 折大促活动的参与权，相比在其他渠道购买同价甚至更优惠的一般商品（如日常美妆工具、消耗品），消费者很可能会转向于购买丝芙兰以积累积分，这有利于提升会员对丝芙兰品牌的黏性和忠诚度。

9.1.4　会员积分制，会员体系的最佳搭档

在积分制管理模式下，会员通过购买商品或服务、参与活动等方式获得积分。当会员

积分达到一定数量时，即可通过消耗积分来获得相应的优惠服务。在这个过程中，积分发挥着虚拟货币的作用。从本质上来说，会员积分是商家对用户消费行为实施的一种回馈和激励机制，借助积分积累和兑换政策，刺激会员产生消费行为，增加会员对商品或品牌的黏性，提升品牌形象和会员忠诚度。

积分体系和会员体系是密不可分的两个部分，尤其对于品牌商和零售企业在线上渠道的运营来说，积分体系是提升会员活跃度、增强会员忠诚度的有效工具。因此，品牌商和零售企业在建立会员体系时可以考虑将其和积分体系打通，会员升级时赠送一定数量的积分，也可以为会员设置专门的积分兑换专区，从而营造会员身份的尊贵感。下面针对品牌商和零售企业在线上渠道的运营来介绍积分体系的设置与管理技巧。

1. 设置积分生成规则

品牌商和零售企业需要制订合理的会员积分生成规则，包括积分获取的门槛和途径。积分获取门槛的设置要合理，不宜太高也不宜太低，门槛太高会让人望而却步，无法提升用户的参与度；而门槛太低又会让人觉得积分没有价值，是可有可无的存在。此外，积分获取途径要尽量多样化，这样可以增加积分获取的可实现性和趣味性，进而提高会员参与的积极性。

常用的积分生成规则如下。

（1）消费金额换算积分

消费金额换算积分就是将会员在店内的消费金额按照一定的比例换算成相应的积分，包括固定换算和多级换算两种换算方式。

其中，固定换算是指按照固定的比例将客户的消费金额换算成积分，通常是 1 元=1 积分。多级换算是指设置不同的消费区间，再根据不同的消费区间设置不同的换算比例，例如，单笔消费金额在 200 元以下，1 元=1 积分；单笔金额为 200 元～800 元，1 元=1.5 积分；单笔消费金额超过 800 元，1 元=2 积分，以此类推。

（2）会员等级积分

会员等级积分是指与会员等级相匹配的一种积分生成机制，即不同等级的会员可以享受不同等级的积分奖励。例如，普通会员交易成功一次，1 元=1 积分；高级会员消费金额满 1000 元，1 元=1.5 积分。

（3）额外奖励积分

额外奖励积分是指除了消费金额换算的积分和会员等级积分外，针对一些特定消费情境设置的积分奖励，例如以下几种场景。

- 新客在店铺内首次消费，额外奖励 100 积分。
- 会员生日当天在店内消费，可获得双倍积分奖励。
- 用户购买特定商品，可获得双倍积分奖励，或者额外获得 100 积分。
- 节日促销、限时促销期间，用户购买商品可享受多倍积分奖励。
- 在已有商品下发表点评，如果该点评被选为“精华点评”，评论人可获得 10 积分奖励。

（4）互动活动奖励积分

互动活动奖励积分是指会员可以通过参与品牌商和零售企业在线上渠道（如线上商城、

电商平台上的网店、App）设置的互动活动获得积分。通过设置互动活动，品牌商和零售企业可以增加会员的复购次数，同时可以借助开展具有调研性质的互动活动来获取有效的会员信息和会员反馈，以便更有效地开展营销活动。

互动活动奖励积分的方式主要有以下几种。

① 每日签到奖励积分

会员每天在线上店铺内签到，即可享受一定的积分奖励。例如，每天签到奖励 10 积分，连续 7 天签到额外奖励 20 积分，连续一个月签到额外奖励 50 积分；或者每日签到奖励 5 积分，连续 7 天签到后，之后每天签到奖励 10 积分，若中间有间断，则恢复每日签到奖励 5 积分。这种积分方式的特点就是用户获取积分非常简单，能够提升用户的参与度。图 9-8 所示为网易严选 App 设置的积分奖励机制。

图 9-8　网易严选 App 积分奖励机制

② 收藏奖励积分

对于线上店铺来说，品牌商和零售企业可以设置会员收藏店铺或关注店铺可获得积分奖励，这样可以借助积分吸引会员对线上店铺的关注，为以后对会员开展营销推广奠定基础。但是，收藏店铺所获得的积分最好要高于签到所获得的积分，这样才能最大限度地吸引会员采取行动。

③ 游戏互动奖励积分

品牌商和零售企业可以设置一些具有趣味性的游戏，邀请会员进行参与，然后根据会员完成游戏的情况给予一定的积分奖励。

④ 填写调查问卷奖励积分

品牌商和零售企业可以设置一些调查问卷，邀请会员参与填写，如网上商城商品或服务满意度调查、商品偏好调查、商品搭配套餐需求调查等，对于填写调查问卷的会员给予一定的积分奖励。

⑤ 推广奖励积分

会员完成推广店铺的任务后，可以给予其一定的积分奖励。这种积分奖励机制有助于帮助店铺实现口碑营销，为店铺吸引更多的新会员。常见的推广奖励积分的方式有以下几种。

- 好评奖励积分：例如，会员给出五星好评可获得 20 积分的奖励，给出 30 字以上好评，可获得 30 积分奖励等。
- 晒单奖励积分：会员在微信、微博等平台上晒单，截图给店铺工作人员后即可获得一定的积分奖励。
- 分享商品奖励积分：会员每日分享一次商品，可获得相应的积分奖励。
- 邀请好友下单奖励积分：老会员邀请一名新会员完成一次交易，即可获得积分奖励，被邀请的新会员在首次购买时也可获得额外的积分奖励。

图 9-9 所示为必要商城 App 设置的积分奖励机制。

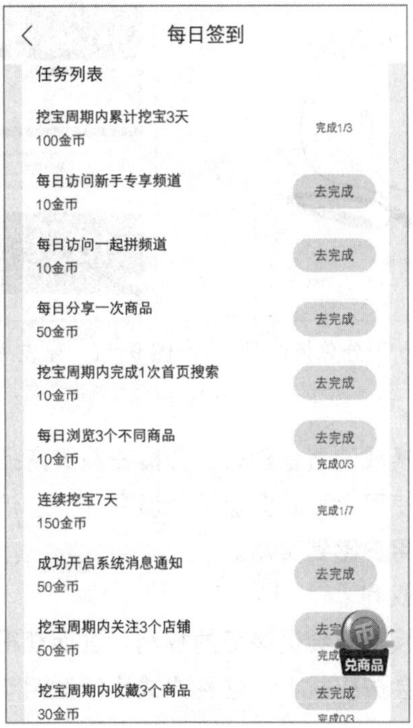

图 9-9　必要商城 App 积分奖励机制

2. 设置积分兑换规则

在积分制度管理中，真正涉及会员福利的就是积分兑换政策。会员积累了一定数量的积分后，即可参与店铺设置的积分兑换活动。最常见的积分兑换规则有以下几种。

（1）积分兑换商品/礼品

使用部分积分或全额积分兑换商品或礼品，如图 9-10 所示。如果是全额积分兑换，兑换的商品可以是店铺内的商品，如店铺推广的商品、新品、体验品等，也可以是与店铺商品相关的其他礼品。如果是部分积分兑换，可以将积分当作虚拟现金，让用户以“部分积分+折扣价”的形式来购买商品。采取这种形式的积分兑换机制时，最好对每个会员 ID 可兑换的商品数量进行限制。

（2）积分兑换优惠券

积分兑换优惠券的方式实质上也是将积分当作虚拟现金，以为会员提供价格优惠的方式实现对用户的回馈。使用积分兑换的优惠券可以是品牌优惠券，也可以是店铺优惠券，如图 9-11 所示。使用这种兑换方法时，要注意为每批次兑换的优惠券设置有效期。

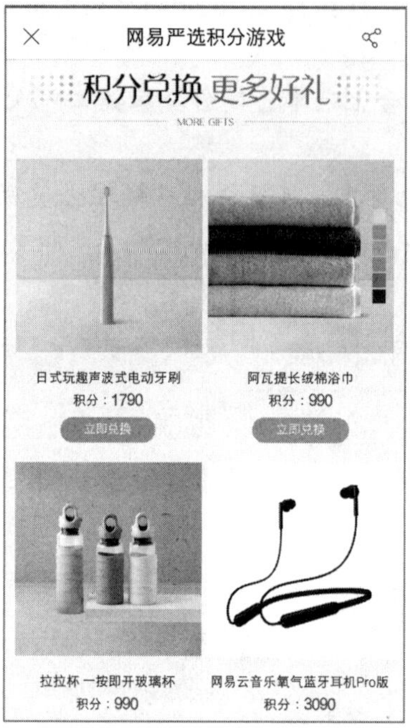

图 9-10　网易严选 App 积分兑换商品

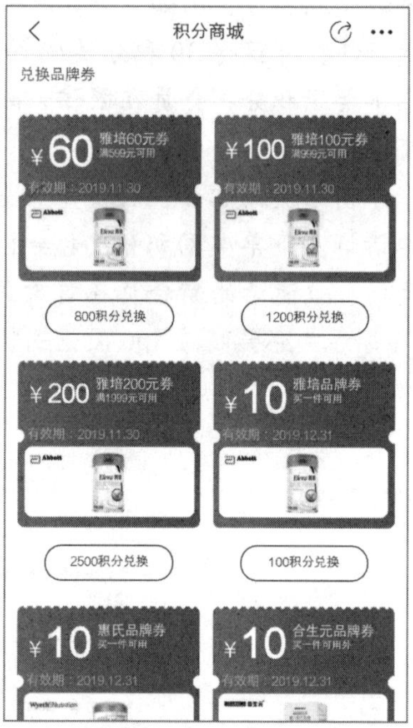

图 9-11　乐友 App 积分兑换品牌优惠券

（3）积分抵扣消费金额

将积分按照一定比例兑换成消费金额，让会员在购买商品时抵扣现金，如 1 积分减免 0.01 元，那么用户在购物时使用 100 积分就可以减免 1 元。这种兑换方式就是将积分转化成实实在在的消费金额，让用户感到实惠。

（4）积分兑换会员升级权利

会员可以使用积分来兑换升级会员等级的权利，进而获得相应等级的会员权益，即各种积分的获取最终要归结到会员权益上。这种方式比较适用于拥有完善会员等级管理制度的店铺。

9.1.5　会员权益个性化，实现差异化服务的关键举措

会员权益的本质就是享受特有的优惠和福利。什么等级的会员可以享受什么样的权益，这其实是按积分/等级的维度对会员进行细分的一种表现。

品牌商和零售企业最常设置的会员权益就是会员积分兑换。一般的会员积分兑换实质上就是一种变相的优惠打折，但并非所有的人都对优惠打折感兴趣。随着消费升级和商品差异化越来越小，消费者更加注重商品之外的消费体验和服务，而并非只是获得优惠。

积分兑换具有普适性，是对所有会员通用的特权，但现在的消费者更喜欢个性化的权益。因此，会员权益的设计可以更加多维度和多元化，例如，可以是具有某个特殊属性/

标签的会员获得相应的权益；会员权益还可以是动态的、临时性的，可以是在特定时间段内某类细分用户获得某种权益。

具体来说，设置会员权益时要注意以下几点。

1. 设置会员想要的权益

在商品同质化程度较高的情况下，设置会员权益是为消费者提供差异化服务的一种有效方法。在设置会员权益时，要了解和分析自己的消费群体喜欢什么，对什么感兴趣，所提供的权益要直击他们的痛点，符合他们的心理需求。会员权益可以是为会员提供商品的优惠折扣或免费使用，也可以是为会员提供与商品无关却是会员需要的服务，例如，孩子王门店为会员提供给宝宝理发的服务和育儿指导等。

2. 会员权益要能让消费者感知到

会员权益要能让消费者看得到、看得清、看得懂，容易记住。要将会员权益做成消费者能够看懂的形式，门店工作人员也要积极地宣传会员权益。商家可以在官方网站、App、微信公众号等平台展示会员权益，也可以在线下门店进行展示。图 9-12 所示为“凯叔讲故事”App 中展示的会员权益详情说明。

图 9-12 “凯叔讲故事”App 中的会员权益详情说明

3. 多维度设计会员权益

常见的设置会员权益的方式是会员等级越高，所能享受的会员权益就越多，同一等级的会员享受相同的权益。其实，商家可以从多个维度、不同角度，针对不同属性的细分人群设置不同的权益。有的消费者对积分兑换、优惠券折扣等不感兴趣，商家就可以为他们提供一些其他权益，例如，特定会员免费体验新品权益等。

4. 具有差异化特点

会员权益除了要多样化，能够从功能、心理角度切实地给客户带来激励之外，还要具有差异化的特点。因为会员权益不仅需要对非会员产生吸引力，使其成为会员，还要对已有会员产生持续进步的吸引力，这就要求品牌商和零售企业要根据不同的会员等级设置具有差异化特性的会员权益，而且越高等级的会员应该可以享受更多、更好的权益。

5. 开展异业合作

会员权益也可以开展跨界合作，品牌商和零售企业可以寻找一些与自己的业务或商品存在关联或者目标消费群体相同的异业品牌开展合作，并打通各自的会员体系，实现会员权益共享，流量互导。例如，阿里巴巴推出的“阿里 88VIP”会员卡，涵盖了饿了么、虾米、优酷、淘票票以及天猫、飞猪在内的各种会员服务（见图 9-13），几乎真正做到了将衣、食、住、行和玩、乐打包在同一会员服务中。

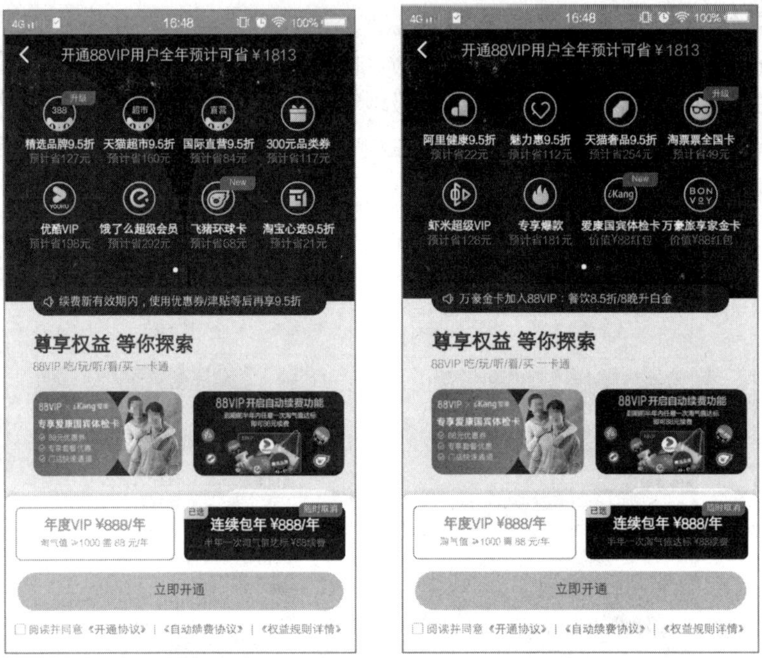

图 9-13 “阿里 88VIP”会员卡权益

再如，爱奇艺与携程开展合作，购买爱奇艺钻石年卡、奇异果年卡会员的客户可以享受携程超级会员出行年卡特权，购买携程超级会员年卡的客户可以获得 8 个月爱奇艺黄金会员权益。

9.2 付费会员模式，筛选高价值客户的有效工具

付费会员（如亚马逊 Prime 会员、优酷 VIP 会员）、非付费会员（如阿里淘气值会员、QQ 等级会员），以及消耗性虚拟币/积分（如京东的京豆，信用卡的各种积分）都是商家常用的广义会员形式。

所谓付费会员，简单来说就是客户需要通过付费来购买会员身份的一种会员体系，即

消费者必须先付费获得在某个平台上、某个时间段内的特殊会员身份，才可以享受该平台提供的权益领取、特定服务甚至购物的权利。客户通过付费获得更优质的差异化服务，而平台也愿意为该部分客户提供让利，为其提供更加专业和极致的服务，从而在彼此之间建立起高黏度的连接。

9.2.1 Costco 和亚马逊付费会员服务的灯塔效应

作为商业模式的创新，付费会员模式属于典型的蓝海战略。目前，比较成功的两大付费会员体系分别是 Costco（美国著名的连锁会员制仓储量贩店）的会员制和亚马逊 Prime 会员，它们的付费会员体系对行业付费会员模式的发展有着重要的启发意义与推动作用。

1. Costco：经营会员而非经营商品

Costco 是会员制仓储批发俱乐部的创始者，成立以来一直致力于以可能的最低价格提供给会员高品质的品牌商品。作为传统零售商，Costco 凭借 10 年的发展一举成为美国著名零售企业，它的成功与其会员制度密切相关。

案例链接

Costco，打造付费会员制的终极意义

（1）人性化的会员政策

作为会员制零售公司，Costoco 只向会员开放。不过，Costco 的会员政策非常人性化。

以个人会员为例，分为精英卡会员和普通卡会员，年费分别为 120 美元与 60 美元。其中，精英会员可以享受一年内销售金额 2%的返利，以及其他一些优惠。如果消费者申请办理 Costco 的 Visa 信用卡，可以获得 60 美元的返现。另外，如果消费者申请办理精英卡，可以随时降级为普通卡，且 Costco 会向消费者退回相应的会费。

（2）极致的消费体验

Costco 的目标消费群体是美国的中产阶级消费者以及中小型企业客户。这类消费者时间成本高，希望能够一站式购齐所需的商品；同时，他们通常有良好的收入，追求高品质的生活，愿意为品质买单。为了服务好这些消费者，Costco 做了以下几件事。

① 严选品类，提供低价、高品质的商品

Costco 内部有两条硬性规定：第一，所有商品的毛利率不超过 14%；第二，对于外部供应商来说，一旦发现其所提供的商品在其他地方出现更低的价格，该供应商的商品将会被 Costco 做下架处理。这两条规定严格执行下来，为商品低价提供了保障。

Costco 的另一特色是只提供 4000 个左右的活跃 SKU，每一个品类都经过精挑细选，只为消费者提供最佳的两三种严选款式。

Costco 销售的商品不追求丰富而追求合理，正如这句话所描述的："如果 Costco 没有这样东西，那么你家里的就是多余的。"也就是说，Costco 已经基于多年运营的大数据帮消费者挑选好了所有的商品。

②"疯狂"的退货政策

Costco 的退货政策相当"疯狂"，规定除了计算机、数码相机和投影仪等一些电子产品需要在购买后 90 天内进行退换外，其他商品无须退货理由，也没有退货期限。只要消费者的 Costco 会员卡中有消费记录，该商品就可以退掉。这样极致的售后体验给会员带来更多的信赖感与安全感。

③ 高附加值的服务

Costco 的许多分店设置了轮胎维修、药店、眼科诊所、照片冲洗、加油站、烘焙屋、旅行代理等服务。这种向生活服务领域的品类拓展更加强化了消费者的极致体验感，进而提升了会员的高续费率。

④ 低价引流商品

Costco 主要是通过赚取会员费来获得利润，所以它需要借助一些高性价比的商品来吸引更多的会员。于是，Costco 在卖场内常年提供售价为 1.5 美元的“热狗+苏打饮料”套餐和 4.99 美元的烧鸡等低价引流商品来吸引消费者进店囤货。

（3）极致的员工福利

要让消费者满意，首先要让为他们提供服务的员工满意。Costco 深谙此道，它为员工提供的时薪是 22 美元，是美国零售业平均时薪（11.24 美元）的近 2 倍；同时，Costco 还为员工提供配套的医疗养老保险和年假计划。新员工就职 1 年后，其退休储蓄账户就可以获得股票期权奖励。2018 年，Costco 工作满 1 年以上的员工的留存率达到 94%，远高于行业平均水平。Costco 利用高员工福利打造了高员工忠诚度，高忠诚度的员工能够发自内心地为消费者提供极致的消费服务。

Costco 这种以消费者为导向的经营模式，在同行业中属于“反其道而行之”。消费者要想获得 Costco 提供的低价、高品质的商品，就需要办理会员卡。因此，Costco 虽然卖商品不赚钱，却能通过赚取会员费来获得利润。因此，Costco 的商业模式本质上是在经营会员，而不是在经营商品。Costco 实际经营的是服务，它打破了传统零售依靠卖商品获得利润的模式，而将商品变成企业运营的媒介，通过商品与消费者建立高黏性的连接。

2. 亚马逊：为消费者创造更多增值服务

亚马逊作为全球较大的电子商务网站，拥有着广泛的消费者，但对于电子商务卖家来说，物流是影响消费体验的重要因素之一。

亚马逊 Prime 会员是亚马逊的一种类似 VIP 的收费会员制度，消费者缴纳一定的会员费，即可享受亚马逊所提供的增值服务。

案例链接

亚马逊美国站 Prime 会员权益

以亚马逊美国站为例，目前亚马逊美国站 Prime 会员的年费为 99 美元，购买该 Prime 会员服务的消费者可以享受的特权及优惠如下。

- 美国境内两日送达服务。
- 无须凑单，即便会员购买的商品不满 25 美元（除部分特殊商品外）也免邮。
- 每日闪电秒杀可以提前 30 分钟入场抢。
- 无限量的视频、音频的观看试听资格。
- 无限量的照片存储服务。

- 超过 35 万本 Kindle 电子书免费下载。

经过多年的发展，亚马逊 Prime 服务已经扩展到英国、法国、德国、墨西哥、新加坡、荷兰、中国、日本等国家。毫不夸张地说，亚马逊 Prime 服务建立起了全球会员经济的模板，已经成为电商会员制的标杆。

对于任何一种会员体系来说，支撑其长期保持良性发展的基本前提都是平台坚持以“消费者价值”为核心，整合自身的优势资源，为会员提供独一无二的综合购物体验。

受美国整体零售市场环境的影响，电商企业要想在已经成熟的线下零售网络中脱颖而出，就必须重视技术、创新和消费者体验。

一方面，亚马逊因地制宜，认真分析了不同市场用户的实际需求，为其提供量身定做的创新会员服务。例如，在亚马逊中国引进 Prime 会员制度时，并没有照搬美国站点的模式，而是首先对中国消费者的需求和痛点进行了科学的调查和分析，发现正品保障及国际物流运费是中国消费者关注的焦点，于是亚马逊因地制宜，为亚马逊中国的 Prime 会员推出了跨境全年无限次免费配送的权益。这种以用户痛点、差异化价值体验为核心的会员制度，又将核心会员和普通用户做出了差异化区分，更利于增强用户黏性。

另一方面，为了给 Prime 会员打造独一无二的购物体验，亚马逊投入了大量优势资源。在跨境配送方面，亚马逊通过调动全球物流资源和部署为 Prime 会员打通了包裹跨境全程加速处理的绿色通道。为了给 Prime 会员提供更快速的配送服务，亚马逊在全球部署了 10 万台 Kiva 机器人，对 Prime 会员的包裹进行优先拣货和发货，并率先启用专属货运机队为 Prime 会员的包裹提供中转运输服务，缩短境内转运时间，真正做到提升跨境物流体验。

如果说传统电商的利润来自于商品售价扣除运营成本和营销费用之后的差额，付费会员电商的利润则来自于会员数量、平均客单价及会员消费频率的乘积。因此，亚马逊的会员制不仅为平台带来了持续、稳定的利润，也有效地提升了平台的竞争力，避免了恶性价格战的出现。

9.2.2 成功打造付费会员模式的三个原则

付费会员体系的核心是通过满足付费会员的需求，增强付费会员对品牌商和零售企业的黏性，品牌商和零售企业借此开展精细化运营，为盈利寻找新增量。因此，在设计付费会员体系时，需要遵循以下三个原则。

1. 以服务会员为核心，经营会员

Costco 的 CEO 西格尔曾经说过：“我的策略经常体现在，每做一件事情都应该传递公司的核心价值，人们之所以选择我们这个独特的地方消费，是因为我们能够给他们带来价值。”从本质上来说，付费会员模式就是服务会员、经营会员。品牌商和零售企业所有的经营活动只有以此为指导，其会员运营才有可能获得成功。

亚马逊在计划实施 Prime 会员服务之前曾经算过一笔账，由于高昂的物流成本，该项计划将会使公司承担巨额的亏损，幸亏亚马逊 CEO 杰夫·贝佐斯力排众议，该计划才得以实施，并且在经历了几年的亏损后，取得了如今的成就。

例如海底捞，从某种程度上来说，它经营的不是火锅，而是无微不至的服务。海底捞

以服务为经营核心，赋予服务员很大的权利，让他们有权为顾客送菜、退菜、免单、打折、赠送礼物等。从短期的绝对数字上来说，海底捞授权让服务员给顾客送菜、免单，确实增加了一定的成本。但从长远的经营来看，海底捞虽然损失了短期的小成本，但它发掘出了顾客背后潜在的巨大消费能力和热情，而且从经营数字上来看，这种投入也是值得的。首先不考虑成本或利润，一切以顾客为中心，为顾客提供细致入微的服务，这也是“海底捞，你学不会”的根本原因。

2. 提供超出会员费的价值体验

只有为会员提供超出会员费的价值体验，他们才有可能愿意为会员资格买单。对于Costco 的消费者来说，他们花 60 美元办一张普通会员卡，就可以购买超低价、高品质的商品，享受超省时、超省心的购物体验，且这些体验是无限次的。会员获得的价值体验完全超出他们所付出的会员费成本。对于经常在亚马逊平台购物的人群来说，每年花费 99 美元成为 Prime 会员是一个非常不错的选择，因为不仅可以无限次地节省运费，还可以无限次地在两天内收到包裹。

对于 Costco 会员和亚马逊 Prime 会员来说，他们都可以凭借会员身份享受无限次的优质服务，在一年内使用会员权益的次数越多，其会员价值发挥的效用就越大，办理会员卡时所花费的成本就会越小。从这个角度来分析，就很容易理解为什么在付费会员模式下会员会存在报复性购物行为了。

3. 会员权益需要迭代升级

人们在心理上往往会有这样一种认知，即不正常的事情经常发生就会变得正常了。同理，如果总是为消费者提供商品打折、促销等价格上的优惠活动，消费者会习以为常，慢慢地就会失去新鲜感，不认为这是会员才可以享受的独特权益，自然也不会愿意为此支付会员费用。

当下，人们更加追求生活品质，在消费过程中，价格因素已经不再是人们关注的重点，服务及购物体验已经成为越来越多的人关注的焦点，多元消费结构、尊享服务及个性化服务成为消费行为中的新趋势。因此，要想让付费会员机制对顾客保持持续的吸引力，就需要不断地对会员权益进行优化，通过不断迭代升级的服务为会员制造新鲜感，从而提高会员的留存率。

首先，品牌商和零售企业要以自身业务发展需求为基础，综合考虑付费会员的发展情况，为会员设置不同的权益，以满足当前环境下会员的个性化需求；其次，通过开展消费者需求调研，适当调整权益设置。付费会员模式的本质是以消费者为中心，品牌商和零售企业可以鼓励消费者对会员体系做出评价，并让顾客发表他们对会员权益的意见和建议，品牌商和零售企业对这些意见和建议进行分析和研究，对于一些有价值的意见和建议要予以采纳，以此对会员权益进行合理的调整和升级，让会员权益更加符合消费者的需求，进而提高会员的留存率。

9.2.3 实施付费会员模式的三大策略

付费会员的用户留存及其所产生的长期价值的吸引力无疑是巨大的，再加上会员经济趋势的影响，各个品牌商和零售企业想做会员经济很正常，但要想真正做好却并非易事。

搭建成功的付费会员体系，在遵从以上三个原则的前提下，还必须要采取有效的实施手段，只有这样才能保证付费会员模式顺利实施。

1. 获取有效消费者

吸引消费者购买会员资格是实施付费会员模式的第一步。首先，在促销常态化的当下，用户的付费心理门槛是比较高的，要想让其心甘情愿地为付费会员买单，就要给消费者足够的理由和动力；其次，要想获得更多的会员，既需要让付费会员权益触达更多的消费者，让更多的消费者能够看到付费会员可以享受的权益，并快速进入会员页面，也需要提高会员留存率，让更多的消费者完成转化。

（1）构建有效的场景触达

有效的场景触达是指要在各类场景下抓住消费者的需求痛点，刺激消费者对付费会员产生兴趣，以引导他们进入付费会员专区。例如，亚马逊会在消费者完成下单等待收货的场景下弹出 Prime 会员申请提示，这就很好地抓住了消费者急于收到货品的需求痛点。

再如，京东 PLUS 为会员提供了运费券抵扣运费权益，京东平台会在非 PLUS 会员结算京东自营商品订单时提示其开通 PLUS 会员可以免运费（见图 9-14），这样的场景触达对消费者具有足够的吸引力。

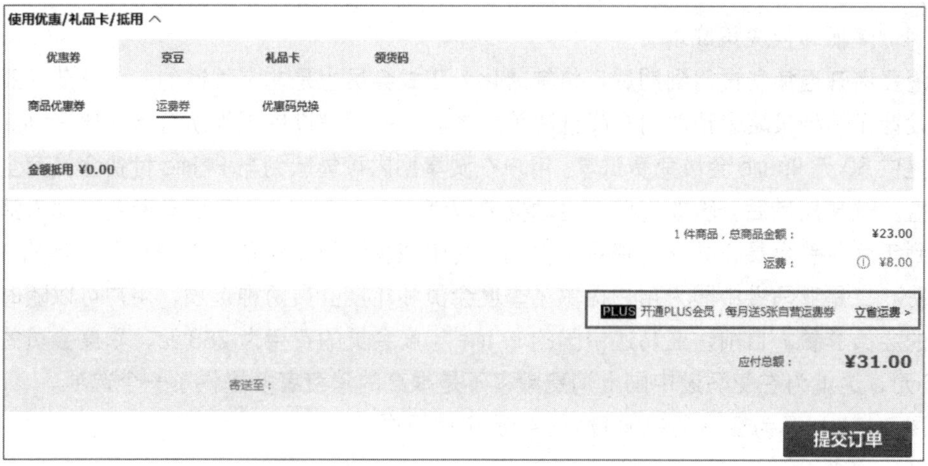

图 9-14　京东 PLUS 会员场景触达

（2）设计完善的会员售卖机制

会员售卖机制包括会员卡是只设置年卡，还是同时设置年卡、月卡、季卡等多种类型，会员卡的价格是多少，是否设置会员卡促销活动，是否提供免费试用机会等，这些都会对用户的购买决策产生影响。

一般来说，月卡的价格较低，对于一些会员权益使用频率较低的消费者具有较强的吸引力。季卡、年卡等形式由于需要用户一次性支付较高的费用，就会拦截一部分对价格比较敏感和低使用预期的消费者。因此，很多品牌商和零售企业通常会采用“免费试用+年卡”的形式来售卖付费会员，通过免费试用降低消费者开通会员的心理门槛，然后借助合理的措施引导消费者从试用转化为正式会员。

（3）为消费者制造非买不可的理由

以亚马逊中国的 Prime 会员为例，目前其年度会员费为 288 元，主要目标消费者是海淘族。因为对于喜欢海淘的消费者来说，海淘的运费与关税是一笔不小的花费，而成为亚马逊中国 Prime 年度会员后，即可全年无限次享受海外购单笔订单满 200 元免邮服务，这就为海淘族提供了一个无法拒绝的理由。亚马逊中国 Prime 会员的配送权益如表 9-6 所示。

同理，如果消费者非常想观看某部电影、电视剧或某个综艺节目，但只有成为视频网站的会员才能观看时，此时开通付费会员就有了强大理由。对于视频网站来说，视频内容就是消费者在该场景中核心的需求痛点，也是视频网站核心的竞争力。

表 9-6　亚马逊中国 Prime 会员的配送权益

订单类型	Prime 会员	非 Prime 会员
亚马逊海外购商品	根据收货人的地址不同，可选择免费海外购标准配送（平均 7～12 个工作日送达），单笔订单需满足最低金额 200 元；或免费海外购加速配送（平均 5～9 个工作日送达），单笔订单需满足最低金额 200 元。 Prime 会员仍需支付中国海关要求的进口税费	无论订单金额大小，均需支付相应运费。海外购标准配送，平均 7～12 个工作日送达；海外购加速配送，平均 5～9 个工作日送达。 另外，需要支付中国海关要求的进口税费

（4）降低转换决策成本

消费者开通免费试用到期后，将其转化为正式会员也是非常关键的一个环节。亚马逊中国设计了两种策略来帮助用户降低决策成本。一是亚马逊中国为所有新注册 Prime 的消费者提供 30 天 Prime 会员免费试享。用户在试享期内可体验到与 Prime 付费会员完全一样的权益。试享期满后，除非消费者主动提前取消 Prime 会员，否则亚马逊会自动为消费者升级到年度付费会员，并从消费者提供的信用卡或借记卡（储蓄卡）中扣取一年的 Prime 会员费。二是亚马逊中国为用户提供了季度会员和年度会员两种选项，用户可以随时更改自己的会员套餐。目前，亚马逊中国的 Prime 年度会员的费用为 288 元，季度会员的费用为 79 元，这就为在亚马逊中国上消费频率不是很高的消费者多提供了一个选项。

图 9-15 所示为亚马逊中国 Prime 会员申请页面。

图 9-15　亚马逊中国 Prime 会员申请页面

2. 提高会员留存率

对于付费会员来说，刺激会员续费是除了拉新之外的另一个巨大挑战，两者就好像一个场地的出口和入口，共同决定着会员的数量。为消费者提供更好的体验，让消费者感觉物超所值，他们自然就愿意为会员续费。

从本质上来说，付费会员也是一种商品，消费者通过支付会员费，购买到会员的身份与权益。因此，从商品交易的角度来说，付费会员的价格是影响消费者是否续费的重要因素之一。

在拉新时，品牌商和零售企业通常会为新入会的消费者提供一定的让利。如果同样采取为会员提供优惠的措施来刺激他们续费，不仅会对品牌商和零售企业的运营成本造成压力，同时也会降低消费者对会员价值的估值。但是，如果不能为会员提供一定的优惠，一部分对价格敏感的消费者很可能就会流失。

因此，品牌商和零售企业可以通过不定期地推出不同的续费激励活动来刺激会员续费。这种不定期的多样化的活动，一方面能够有效地避免定期的续费激励变成一种价格歧视，避免出现精打细算的用户只在品牌商和零售企业搞活动时续费，而忠诚消费者却为此缴纳"粗心税"的情况；另一方面，也可以吸引一些对价格敏感的消费者续费，降低这部分消费者的流失率。此外，通过赠送会员的有效期限，延长消费者下次续费的时间，也是一种不错的提高会员留存率的方法。

与年付费会员相比，月付费会员的留存期限更短。对于月付费会员来说，从开通会员到流失只有一个月的时间，最大限度地提高这部分会员的留存率对于品牌商和零售企业来说是一个不小的挑战。在这种情况下，品牌商和零售企业可以在推出月付费会员的同时，推出连续包月会费优惠的机制，这样一方面可以通过月付费会员降低消费者成为付费会员的门槛，另一方面可以通过连续包月优惠机制有效引导月付费会员逐步转化为长期会员，最终提升会员的整体留存率。

3. 制造有效的消费者自传播

依靠社交的力量，让消费者对付费会员自发地进行传播是实现会员数量快速增长的性价比最高的一种方式。

Costco 采用的策略是"老带新"，允许会员购物时携带一位亲友，这样就有机会将新消费者吸引到 Costco。新人进入 Costco 门店后，很容易因其高性价比的商品或服务而转化成会员。而亚马逊美国站采取的手段是共享账户，即 Prime 会员可以将不同的用户账号互相关联组成"亚马逊家庭（Amazon Household）"，让家人共享 Prime 会员的福利，这样也在一定范围内扩大了 Prime 会员的影响，实现了很好的传播效果。

9.3 会员互通，线上线下会员相融合

对于品牌商和零售企业来说，会员是其重要资源。线上店铺的流量更多、更广，会员数量多，然而线上会员具有流动性大、忠诚度低等特点。线下店铺能够与会员进行面对面的接触，使他们切身感受到优质的购物体验，所以与线上店铺相比，虽然线下店铺的会员数量要少一些，但他们的忠诚度往往比较高。

用户价值是新零售的核心之一，零售企业需要将线上线下会员体系打通，使两者互相融合，实现优势互补，提高会员忠诚度以及管理效率。

品牌商和零售企业要想实现线上线下会员互相融合，首先要打通线上线下的会员体系，使消费者无论是在线上办理会员，还是在线下办理会员，都可以在线上和线下享受到无差别的商品或服务。例如，消费者在线下门店消费可以享受线上消费所获得的会员积分和会员折扣等优惠。

2017 年 4 月，蚂蚁金服在首场蚂蚁开放日活动现场发布了支付宝“会员通”解决方案，此方案旨在帮助商家解决线上线下会员体系不通的痛点。在过去，零售行业多数企业的线上和线下的 CRM 系统是分开运营的，两者之间无法实现资源共享，例如，一个消费者在某商家的线上店铺消费过，在该商家的线下店铺也消费过，但该商家不能识别这两个消费者是同一个人，所以商家也就无法全面地了解这个消费者的消费习惯。

支付宝“会员通”解决方案帮助商家解决了这一难题，它能够帮助商家实现精准营销，推动商家向新零售转型。它不是一个简单的会员系统功能，而是一个打通了线上会员体系和线下会员体系的解决方案，也就是说拥有淘宝或天猫店铺的商家，使用“会员通”功能可以同时把淘宝店铺或天猫店铺的会员系统与自己线下店铺的会员系统打通，真正实现线上和线下会员数据的互通，可以让商家避免重复营销，降低营销成本。而通过数据的互通，商家的营销精准度也会得到提升。

案例链接

乐友，利用一张会员卡破除孕婴新零售困局

乐友孕婴童是支付宝“会员通”的尝鲜者，它与支付宝联手展开合作，通过天猫、乐友门店的交易数据整合、会员身份识别、会员权益整合等开展了会员三通，形成了线下线上一体化的 CRM 体系。消费者无论是在乐友的天猫官方旗舰店购物，还是在乐友 App 上购物，抑或是在乐友遍布全国各地的连锁店购物，会员积分都可以“通积通兑”，统一积分，统一使用。

乐友和支付宝合作，联手构建了孕婴新零售闭环生态圈，打破了线上支付、线下购买的壁垒，将线上资源引流到线下，再通过线下门店为线上服务提供更加稳定、高效的客流支撑，建立起了全渠道会员服务举证，促进了孕婴消费升级。

9.4 用 SCRM 模式构建品牌私域流量

社会化客户关系管理（Social Customer Relationship Management，SCRM）是通过社交媒体与客户建立紧密联系，在社交媒体中与客户进行互动，并通过社交媒体提供更快速和周到个性化服务的综合解决方案。

社交平台的出现和应用为品牌商和零售企业提供了更多的营销机会，使它们能够与客户展开一对一的互动。社交平台上丰富的用户数据，能够让品牌商和零售企业对客户地址、兴趣、社交行为和影响力等进行详细的分析，让其更加深入地了解客户，并与客户形成新型连接关系，有效地帮助品牌商和零售企业提升营销效率。

9.4.1 SCRM，强调社交化的智慧管理

CRM 是指企业使用相关技术来管理自己与客户之间的关系，其目标是通过提高客户的价值、满意度、赢利性和忠诚度来缩减企业的销售周期和销售成本，增加收入，寻找扩展业务所需的新市场和渠道。随着社会化媒体的诞生与发展，越来越多的消费者聚集在社会化媒体中，品牌商和零售企业的客户关系管理也随之发生改变，CRM 演变为一种更加智慧化的 SCRM。

以前品牌商和零售企业与客户是一对一的关系，而随着微信、微博、QQ 等社交媒体所产生的影响越来越广泛，客户之间、客户与品牌商和零售企业之间的关系日趋复杂。随着社交化的加速发展，客户之间、客户与品牌商和零售企业之间、品牌商和零售企业的员工之间都需要实现社交化，以实现多渠道的无缝协作。此时，品牌商和零售企业就需要一个能够适应这种趋势的客户关系分析系统，从形色各异的社交用户中寻找自己的精准目标消费群体。

传统的会员管理通常只需要记录客户或用户的姓名、电话等基本信息，品牌商和零售企业开展营销活动时往往是通过短信、邮件或者广泛铺设广告的方式来通知客户。这种只重视结果的会员管理模式存在很大的弊端，即会员管理的过程管控和数据留存存在缺失，因此会员管理无法对企业运营产生有效的支持。但是，通过 SCRM 模式开展会员管理，能够让品牌商和零售企业获取更多宝贵的客户信息，品牌商和零售企业通过经营自己的忠实客户，构建自己的私域流量，增强自身与客户之间的互动和接触，留存自己的数据资产，从而提升销售业绩，扩大品牌覆盖范围。

作为 CRM 的延伸，SCRM 更强调客户的参与感以及客户与品牌商和零售企业之间的双边互动。在 SCRM 系统中，客户不再单纯地只是商品或服务的使用者或产权拥有者，更多的是品牌的关注者、聆听者、建议者和共同创造者。具有明显社会化、社交属性的 SCRM 不仅能够让客户更加拥有归属感、趣味感和成就感，同时还能让客户与品牌商和零售企业形成良好的互动关系，这样能够让客户的需求和想法与品牌商和零售企业的定位及发展要求紧密结合，让品牌和客户真正地融为一体。

具体来说，SCRM 与 CRM 的对比如表 9-7 所示。

表 9-7 SCRM 与 CRM 的对比

项目	CRM	SCRM
企业目标	满足客户的基本需求	强调与客户进行互动，以客户需求为中心
管理对象	客户本身，管理的核心数据是客户的交易数据	以管理客户的社交价值为中心
客户数据特点	基本上处于静止状态	客户数据动态变化，并会持续丰富
客户关系	注重企业与客户的关系	强调企业与客户、客户与客户之间的互动

续表

项目	CRM	SCRM
为客户提供服务的方式	利用现有渠道维护客户	通过与客户进行交流与互动来了解客户需求，以更具互动性的方式为客户提供服务
营销方式	通过分析客户的基本需求来向客户推送营销信息	根据客户的需求与客户进行互动，并开展营销，客户也可以自发对营销活动进行扩散
与客户进行互动的工具	工具单一	社会化媒体与企业内部管理系统紧密结合，企业可以通过多种渠道与客户进行交流与互动
与客户进行互动的形式	单向互动，多是企业单方面向客户推送信息，客户被动地接受信息	双向互动，客户能够与企业进行互动，从而为企业创造更多的价值

SCRM 模式最大的特点是“社会化”和“双向性”，品牌商和零售企业可以通过社交平台找到并连接客户，以技术手段对客户数据进行收集和挖掘，从而让品牌商和零售企业与客户形成强关系的连接。

9.4.2 以数据化衡量客户价值，实现精准营销

传统零售经营模式在经营过程中面临着诸多问题和挑战，这些问题和挑战导致很多线下门店陷入了业务低迷、业绩不振的困境。

1. 品牌商和零售企业无法直接与客户沟通

在传统零售模式中，品牌商和零售企业与客户之间矗立着代理商、经销商、零售商、终端门店等层层关卡，致使品牌商和零售企业无法触达客户。因此，在线下开设门店的品牌商和零售企业往往面临着终端门店情况不明、导购积极性不高、难以与客户直接沟通等问题。

2. 获客成本高

随着流量红利时代的结束，线上电商获取新客的成本越来越高，店铺获取更多有效新客户/新会员的难度也越来越大。而对于线下渠道来说，线下门店的流量虽然大，但很多客户往往是消费完就走，门店很难留住客户的有效信息，难以与其保持持续的沟通。

3. 导购管理机制有待完善

对于线下门店来说，导购是能够直接与客户产生联系的人员，直接影响着门店的转化率。由于很多门店导购缺乏有效的管理与激励机制，导购的离职率较高，这不仅会影响门店的正常运营，而且有时一个优秀导购的离职，甚至会带走大量客户。因此，如何构建有效的导购激励机制，增强导购工作的积极性和对门店的忠诚度是很多品牌需要思考的问题。

4. 传统 CRM 模式存在诸多缺陷

首先，传统 CRM 模式低效且过度依赖人工。例如，导购需要手工录入会员信息，不仅麻烦且容易出错；为客户注册完会员信息后，办理会员卡也需要一定的时间。

其次，传统 CRM 系统比较封闭，品牌商和零售企业难以与会员保持持续的互动，同时一些老会员的价值难以被真正地认识和挖掘，老会员应该享受的权益无法真正实现，会员通过消费或参加活动获取的积分也无法兑换其心仪的商品或服务，这样的会员体验很差。

最后，在传统 CRM 模式中，线上线下会员数据难以实现融合，品牌商和零售企业难以进行全渠道数据整合，无法形成线上线下一体化管理平台。传统 CRM 模式难以从线上将客户引流至线下，难以帮助业绩不够、活跃度不够的门店实现导流。

鉴于传统 CRM 模式存在的诸多弊端，品牌商和零售企业借助新契机和新技术，实现经营模式的创新和变革，打造以客户体验为中心的价值闭环。在客户关系管理中，SCRM 模式不仅打通了社交平台与 CRM 系统，同时还推动了"以企业为中心"向"以用户为中心"的思维转变。

在 SCRM 模式中，社交媒体的应用为会员管理带来了更多的思路和方法。采取 SCRM 模式进行会员管理，有利于实现全渠道的融合和会员数据的打通。基于用户丰富的社交互动、购买、反馈等大数据信息，品牌商和零售企业可以对会员实现标签化的管理和群组划分，以数据化的方式衡量每个用户的价值，根据不同用户的需求和消费特征实现精准营销。具体来说，SCRM 模式在数据和营销上的优势主要表现在以下几个方面。

1. 品牌与客户、客户与客户之间形成网状沟通

毫无疑问，基于微信、微博、QQ 等具备实时沟通与分享功能的社交媒体平台所实现的沟通是流动的、网状的，人与人之间可以做到相互知晓、随时沟通，而这些随时随地的沟通存在着难以估量的巨大传播力，随时都可能为品牌商和零售企业带来意想不到的效益。

2. 全渠道融合，满足客户的多重需求

SCRM 系统可以通过社交平台为品牌商和零售企业搭载各种服务体系，满足客户的多重需求。例如，品牌商和零售企业可以借助微信公众号平台向客户推送文章，向客户不断地提供有价值的内容，实现客户阅读内容的需求；品牌商和零售企业还可以借助社交平台为客户与客户之间的沟通提供平台，满足客户的社交需求；SCRM 系统可以搭载线上商城，为客户提供便捷、优惠的购物体验，满足客户的购买需求；SCRM 系统还可以搭载门店服务，为客户在线下进行购物提供帮助和优惠，满足客户追求便利的需求。

SCRM 系统通过社交平台所提供的这些服务，给客户带来更好的消费体验，从而大幅度提升客户访问店铺的频率和停留时间，也可以帮助品牌商和零售企业从中获取多维度与动态的客户数据，进行精准营销。

3. 为品牌营销提供动态、多维度的大数据支持

SCRM 系统所搭建的所有服务体系都是为了挖掘客户的数据价值，通过对访问 SCRM 系统的客户进行统计，为客户打上不同的标签，帮助品牌商和零售企业识别客户多维度的特点，更好地对客户开展营销。

SCRM 模式基于社交媒体的分享机制，能够提高营销传播裂变的可能性，从而让品牌商和零售企业可以获得包括客户个人属性、访问记录、访问内容和客户关系链在内的大量数据，并通过数据建模精确地描绘出用户画像，进而掌握更详细的客户消费行为特点。

4. 帮助商家从精准信息推送实现会员营销

传统的营销推广模式一般是基于统一的客户视角，通过大量曝光和媒体覆盖的方式占领客户的视野，但很多客户看到这样的广告通常是无感的，甚至会感到厌倦，所以这样的广告所产生的效果也就大打折扣。

而借助 SCRM 系统，品牌商和零售企业可以利用微信群为客户设置标签并进行管理，帮助自己定位目标消费群体，从而实现精准营销。例如，在“母婴妈妈”用户标签群体中，品牌商和零售企业发现最近某个客户有多次添加购物车的行为，此时 SCRM 系统就会向该客户推送奶粉、纸尿裤等信息，这些信息可以是一个小活动，也可以是商品的购买页面，这样的营销方式更容易吸引潜在客户的参与，客户的体验感也会更好。

5. 让品牌商和零售企业从社交支付场景触达客户

在 SCRM 模式下，品牌商和零售企业可以通过抓住客户的社交场景，实现会员的一站式注册。例如，客户通过在线下参与活动扫码并关注微信公众号后，品牌商和零售企业可以在客户支付过程中利用 SCRM 系统绑定客户的支付账户，当客户再次到店消费时，就可以快速识别该客户的身份，自动为客户打标签、结算会员积分，并且还可以在后台实时查看客户的消费情况，进而了解客户的消费行为特征。

9.4.3 利用 SCRM 模式进行智慧管理

SCRM 模式最核心的功能就是帮助品牌商和零售企业用最少的营销成本培养和运营最多的客户，实现良性的客户运营和营销转化，缩短品牌与客户的触达距离，让品牌商和零售企业更方便地了解客户，更好地满足客户的需求。进入新零售时代后，一些零售翘楚正在凭借 SCRM 系统建立起以客户（用户）为中心的业务模式，通过全量用户数据源和新兴技术来支撑全渠道业务模式的持续优化、管理效率的提升，保障企业持续、健康地成长。

下面选取两家传统零售企业利用 SCRM 进行数字化布局与智慧转型的案例来进行说明。

案例链接

英氏奶粉——三管齐下，构建线上线下全渠道深入互动

英氏控股集团股份有限公司创立于 2008 年，现已发展成为集研发、生产、线上线下销售和服务一体化的专业化母婴企业。目前，公司旗下拥有“英氏”“舒比奇”两大品牌。“英氏”主打婴童食品，产品涵盖婴幼儿奶粉、婴幼儿米粉、婴幼儿面条、婴幼儿零食等品类；“舒比奇”主打婴幼儿纸尿裤市场，产品涵盖纸尿裤、成长裤等品类。

随着母婴市场“最疯狂时代”的到来，英氏在经营过程中也同样面临着诸多问题。例如，客户需求日益多样化，线上电商渠道、线下实体门店获取新客的成本越来越高；现有的门店销售模式和渠道无法与客户建立持续的互动，客户黏性普遍较低；客户数据画像不详细，无法有效地挖掘客户需求等。

面对以上问题，如何利用便捷、友好的方式将客户纳入 SCRM 体系，并与其进行直接、有温度的深入互动，构建线上线下全渠道融合的新零售模式，以数据驱动实现价值、成本与效率的平衡，成了英氏最核心的诉求。

（1）将导购人员纳入 SCRM 体系

目前，在品牌的整体销售中，线下渠道仍然占据着很大的比重。而线下导购人员与客户有着密切的联系，消费者对品牌的第一印象很大程度上来源于导购人员，因此导购人员的管理在客户关系管理中发挥着至关重要的作用。英氏就将离消费者最近的触点——导购人员作为获取新客的有效渠道。

英氏将品牌线下门店的导购人员也纳入 SCRM 体系中，并通过微信对其进行统一管理。导购人员只要完成微信扫码的动作，就被轻松地纳入英氏 SCRM 体系，英氏管理者就能与导购人员进行互动。然后，通过驱动导购人员引导客户扫描产品包装上的二维码成为英氏会员。这样，英氏不仅迅速扩大了会员基数，还能对获客渠道进行追踪，而客户也可以通过扫描产品包装上的二维码享受到会员专属积分和奖励。

英氏利用“导购扫码+客户扫码”的方式，管理了本来完全不在品牌商视线内的导购人员和会员；通过全新的体验方式，将线下的客户数据线上化，为门店引入了巨大的流量；而通过留存的互动数据，英氏可以更好地解构妈妈群体的消费行为，增强妈妈群体对品牌的好感和忠诚度。

（2）以数据驱动社群运营，构建社群生态

针对母婴行业举办亲子活动的需求，英氏推出了一个集宣传、报名、签到和互动于一体的活动小助手工具。对活动感兴趣的妈妈可以直接通过微信进行报名，门店导购人员也可以在线邀约老会员参加。

对于英氏来说，通过活动前期的宣传、报名、现场签到和互动等各个环节可以获得海量的客户信息和行为数据。这些被记录下来的客户数据也为英氏后续向客户推荐该集团的其他产品，促进交叉购买打下了基础。对于妈妈这个群体来说，这种针对性很强的线下活动也为她们创造了认识新朋友、交流育儿知识和经验的好机会。因此，与纯粹的线上交流群相比，英氏通过这种“以活动带社群”的方式，不仅有效地提升了妈妈社群的活跃度，还实现了良好的品牌口碑传播。

（3）实施“一物一码驱动奖励”计划

英氏借助 SCRM 策划开展了“全程数据化新客买一送一的奶粉促销活动”。属于 SCRM 体系的导购通过引导客户关注自己的专属二维码并注册成为会员，与客户建立“导购—客户”的互动关系，为开展持续的客户关怀奠定基础。在之后的时间里，只要客户购买了产品，SCRM 系统就会自动弹出“赠送奶粉”的礼品券，导购对礼品券完成核销后，“奖励”即可直达客户手中。这种“闪电式、看得见的奖励”以及线上线下全渠道统一的奖励模式，不仅提升了客户体验，还让英氏形成了“品牌商—导购—消费者—品牌商”的良性互动销售链。

案例链接

玛氏——以 SCRM 系统打通多渠道数据，打造会员全生命周期管理

玛氏公司是全球知名的食品生产商，其业务主要涉及零食类（糖果巧克力）、宠物类、主食和电子产品的制造和营销。其中，零食类产品和宠物类产品的销量分别位居全球同类产品前列。

玛氏宠物食品主要是通过传统的大型商超渠道进行销售，在这种销售模式下，作

为品牌商的玛氏无法直接接触到客户，更无法了解客户的真实需求。对此，玛氏通过建立 SCRM 体系打通了多渠道数据，直接与客户建立了更好的联系。

玛氏宠物食品构建 SCRM 体系的切入点如下。

（1）招募

丰富粉丝招募渠道：借助天猫、京东等平台提供的资源，通过一品一码的方式收集客户的多维度数据，从而实现对客户的精准营销，带动粉丝量的增长。

日常招募活动：以客户洞察为支撑，通过多种活动形式带动粉丝量增长。例如，在店内设置活动海报，线下推广员引导客户通过店内扫码关注微信公众号，获得电子优惠券，从而带动粉丝及会员数量的增长。

追踪粉丝来源，优化招募渠道：对粉丝的来源进行明确区分，从中筛选出招募粉丝的最优渠道——移动广告。玛氏利用该渠道发掘到更多精准的潜在客户，并将其转化为粉丝。

（2）留存

内容运营：以数据驱动为导向，通过开展原创内容日常运营、活动福利营销、热门 IP 资源事件营销，以及线上线下广告运营，提升客户活跃度和客户黏性，实现高质量粉丝向会员的转化。

对个人中心进行重点优化：对会员中心进行全面升级，满足消费者的多样化需求；根据客户添加购物车的行为及其所属的会员等级，向其推送合适的电子优惠券，培养客户使用优惠券的习惯；同时，将会员权益与线下打通，线上会员卡也可用于线下零售卖场，以提升客户黏性，促进用户留存。

个性化沟通：精准掌握客户心理，对其开展个性化沟通。例如，针对养宠物狗的客户，持续为其提供与宠物狗相关的原创内容和服务。

（3）转化

通过掌握并分析客户数据，发现客户更加关注优惠信息，于是玛氏通过 SCRM 平台对会员实施产品内容沟通的策略，促使会员在天猫上购买商品，有效地提升了 SCRM 会员的平均购买金额和平均购买频次。

9.5 客户资产管理，从营销商品到管理客户的根本性转变

新零售是“人”“货”“场”的重构，它将顾客作为商业行为的核心。在新零售模式下，商业活动由商品驱动变为需求驱动，企业和顾客的行为由以交易为重点变为以维护关系为重点，这也导致企业经营活动从以营销为重点转变为以管理顾客为重点。

9.5.1 价值、品牌与关系，客户资产管理的三要素

顾客资产管理（Customer Asset Management，CAM）研究源于美国，作为一种新的管理理念，其关键在于将顾客纳入企业资产范围之内，并以顾客资产为核心，优化企业资源

配置，提升顾客的忠诚度、满意度和顾客价值。

所谓顾客资产，就是企业所有顾客终身价值折现现值的总和，即顾客的价值不仅是企业当前通过顾客而具有的盈利能力，也包括企业将从顾客一生中获得的贡献流的折现净值。

新零售要实现顾客资产的最大化，就需要实现顾客资产的科学管理。在新零售模式下，顾客资产管理包括价值资产、品牌资产和关系资产三个要素，如图 9-16 所示。

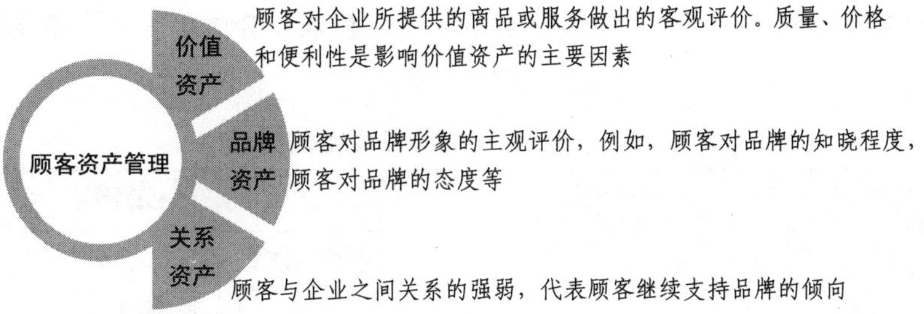

图 9-16　顾客资产管理三要素

在顾客资产管理三要素中，价值资产和关系资产尤为重要，小米就是价值资产管理和关系资产管理的成功代表。图 9-17 所示为小米的价值资产管理与关系资产管理模式。

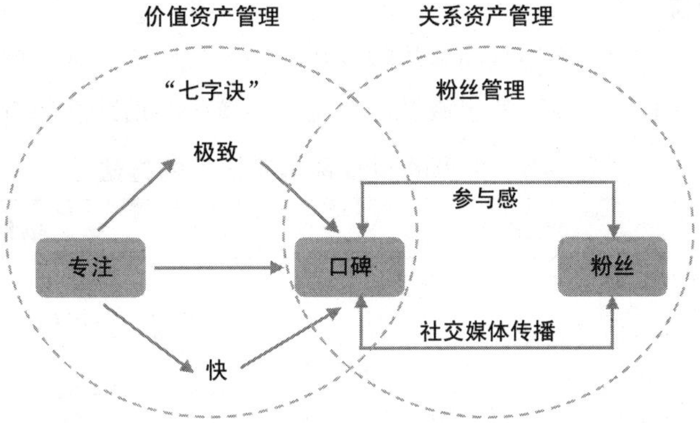

图 9-17　小米的价值资产管理与关系资产管理模式

9.5.2　ATAC 模型，新零售下的客户资产管理模式

在新零售环境下，ATAC 模型是品牌商和零售企业开展顾客资产管理的有效方式。ATAC 模型包括感知（Apperceive）、转化（Transform）、活跃（Active）和社群（Community）四个关键要素，其内部业务流程如图 9-18 所示。

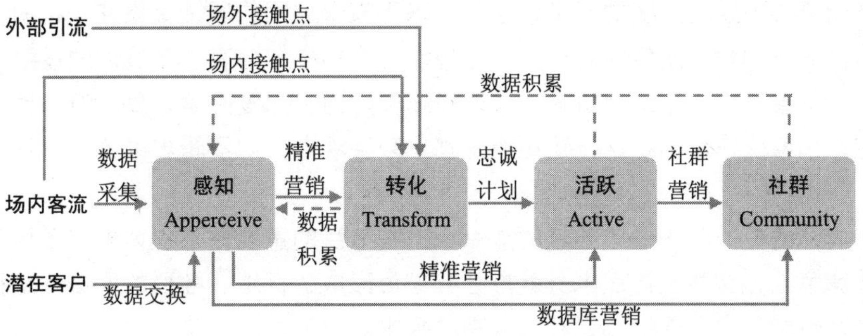

图 9-18　ATAC 模型内部业务流程

1. 感知的实现

运用各种技术手段采集线上、线下场景内的客户数据，然后对同数据源的数据进行整理、清洗、转换及合并，然后将整理后的数据进行多维度的关联和匹配，从数据中挖掘有价值的信息，利用数据信息对消费者开展精准营销。

2. 转化的实现

通过各个接触点将潜在顾客转化为真正的顾客、粉丝和会员。常见的开展顾客转化的渠道如表 9-8 所示。

表 9-8　常见的开展顾客转化的渠道

项目	场内	场外
线上	官方网站、App 商城、小程序、微商城等	传统媒体、自媒体、微信群、朋友圈、微信公众号、直播等
线下	进店消费、店内会员手册、店内广告牌、门贴、服务台、收银台、店铺活动转化等	地推活动、户外广告等

3. 活跃的实现

通过开展各种营销活动来刺激顾客的购买欲望，提高顾客的活跃度。通过实施有效的顾客忠诚计划，提高顾客对商家的忠诚度。常见的刺激顾客活跃度的方法如表 9-9 所示。

表 9-9　常见的刺激顾客活跃度的方法

项目	场内	场外
线上	会员专享服务、会员消费积分、会员积分换礼、团购活动、限时抢购、优惠券专享等	积分联盟、会员权益打通等
线下	会员消费积分、会员专享折扣、会员积分换礼、会员活动、会员卡储值送礼、会员促销等	商户会员互换、联名卡等

4. 社群运营

“物以类聚，人以群分”，这句话足以说明社群的客观存在，以及开展社群运营的价值。要想做好社群运营，需要注意以下几点。

（1）有共同的纽带

社群成员必须要有共同的纽带，他们是基于某个共同的属性聚集在一起的。社群的内在是求同，求同的内在是价值观趋同。这种价值观的相似会有一个具体的投射，可能是一个商品，如苹果手机、小米手机等；可能是一种行为，如爱阅读，爱旅游；也可能是基于某种标签，如某位作家的粉丝；还可能是基于某种观点，如罗辑思维的“有种、有趣、有料”等。

这些具体的投射就是形成连接的节点，这些节点的重要性不仅体现在各种社群对人有限精力的竞争上，这些连接点本身就是社群是否形成的标志。社群的连接点是社群产生的必要条件，也就是说，连接点是社群存在的根本。

（2）稳定的内容输出

人们加入某个社群，一般是因为该社群能够满足其某个方面的需求，所以高质量、稳定的内容输出是成员加入该群、留在该群的原因。因此，社群必须要有稳定的内容输出，以保持社群的活跃度。内容是指能满足社群成员某种需求的信息，例如交友信息、学习信息，以及高品质的商品推荐等。

另外，这里所说的内容输出不仅指社群管理团队对成员的内容输出，还包括社群成员的内容输出。

（3）有组织的运营管理

有组织的运营管理是维持社群生命的必要手段。商家通过开展各类活动进行互动，让社群成员感到社群是自己的归属，是自己的“家”，满足社群成员在社群中获得被尊重、被关注的需求。

此外，还要引导社群内的成员开展自运营、自传播、自组织，以此提升社群成员对社群的黏性，让每个人都能获得价值。这样的社群，生命力才会长久。

（4）策划高质量的活动

为了避免社群丧失活力，成为灌水群、广告群、死群，商家可以通过策划高质量的活动来保持社群的活跃度，增加社群成员的参与感。常见的社群活动如表 9-10 所示。

表 9-10　常见的社群活动

活动渠道	活动类型	操作说明
线上	发放礼品	借助微信、微博等各大平台不定期地向社群成员发放礼品，或者发起抽奖活动
	发放红包	每逢重大节日，如春节、“五一”、中秋、“十一”等都是发放红包的良好时机。如果社群成员为社群做出了极大的贡献，社群管理员不妨私下向其发送一个定向红包，以示奖励，让其感受到社群的感谢和重视，增强其对社群的归属感，从而刺激其创作激情。红包不一定是现金，也可以是优惠券、礼品券、抵现红包等
	嘉宾互动分享	邀请一些可以作为分享嘉宾的朋友在群内与社群成员进行互动，最后形成一份书面内容分发给社群成员，让社群成员获得有价值的内容
	群聊分享	包括成员话题分享和领域达人分享。所谓成员话题分享，即需要一个人作为话题发起者，然后在社群内开启无差别集体讨论，每个人都可以是分享者；所谓领域达人分享，就是以一个分享者为主，分享人针对特定主题集中阐明观点，群内其他成员在适当的时候提出个人问题或观点，由主讲人进行解答
线下	节假日前后的聚会	在一些重要的节假日（如中秋、元旦、元宵节等）前后，举办一些小规模的聚会
	地区的“分舵聚会”	如果社群成员分布的范围广且分散，可以借助“分舵聚会”的方式，让在同一个区域范围内的成员有线下交流的机会，例如小米的“同城会”，在同一个城市里的“米粉”们经常会发起不同的小型线下活动，如徒步大会等
	知识经验分享活动	不定期举办一些知识经验分享活动，如亲子活动、烹饪比赛等

（5）构建社群文化，打造情感认同

一个成功的社群，其核心必定是情感。一个社群如果有自身的文化，就意味着该社群对内有着更强的聚合能力，对外有着进行文化输出的能力，这种社群的价值要远远大于一个单纯的人员聚合型的社群。

在社群中不能只想着销售商品，而要切实地从社群成员的角度出发，为他们提供有价值的服务。很多商家单纯地将社群作为一种营销渠道，天天发广告推销自己的商品，却忽视了社区成员的体验，这是一种错误的做法。高品质的商品或服务是赢得社群成员信任的必要条件，基于此建立的社群才会是一个有情感、有温度，能够持久发展，不断壮大的圈子，商家的推广活动才能获得进一步的发展。

思考与训练

1．常见的会员体系有哪些类型？如何设置会员等级体系？

2．如何实现会员权益的个性化设置？

3．SCRM 管理模式有哪些优势？如何运用 SCRM 模式进行客户关系管理？

4．什么是客户资产管理？在新零售环境下，如何做好客户资产管理？

5．构建付费会员模式应该遵循哪些原则，可以采取哪些策略？